JN273720

公益叢書
第一輯

東日本大震災後の
公益法人・NPO・公益学

公益研究センター編

文眞堂

公益叢書発刊の辞

　阪神・淡路大震災および東日本大震災という2つの大震災を機に、公益および公益学は、その目的や理念、活動のあり方や方法、さらにその研究をめぐって再検証・再検討の必要に迫られている。
　資本主義社会にあっては、私益と公益、市場原理と公益原理の調和が不可欠である。競争原理を基本とする市場原理と私益のみでは、経済活動も市民生活も真の豊かさも、安定・安全・安心も得られない。社会の相互扶助・連帯・調和も容易には進まない。
　それほどに、全ての人が、経済活動のみか、公益活動にも意識はしなくても日頃から関わっている。豊かで調和のとれた社会ほど、公益の理念と活動が行きわたり、公益を主たる目的にする公益法人、NPO（法人）、ボランティアなど公益の諸団体も社会的に大きな役割を演じている。いわば「公益の日常化」「公益法人（NPOなども含む）の市民化」が進んでいるといえよう。
　東日本大震災の勃発は、改めて公益をめぐる日本的状況を浮き彫りにすることになった。甚大な被災・被害や混乱・混迷に直面するときこそ、公益の発露・実行が期待され、その実情が浮き彫りにされるからである。そこでは、市民の間には公益への関心が意外に強い状況、にもかかわらず、それが十分に活用されていない状況、さらに公益を本務とする公益の諸団体も、被災地や被災民に継続的に深く関わるには財政や人材面で力不足である状況が改めて確認された。また、公益を主たる研究対象とする団体の動きも鈍かった。公益研究を本格的にすすめるには、研究者の新しいつながりや新しい場の必要も認識させられた。
　それらを受けとめ、私どもは公益に関する新しい研究集団をつくること、それも形式だけを整えた旧来の学会方式ではなく、目的を共有し、それに向

けて日頃から研究を深めあうことを共通の認識とする研究集団をつくることを考えた。その議論のなかで、形式的な大会の開催などよりも、実際に研究の深化・水準の向上を図れる日頃の研究会活動を重視する研究集団の出発を確認しあったのである。

　その目標への第一歩として、まず研究センターを設立し、公益叢書を定期的に発行することにした。その第一冊目が本書である。この方式と研究センターで公益研究を深めあい、しかる後に新しい理念と目的をもつ学会を発足させることを予定している。

　このような対応・あり方こそ、公益をめぐる現在の状況に応えるものであり、また真に「公益の日常化」「公益法人の市民化」、そして「公益研究の本格化・高度化」をすすめるものと確信する。

2013年3月27日

　　　　　　　　　　公益（公益法人・NPO・公益学）研究センター

目　次

公益叢書発刊の辞 ……………………………………公益研究センター

序　章　東日本大震災後の公益と公共、そして公益学
　　　　―「公益の日常化」と「公益法人の市民化」
　　　　　に向けて―………………………………………小松隆二

　はじめに―東日本大震災後の公益の法人・活動・研究動向 …………… *1*
　1．公益法人・NPO など公益の組織・活動の新しい動向 …………… *4*
　2．東日本大震災後の公益研究の新たな展開 …………………………… *9*
　3．公益、公共とはなにか、また納税は公益か ………………………… *11*
　4．公益法人と国の位置・関係：公益を決めるのは民か官（国）か …… *20*
　5．公益・公益法人の抱える課題 ………………………………………… *25*
　おわりに―公益の組織・活動と研究の今後 …………………………… *32*

　　▶コラム：「幼稚園と公益」（黒川信一郎）…………………………… *35*

第Ⅰ部　東日本大震災後の公益法人のあり方

第1章　公益法人改革に関わる誤解を解く
　　　　「公益法人制度改革は税制改革」
　　　　　―東日本大震災の復興に関わる公益法人の活動等も
　　　　　　ふまえて民による公益の増進を考える―……………佐竹正幸

　はじめに ………………………………………………………………… *39*
　1．公益法人制度改革の骨格 …………………………………………… *41*
　2．公益目的事業の定義 ………………………………………………… *43*

3. 公益認定の基準（財務3基準）はハードルが高いか？ ………… 45
4. 一般法人への移行認可のポイント―公益目的支出計画 ………… 49
5. 公益法人、一般法人選択の判断基準―税務上のメリット ………… 50
6. 財産没収のリスク ………………………………………………… 50
7. 収益事業等の見直し ……………………………………………… 52
8. 公益目的事業の事業区分の見直し ……………………………… 53
9. 公益法人の事業区分について考える …………………………… 54
おわりに ……………………………………………………………… 55

▶コラム：「公認会計士の倫理観と公益」（髙橋正） ………………… 63

第2章 公益法人及びNPO法人の会計・監査（会計監査）の役割と責任 ………………………………… 中村元彦

はじめに ……………………………………………………………… 64
1. 公益法人及びNPO法人における会計基準と財務諸表等 ……… 65
2. 公益法人及びNPO法人における特有な会計処理 ……………… 74
3. 会計監査への対応 ………………………………………………… 79
4. 今後求められる公益法人及びNPO法人における
   会計と監査（会計監査） ………………………………………… 85
おわりに ……………………………………………………………… 89

▶コラム：「公益と租税」（多田雄司） ……………………………… 91

第3章 コーズ・リレーテッド・マーケティングを通した企業と公益のありかた ……………………… 世良耕一

はじめに ……………………………………………………………… 93
1. コーズ・リレーテッド・マーケティングとは ………………… 94
2. コーズ・リレーテッド・マーケティングと
   「企業と公益に関する周辺概念」 ……………………………… 105

3. コーズ・リレーテッド・マーケティングと公益 …………………… *111*
  おわりに …………………………………………………………………… *116*

  ▶コラム：「地域おこしと公益」（田上政輝）………………………… *121*

第4章　政府系公益法人の不都合な真実 ……………………… 北沢　栄

  はじめに …………………………………………………………………… *123*
  1. 天下りと補助金の相補関係 ………………………………………… *123*
  2. 指定法人で官業を立ち上げ ………………………………………… *125*
  3. 規律なき指定法人 …………………………………………………… *128*
  4. 検査・検定の甘い蜜 ………………………………………………… *130*
  5. 解決への道 …………………………………………………………… *133*
  6. "横串"改革 …………………………………………………………… *135*
  7. 改革のマスターキー ………………………………………………… *136*
  おわりに …………………………………………………………………… *138*

  ▶コラム：「音楽と公益」（中村政行）………………………………… *140*

第Ⅱ部　東日本大震災後の公益・共創・まちづくりの課題

第5章　東日本大震災被災地支援をどう進めるか
―地域包括ケアと公益学の観点から― ……………………… 山路憲夫

  はじめに …………………………………………………………………… *145*
  1. 地域包括ケアと公益性 ……………………………………………… *145*
  2. 立ち遅れた要介護高齢者らへの支援 ……………………………… *148*
  3. 地域包括ケア体制をどう構築するか ……………………………… *156*
  4. デンマークの高齢者ケア …………………………………………… *160*

  ▶コラム：「福島からの公益・共創力」（半田節彦）………………… *167*

第6章 東日本大震災からの回復・新生をはかる公益・共創のまちづくり
　　　　―東北に理想の「山林文化都市」づくりの夢― ………小林丈一

はじめに―まちづくりの理念や方法の転換と大胆な挑戦を ……………168
1. 被災地の復興・新生のまちづくりはこれから
　　―国・行政の重い責任 ………………………………………………169
2. 大震災が教えてくれた復興・新生に立ち向かう基本理念 …………172
3. まちづくりの理念と基本原則 …………………………………………175
4. 津波を避けるまちづくりの先導的思想家・黒谷了太郎に学ぶ ……179
5. 山林文化都市に拠る東北新生計画 ……………………………………181
6. 反省の多い従来の生活づくり・まちづくり
　　―政治・行政は市民本位に大胆な政策転換を ……………………184

　　▶コラム：「一服の力」（柴田香葉美）………………………………188

第7章 東日本大震災と労働組合の社会的役割 ……………後藤嘉代

はじめに ………………………………………………………………………189
1. 労働組合における社会貢献的活動 ……………………………………190
2. 東日本大震災後の労働組合の取り組み ………………………………192
3. 東日本大震災の経験―組合員の意識 …………………………………202
4. 労働組合と「公益性」―東日本大震災の経験から …………………206

　　▶コラム：「子育て支援とNPO」（森田美佐）………………………211
　　▶コラム：「労働組合と公益」（兼子昌一郎）………………………212

第8章 渋沢栄一と公利公益の哲学
　　　　―近代日本のプロデューサーとその周辺― ……………境　新一

はじめに ………………………………………………………………………214
1. 渋沢栄一の人と業績 ……………………………………………………214

2．渋沢栄一と公利公益の哲学 ………………………………… *219*
　3．プロデューサーの特徴と資質 ………………………………… *232*
　4．渋沢栄一の周辺に位置づけられる人々 ……………………… *234*
　おわりに―渋沢栄一と公利公益の哲学、その意義 ……………… *239*

　　▶コラム：「出版業と公益」（福岡正人）……………………… *242*

あとがき：新たな段階に入った公益学研究………………………大森真紀

　執筆者紹介
　　コラム　執筆者

序章

東日本大震災後の公益と公共、そして公益学
―「公益の日常化」と「公益法人の市民化」に向けて―

はじめに―東日本大震災後の公益の法人・活動・研究動向

　国・社会の豊かさやゆとり、また安定や調和の度合いを計る重要な尺度に、公益法人やNPO（非営利法人）など公益の組織や活動の社会的地位や役割の大きさがある。公益法人やNPOが大きな社会的役割を演じ、かつ高い評価を得ている国・社会では、良好な暮らしづくり・まちづくりが進み、安定と調和のとれた社会に近づいているからである。またそれを反映して「公益の日常化」と「公益法人の市民化」も順調に進んでいるからである。

　この公益の日常化の必要などを改めて強く認識させてくれたのは、東日本大震災であった。今回の大震災は、阪神・淡路大震災に次いでボランティアや広い意味でのNPOの活動や役割を際立たせることになった。加えて、今回は民法と共に歩んできた旧来の公益法人の活動や役割も、表面に浮き出るほどに注目されることになった。その点が新しい動向の1つであった。

　ここでいう「公益の日常化」とは、一般市民が日常生活の中で、あるいはその延長で、公益活動にふだんの姿勢で関われる状況が現実化している社会である。また、「公益法人の市民化」とは、公益法人が市民とはつながりなく、市民から見えないところで活動に従事するレベルを超えて、組織や活動を地域住民によく知ってもらい、支えてもらうことで、相互につながり・良好な関係が形成されている公益法人状況である。

　公益とは、特別あるいは特殊なものではない。一般市民が普通に関わることができるし、実際に誰もが日常的に関わっているものである。それだけ

に、公益の受けとめ方や活動は多様である。若者から高齢者まで多様な市民が参加することでも、その点はうかがえるであろう。

　市民の日々の生活でも、経済活動とともに、公益活動およびそれに近い中間活動は、日常的にみられる。若者・学生でも、意識はしていなくても、日々経済活動と共に、意外にも公益活動と中間活動にも関わっている。実際に、小さな親切や善行、また隣人・友人・同僚への思いやりや友情程度のことは、公益活動や中間活動と意識はしなくても、誰もが関わるか、関わる可能性をもっている。

　最近マスコミをにぎわした高校スポーツ部の活動における生徒に対する教員の暴力行為の問題にしても、公益の視点からも議論できるものである。教育の場で暴力を行使しなくては指導できないような教員はそれだけで教育者として失格であるが、今回のような暴力の日常化は、スポーツ部の教員が学校や教育の本質である社会性・公益性を忘れ、チーム・学校の勝利とそれに付随する学校・指導教員の名誉・知名度の上昇といった自分たちのためのことを最重視・目的化した結果である。

　そこでは、生徒や教育が主ではなく、従の位置に置かれている。スポーツやその勝利が最優先あるいは絶対視されるのである。いわば、自分たちにこだわる閉ざされた私（スポーツが強いということで、自分たちの学校の知名度が上がり、監督・コーチの評価も上がるという私的な成果・評価にこだわる面）が優先され、私・自分を超える教育、そして生徒＝人間の陶冶・育成という社会性・公益性の高い本来の目的が手段化・従属化しているのである。

　そのために、いかに多くの若者・生徒が学校を追われたり、精神を傷つけられたりして、大切な時期を学校・クラブの歪んだ方針の下で犠牲になってきたか知れない。そこでは、教育や学校の本来性が忘れられ、かつ私を超える社会や公益の視点が欠落しているのである。

　そのように、公益の理念や活動には、すべての市民が関わるが、中でも主要な主役はやはり公益法人、NPO法人（特定非営利活動法人）、ボランティア活動の個人・団体である。いうまでもなく、いずれも非営利なり公益なりの理念に基づいて活動する団体である。また、公益であれば、自発性・自由

発意を出発点にしつつも、自分や身内を超えて不特定多数をサービス対象とする考え・活動でもある。

しかるに、日本の公益法人、NPO、それにボランティア団体は、内容（質）、規模、社会的地位や評価の面では欧米に比べて遅れてきた。また市民における公益の理解度・受け入れ度も特別高いというわけでもなかった。それが、公益の日常化・公益法人の市民化の遅れにつながり、また寄付文化の後れに象徴されることになっている。

寄付文化の後れは、公益法人、NPO法人など公益の組織や活動が外部からの寄付で財政を安定的に支えられる例が少ないことに明快にうかがえよう。また学校法人や社会福祉法人にしても、周年事業の時は別にして、欧米のようにふだんの年も継続的・安定的に民間の寄付が期待できる状態ではないことにもうかがえよう。

たしかに、日本では赤い羽根程度の募金や突発的な事故・災害などへの同情・協力・寄付は顕著にみられる。しかし、公益法人、NPO法人、また学校法人、社会福祉法人等を地域や市民の寄付やボランティア活動で日常的・継続的に支援しようという高いレベルの寄付文化は、未成熟である。実際に、外部の寄付によって安定的に組織や活動を維持できる公益団体は決して多くはない。

にもかかわらず、近年の2つの大地震・大震災が公益の組織・活動を飛躍的に発展させる契機になったことも事実である。しかし、それでも現在に至っても公益の日常化、公益法人の市民化は実現しておらず、なお公益諸団体の、また日本社会の背負っている課題であり続けている。

それを克服するには、寄付文化の改善・向上はじめ、法制などでも公益諸団体が組織や活動を維持、さらには拡充しやすい環境・条件づくりが必要である。公益法人やNPO法人関連の法制や関係官庁の役割も、下からの民間活動である公益法人やNPO法人の組織や活動を上から監督・管理することが主であってはならない。公益諸団体が組織の維持や活動の充実を図りやすい環境・条件づくりでなくてはならない。

そのような公益をめぐる諸々の問題の改善・向上のためにも、公益法人

論、NPO 論、ボランティア論、それらを包括する公益学などがもっと深められ、同時に大学の講義や地域の市民講座等においても、もっと取り上げられてしかるべきである。たしかに、一方で NPO、ボランティア等の現場の活動が盛んになっている。他方で、それに合わせて公益法人論、NPO 論、ボランティア論など研究面でも、公益法人改革にも触発されて個々の領域の研究は成果をあげてきた。しかし、個別研究を超える、あるいは個別研究を貫く総合的な公益研究や基礎理論研究は進展していない。改めてそれに応える公益学等の取り組み直しと高度化の必要が痛感される。

　今後、細分化された個別領域ごとの公益研究のさらなる進展と共に、それらの総合化・統合化を目指す研究、あわせて多様な領域・課題にわたる個々の公益研究に共通して土台や基礎となる基本理論や方法の開拓や究明が重要な課題になるであろう。その拠り所になる 1 つが公益学である。その研究活動が、公益の日常化・公益法人の市民化を前進させる環境・土台づくりにも寄与することになろう。近年の 2 つの大震災、ことに東日本大震災が、改めてその方向性と必要を強く認識させることになったのである。

1. 公益法人・NPO など公益の組織・活動の新しい動向

(1) 市民とつながる公益の組織と活動が課題に

　東日本大震災による甚大な被害・被災は、復興・回復の暮らしづくり・まちづくりには、行政の責任と指導力が必要であること、それに加えて、民間のボランティア、NPO、公益法人など公益の組織や活動の役割が大きいことも改めて痛感させてくれた。特に、まちづくりにあっては、被災現場で活動することが重要であるため、市民やその暮らしとつながる NPO やボランティア団体の役割が既存の公益法人よりも重要性を増していることも特徴になっている。

　もともと、本物のまちづくりには、国・行政によるインフラ整備に劣らず、個人的利害に関わる持家づくりなどバラバラな考えや活動を超えて、公益の理念とそれに基づく共創のあり方が不可欠である。それが欠如した故

に、無機質で景観を損なう高速道路、街路樹や緑・花のない市街地道路、高層ビル類はどんどん建設されたものの、市民の安全・安心や環境・景観を重視する本物のまちづくりが、日本では育たなかったのである。大震災からの復興・まちづくりでも、行政の対応の後れ、現場の混迷などをみるにつけ、その点が一層課題になっていることがうかがえる。

　被災民・被災地における被災・被害の巨大さに対応して、それに対する公益の諸団体やボランティアの救援活動も大きなスケールになってきた。それに対応するには、緊急時にあわてて集まり、動き出すような組織・活動では限界がある。日頃から公益法人やNPO法人が地域や市民とつながり、その理解や支援を得て、安定的に、また永続的に活動できる環境・体制づくりが必要である。

　日頃から市民とつながりをもってきたのは、社団法人・財団法人であるよりも、社会福祉法人や学校法人、また最近ではNPO法人やボランティア団体であった。戦前は社会福祉法人や学校法人は、民法の下で財団法人であった。戦後、依拠する法律も法人名も変わるが、広義の公益法人として市民に最も近い位置に居て、市民に最も身近に感じられてきた。その点は、社団法人・財団法人の市民との距離・市民による認識度と比較すれば、明らかであろう。もちろん、社団・財団法人にも市民に身近なものはみられるが、全体としては、現場対応・緊急事態に対処できるのは、社会福祉法人やNPOなどであった。

　思い返せば、18年ほど前の阪神・淡路大地震に際しては、被災民・被災地を救援・援助するボランティア活動が予想を超える規模の参加・盛り上がりを見せた。それを受けて、なお大震災からの復興・回復の途上にあった1998年に、NPO法（特定非営利活動促進法）の制定がみられ、旧来の公益法人に加えて、NPO法人という新しい公益団体・制度の導入がなされたのであった。

　普通の市民が十分な基金もなく、伝統・活動実績もなくても、比較的簡易に組織できる公益の新しい組織の設置・法認が長年の課題であったが、漸くそれが実現したのである。明治の日清戦争直後の民法の制定に伴って、公益

法人が法認されて以来、ちょうど100年ぶりに時代のニーズにあった新しい公益の組織や活動が法認されたのであった。

　それによって、量的な面では日本の公益諸団体も表面的には成熟状態に近づくことになった。石を投げれば中堅以上の企業よりも公益の組織や活動にあたるほどになったのである。

　現在、日清戦争直後の民法実施と共に出発した公益法人は、制度改革により「一般社団・財団法人法」など公益法人3法に基づく新制度に移行中である。民法時代には2万6,000ほど存在した社団法人・財団法人という戦前からの公益法人がどこまで新制度に再登録を終えるか、まもなく判明するところである。

　ただ、NPO法人やボランティアの個人と団体が被災地・被災民に大きく貢献したとはいえ、将来に向けて安定して継続的に活動を維持できる保障のないものがほとんどであった。特に財政面、それに人材面で、脆弱性が明らかになっているからである。

　たしかに、NPO法人は後発ながら、発足以来予想されたとおり、伸び率は極めて高く、すでに社団法人・公益法人という狭義の公益法人を量的には大きく上回っている。2011年早々には4万7,000法人に達し、まもなく5万も超える勢いである。

　にもかかわらず、NPO法人は存続率・永続率は決して高くはない。活動を拡充し、安定的に組織を維持・継続するには力が不足しているのである。財政1つとっても自らの基金・基本金の運用益で、あるいは外部からの寄付で組織と活動を安定的に維持できるNPO法人、ボランティア団体はそう多くはない。公益法人でさえ、そうなので、NPO法人は、新規の誕生率は高いのに、財政と人材面の脆弱性から安定性や永続性ではきわめて弱い。現実に、NPO法人には、生まれては消えていく例が絶えない状況である。

　それでも、2つの大震災に際してのNPOやボランティアの活躍は、日本社会に潜在する公益のエネルギーの大きさを改めて認識させた。要は、今後NPOやボランティアがいかに財政面や人材面で強化・安定を得られるかである。幸い東日本大震災で、その点で新しい動きがみられた。その1つが、

市民とのつながりの弱かった大規模公益法人が市民に近いNPO法人やボランティア活動を支援・援助する動き・あり方を示し、実行したことである。それは、本書第1章で佐竹正幸氏が指摘しているように、公益認定等委員会の要請も一つの契機になっていた。

(2) 大手公益法人の新たな活動・役割──公益法人の市民化の兆し

従来から、財政的には比較的安定しているものの、市民とのつながりの弱い公益法人と、市民とはつながっているものの、財政面で脆弱なNPOやボランティア団体が何らかの繋がりを持つことが課題であった。その関係を取り持つことになったのが、東日本大震災であり、それに対して動き出したのが大手公益法人であった。

東日本大震災は、被災地において再び大量のボランティアの個人・団体の活動を喚起したことは周知の事実である。加えて、労働組合と共に、既成の大規模公益法人が積極的に動き出したことも、大きな特徴となった。大震災の衝撃の大きさが、財政面で相対的に豊かな大規模公益法人に自らの専門とするテーマや領域にこだわらず、それを超えて被災地で活動したり、調査・研究に従事したりする公益の諸団体の活動に助成活動を開始させたのである。NPO法人、ボランティア団体、大学関係者に被災地・被災民の救援・支援活動を促し、そのために助成を行うというものであった。

例えば、助成型公益法人中心に、大手公益法人が、自らの震災への関わり・責任遂行を外部に委託するかのように、NPO法人、ボランティア団体、大学関係者の取り組む救済・救援活動、また調査・研究活動を公募や指名方式で選び、資金助成に動きだした。それによって従来から公益法人の課題であった地域社会や市民とのつながりの弱さを、公益法人はNPO法人などを介して間接的に克服し、社会における自らの新しい位置と役割を確認することができたのである。

実際に、大地震が勃発するや、比較的早い時期から、民間の大規模公益法人、とくに財団法人のいくつかが、急ぎ従来のあり方を超え、計画・予算を修正・補正してまで新たに特別企画を立てて、被災地での支援活動・調査活

動に自ら乗り出すか、あるいはNPO法人や大学の研究者等に資金助成を実施しだした。自然発生的な動きであったが、公益認定等委員会の要請も加わって、かつてない大きな動きになった。それほどに東日本大震災は予想や常識を超える大きな衝撃であったということである。それに全国のNPO法人、ボランティア諸団体、大学関係者などが応募し、採択されて、被災地に馳せ参じた。

特に、これらの団体の活動は、インフラ整備など政府・行政の担う事業・課題ではなく、一人一人の被災者の生活や健康など心身の安定、向上に関わる活動が多かったのも特徴であった。インフラ整備が遅れている時に、心身の健康調査、カウンセリング、子供たちの学習支援、まちづくりのソフト面の活動、それに東北以外の大学やNPO法人と被災県・被災地の大学やNPO法人との共同研究・調査などがテーマとしては目立った。

また公的資金も、雇用の創出・調査はじめ、公的活動のある部分を代替して動いてもらうために、公益法人、NPO法人、大学関係者などに提供され、同じように被災地で支援活動や調査活動が様々に展開された。これもかつてない早い対応・規模で、被災民に対してのみでなく、被災地で支援、調査・研究などの活動に従事するものにも資金補助がなされた。NPO、大学関係者等がその恩恵を受けたが、それに応じた活動が被災民・被災地の復興・回復に少なからぬ力となったことは各地で見聞されるところとなった。

そのように、市民と距離のあった公益法人まで現実・現場に関心を示し、市民とつながりをもつNPO法人、ボランティア団体、大学関係者の実践活動、調査活動などを支援する動きに出たことは、大震災を超えて「公益の日常化」と「公益法人の市民化」の前進につながっていくものであった。公益法人全体としてみれば、まだ比重が低いにしても、新しい動きとして注目されてよい。

他にも、近年、NPO法人など公益の諸団体は、財政面の弱さに手を拱いていないで、いろいろの工夫を試みるようになっている。マスコミなどで取り上げられている市民コミュニティ財団もその1つである。法人・団体の目的を具体的に明示し、市民が応援し易い課題・目的に限定して参加や寄付を

呼びかけたりするのである。ワイン、お茶など地域商品を購入してもらい、その売り上げの一部を特定の活動・目的に対する寄付にまわすもので、郵政のボランティア貯金等に通じるものである。これらは、大震災救援活動にも援用できるものである。

このような多様な動き・工夫が目立つようになったのも、東日本大震災後の公益諸活動の特徴の１つである。

2. 東日本大震災後の公益研究の新たな展開

東日本大震災は、公益に関する研究面でも新しい動きを育んだ。特に、大地震・津波にともなう原発事故がかくも危険なものであったのに、安易に経済本位・経済優位に走り、科学性および公共性を軽視して原発を運営してきたことを関係者に、また私どもすべてにも反省を迫ることになった。一般的な産業や企業でもそうなのに、電力のような広域の公益事業の場合、一層その点での配慮・チェックが厳しくなされなくてはならなかったのである。

その結果、科学とその真理の大切さが改めて尊ばれ、経済本位・経営本位、それを支える行政優位・政治優位の発想や運営方式を克服し、押さえ込む流れが主流になりかけた。もっとも、昨年暮れの総選挙で政権が代わり、ふたたび経済本位・経営本位や行政優位・政治優位に流れが変わりそうな雲行きにはなっている。しかし、科学とその真理を尊重するあり方・方向が一時的にであれ、強く確認されたことは、今後に向けて貴重なステップであった。

また大震災は、個々の研究、例えば活動面で活気をみせたNPO、ボランティア、またカウンセリング・カウンセラーなどの個別領域・課題の研究にも弾みを与えた。同時に、個々の公益の領域や課題にバラバラに取り組み、盛り上りをみせるだけではなく、それらを超えて公益の全体理解・総合的理解の必要、また自らの関わる個別の課題も全体の中で理解し、位置づける必要も認識させた。さらに、NPO、ボランティア団体、公益法人など公益の個別領域の活動や研究の基底を流れ、全てを支える共通の理論や哲学の究明

の必要も認識された。

　もともと、公益学など新しい公益研究の出発は、経済活動・営利活動に関する研究に比べて、公益活動に関する研究が遅れていたという認識が契機であった。実際に、経済活動に関しては、経済学、経営学など多くの学問が存在し、成果の蓄積も十分に行われてきた。また国全体や企業の活動・行動のみか、個人の日々の消費者行動まで把握されてきた。

　それに対して、非営利の公益の領域は、各領域ごとに個々・バラバラには研究はなされてきたものの、その総合化も全体把握もなされてこなかった。また一人一人の市民の公益活動の実態も十分には把握されてこなかった。例えば、ボランティア活動でさえ、個々の把握も、全体把握も、十分にはなされていない状態である。実際に、社会福祉法人のように比較的把握されている領域のみでなく、地域、大学、病院などボランティアの多い領域でさえ十分に把握、研究されていない状態である。

　しかるに、先の世紀の転換前後から、公益に関する研究に新しい動きがみられだした。まず旧来からのボランティア活動、NPO、また福祉活動、カウンセリング活動など公益に関わる個別領域ごとに展開される多様な研究に加えて、それらを総合的にみる総合学を目ざす動きである。同時に、それら個々の公益研究を超えて全体に通じ、共有できる哲学や理論、例えば公益とは何かといった、公益の本質・根源に触れる諸課題の解明を目ざして、取り組む動きである。公益学の登場はそれに対する応え・挑戦の１つであったのである。

　その流れは、子ども学など他の学問分野でも同じようにうかがえる動きであった。伝統のある学問、例えば法学、経済学、医学、心理学、文学などはすでに体系、理論、方法などでも共有財産が蓄積され、自らを母屋にして、多くの個別の研究領域・課題をその屋根・廂の下にかかえている。

　例えば、法学ならば法学を母屋にその屋根・廂の下に憲法、民法、刑法、会社法など多くの幹があり、さらにそれぞれの幹には多くの枝が揃っている。また医学にしろ、それを母屋に内科、外科、産婦人科、小児科、耳鼻科、泌尿器科、精神科などいくつかの大きな幹があり、さらにそれぞれの幹

には多くの個別テーマ・課題の研究が枝として育っている。いずれも、母屋がしっかりしており、その下に幹や枝もしっかり育っている。

ところが、子ども学には個別領域の研究は育っているのに、母屋がない状態であった。児童心理、児童文学、児童福祉、児童犯罪などは、心理学、文学、社会福祉論、刑法・法学などの母屋はもっているが、子ども研究の側面での母屋はもっていなかった。そこで子ども研究の総合学、また子どもとは何か、子ども研究とは何かといった子どもの本質・根源に関わる諸課題を解明する子ども哲学・理論などを担当する母屋としての役割を演ずる子ども学が20世紀後半から提唱され、動き出したのである。

公益学も同様であった。公益研究の幹に当たる公益法人論、NPO論、まちづくり論、ボランティア論、社会福祉論、カウンセリング論などでも、個々の領域内での自立した研究のみでなく、公益面に焦点を絞り、その側面から母屋にあたる役割を担う総合学として、またそれぞれの個別研究に共通する公益の理論や哲学など基本的・基礎的部分を担う学問として、公益学が登場したのである。

かくして、新世紀に移り変わる頃に、公益学が大学の専門学部・学科として、あるいは学会として誕生をみたのである。それを機に、個々の公益の領域・課題の研究や検証とともに、総合学と基本・基礎学の構築を目ざす公益学の体系化・理論化、さらに、その土台・肉付けとして実証研究・事例研究が課題になり、展開されてきたのである。

しかるに、この度の東日本大震災の勃発を機に、公益的な活動の盛り上がりに対応する研究の蓄積も、またその啓蒙・教育への取り組みも、一層必要になってきた。実は本書の刊行自体がそのような要望・ニーズに応えることを目的の1つとして企画されたものであったのである。

3. 公益、公共とはなにか、また納税は公益か

(1) 公益とはなにか

公益と公共の定義については、今回は深くはた立ちいらない。すでにこ

の点については、他でも私は繰り返し言及しているからである（小松隆二「公益とは何か」［間瀬編『公益学を学ぶ人のために』世界思想社、2008年］などを参照されたい）。それでも、東日本大震災以後の、公益をめぐる環境・状況の変化に鑑み、公益、公共、そして納税についてその意味、位置、役割などについて改めて確認してみたい。

　公益の理念・活動の主要な主体は、広義の公益法人、NPOであり、またボランティア活動の個人・団体である。もちろん、公益の主体にも対象にも、全ての国民がなりうる。企業も、協同組合も、農林漁業団体も、中間法人も、本務とは別に公益活動を行うことは自由であり、可能である。また経済活動を含め、あらゆる領域にも、公益の理念や方法や研究は適用・援用できる。にもかかわらず、公益の主たる主体は公益法人、NPO法人、ボランティア団体などであることも受けとめなくてはならない。

　公益法人は、かつては民法、現在は公益法人3法を拠りどころとする。戦前は民法の定める公益法人であったが、戦後特別法の下で独立した社会福祉法人、学校法人等も、広義の公益法人である。というよりも、市民とつながりがあるという点では、最も公益法人らしい公益法人は、社会福祉法人、学校法人等である。さらに新しく法認されたNPO法人も、NPO法（特別非営利活動促進法）に依拠し、社会福祉法人等と同様に市民に近い所で公益の活動を展開している。

　それらに通じる公益とは、自分や身内を超えて、みんなの益、地域や社会全体の益のために、考えたり、活動したりすることである。原点は自分や身内を超える思いやりであり、善行や小さな親切がその活動の出発点となる。それが蓄積され、経験を積んで日常的・永続的組織に育ったのが公益法人、NPO法人などである。自分を超えて、みんなのためを考え、思いやるということは、他人である不特定多数を活動・サービス対象とすること、とくに市民全体・地域全体を視野に入れることである。しかも任意、自由、自発的思いが基本であり、強制や義務とは無縁の活動や結集である。また、その目的にも、契機にも、営利が関わらないことが基本である。

　かくして、公益・公益活動とは、個人であれ、組織・集団であれ、任意、

自由に、身内や自らの知り合いや特定の人たちのみでなく、全くの他人である不特定多数を主対象に、原則として営利を目的にしないで行う民間のサービス活動とその理念である。その意味で、公益は市民・住民の下からの発想、理念、活動、組織であり、そこには命令・強制も、儲け・営利も、また身内のためのみというあり方も基本的には排除されている。

　国が上から公益を指導・管理するのは、主に戦時下など特殊の狙いや意図がある時期に限られ、むしろ要注意のあり方ということになろう。公益とは異なって、国・自治体やその予算や財政の絡む公共とその活動・事業の場合は、その性格上、上からの公共やその指導ということは、平時にもありうる。しかし、公共とはいえ、市民不在の、官・行政本位のあり方、上からの一方的な方針・事業も、原則的には市民から見たら要注意である。

　特に公益の活動は、意識・無意識に関係なく、人間が社会を形成するとともに自然発生的に始まる。極貧、災害・災難、事故、怪我、障がい、高齢、不運・不幸は人間およびその社会にはつきものであった。それを無視しないで、思いやり救済・援助する行為につながる公益の意識と行為こそ、人間固有のもので、人間社会を人間らしく永続化できた源泉でもある。

　その自分や身内を超える思いやりを具体的に表現したものが公益という理念と活動である。自分のこと、身内のことではないのに、同情・思いやりから、営利も考えずに自然に協力・支援の手を差し伸べることは、他の生き物・動物とは異なる人間固有の本性であり、人間社会が永続できた一因でもあったのである。

　それほど公益の考えや活動は、古い歴史を有している。これまで、公益という用語は平安時代から使用されてきたことが確認されている。明治の大日本帝国憲法には、公益も公共も用語としては使用されている。その直後から、修身の教科書には公益が礼儀、挨拶、品位、勤労、自立自営、慈善、博愛、国際など多くのテーマ・課題の１つに取り入れられる。

　ただし、公益は規模でも、地域の広がりでも、最初から理念・理想通りに広く開かれて、活動やサービスが提供されてきたわけではない。公益ならみんなのため、全体のためだから、最初から差別・区別の壁・境界はなかった

と考えられかねないが、実際はそうではない。対象は限られた不特定多数から出発する。

　実際に、公益にあっては、原則として民間の活動・事業なので、まず足下の特定の集落から、特定の地域から、限られた対象から公益のサービスが実施・実行されるのが普通であった。生活に欠かせない水の配分でも、救貧活動でも、さらに貧民への奨学金の給付や支援でも、当然限りがあり、まず足下の集落や地域から始まり、余裕が出るとともに、活動・サービス範囲を拡大するのが公益の活動・事業の実際のあり方・視野・展開であった。

　それは、現在も同様である。公益認定等委員会でも、公益法人の許認可の際にその点は十分に認識・配慮されているはずであるが、最初から理想的には行かないのである。一般的には、公益活動は、不特定多数といっても狭い対象から始まり、徐々により広い不特定多数へ、いうなれば小から大へ、また不安定から安定に向かうものである。最初から資金や人材に制限を設けず、広範囲・無限に、不特定多数全体にサービスの提供や活動に取り組めるのではない。足下から次第に不特定多数の範囲やサービス量を拡大していき、やがて国境を越えるものも出てくるのが公益の活動・事業の実際である。その点が国・行政の活動・事業とは違うのである。

　東日本大震災では、復興・回復の本格化はこれからである。旧市街地からの瓦礫の撤去は進んだが、まちづくりの新生・再生はまだ出発点である。しかるに、この先には容易に進めない状況もみられる。新生のまちづくりの方向・姿が政府・行政機関からも示されていないし、現場でもどの地域からも明快には示されないのである。まちや地域によっては、対立もはらまれた状況、対立が現実化している状況さえみられる。

　それを超えるには、自分の利害や従来の持家・自分の家づくりを超える発想である公益の理念、それに基づく共創のまちづくりが課題にならなくてはならない。目先の緊急性のある復興・回復や一時的安定をまず優先しつつも、それを超えて50年、100年先を見すえたまちづくりが必要であるが、その本物のまちづくりは自分とその利害を超える視点、行為にまですすむ共創のまちづくりでしか実現できない。

まちづくりについては、繰り返し説明・主張しているように、たしかに自分のためを中心に考える持家づくりの視点が出発点ではある。ただ、それを大切にしつつも、そこにとどまらないで、自分を超えてみんなのため、地域全体のための公益との調和を考えるところでしか、本物のまちづくりは実現しない。被災地の復興・再生、そのまちづくりでも、みんなのため・まち全体のための公益と共創のまちづくりがどこまで受けとめられるかが鍵であり、課題である。

　公益が広く行き渡っている社会、公益法人など公益の諸団体が高い位置を占め、大きな役割を演じている社会、すなわち公益の日常化・公益法人の市民化の進んだ社会こそ、ゆとり・相互扶助が広くみられ、調和のとれた安全・安心の社会である。

(2)　**公共とはなにか**

　以上の公益に対し、公共とは、公のため、公を介したみんなのためのものである。ただ、戦後になると、公のためのものでも、主に官・行政の介在するものを言い、市民・民間による市民・民間のためだけのものは、公共とは言わないのが一般的である。

　その点で、公共は、目標・目的や理念に関わる基本的なスタンスは公益と同じである。歴史的には、戦前を通して、公共は、公・官とも関係なく民間にも使われ、公益ともほぼ同義に使用されることが少なくなかった。戦前の旧家の家訓・家憲でも、公益の用語の使用は例外で、むしろ公共の用語の方がよくみられた。その点で、公益も公共もいずれも、個人や少数を超えて、みんなのため・地域全体のために役立つ活動を意味していた。それが次第に、公共は、主に国・官公庁が関わるものに使用されるようになってきたのである。

　特に戦後になると、公共という用語・用法は、税金や予算と絡み、また官公庁・行政の関わることが基本になる。公共団体、公共施設、公共財、公共事業、公共投資、公共工事、公共職業安定所、公共緑地、公共政策、公共の福祉（公共の福祉の名目で個人の自由や権利が否定、抑制されることも珍し

くない。例えば田中正造の生家は文化財であったが、道路拡幅の際、拡幅に対する反対運動にもかかわらず、公共の福祉のためを理由に生家は後方にセットバックを命じられた）などの用法がそれである。

　これらの用法は、いずれも個人や民間の活動、制度、施設ではない。個人や民間の施設は公共施設とはいわない。また個人のための建物などの工事は公共事業・公共工事とはいわない。みんなの使う社会性のあるもの、例えば道路、公園、港湾、公共施設などの工事が公共事業・公共工事であることは、誰もが知っていることである。そのため、正しく運用されないと、政治・政治家本位や行政優位に使用される例もしばしばみられたのである。

　私どもは、日本で最初の公益を冠にもつ私立大学、東北公益文科大学を創設した。その際も、公共大学としたら、公設民営とはいえ、名称の点で認可されなかった可能性が高い。それは、私立大学が官・公や予算・税のからむ公共の用語を冠にもつ大学名を名乗ったらおかしいと言われても仕方がないからである。もちろん公共政策や公共経済学などすでに確立した学問を大学や学部名にするのはかまわない。しかし公共大学では、公立大学と紛らわしくなるので、認められない可能性が高かったということである。民中心・民本位に使用されてきた公益と、官公庁やその予算のからむ公共にはそれほどの相違が出ているということである。

　それに、公共も時代と共にその位置や性格を変えてきた。公共といえどもそれを判断し実施するのは、政治家であれ、役人であれ、人間である。初期ほど公益や公共の理念が正しく行きわたっていないので、公共が恣意的に使われることがあった。明治期などには薩長土肥、とりわけ薩長関係者が優遇されたり、公共的事業・企業の払い下げ・公的助成にしても、政府関係者の個人的つながりで偏って不公平に使用されることも珍しくなかった。それによって政府・行政関係者と民間業者が私腹を肥やし合うこともみられた。また政策・施策が官公庁・役人優位に進められることもよくみられた。公共施設が一部のものにしか開かれていなかったり、また官公庁や公務員の施設や制度が一般市民・民間のものより優先されたり、優れたものであったりする例はよくみられた通りである。

序章　東日本大震災後の公益と公共、そして公益学　17

　そういった不公平・不平等など本来の公共のあり方とは異なる反公共的手法は、時代とともに修正、是正されてきたこともいうまでもない。長い歳月・時間はかかったが、公共が次第に字義通りみんなのための本来の公共に変わってきているということである。

　国は、公共の福祉のために、つまりその生命・機能・役割を維持するために強制的に必要な資金を集め、確保することも行う。それなしには、国・国民を守るための公共政策の実施もままならないからである。その主要な手立ては、次の項で触れるように税金である。国民およびその集団・団体も、国の中で安定的に維持・保護されるには、憲法で定められた納税という義務にそって収入・私益の一部を国・自治体に納めなくてはならない。それによって、無意識のうちに国づくり・地域づくりに関与・貢献することになるし、見返りに国からは保護・保障を受けることになる。
　しかし、それだけでは貧困もなく、不公平・差別もなく、国のすべての制度・仕組み、機能・活動を全うするというわけにはいかない。それをカバーするのが民間の公益活動である。その任意の公益と義務の納税がバランスよく機能することが調和のとれた社会への1つの条件になるのである。

(3)　税金（納税）は公共のために使用されるが、公益活動と言えるか
　地域や住民の生活、健康、権利に対する民間のサービス・寄付・支援活動、いわば公益活動についてみれば、近代以降の明治・大正期、さらに戦前昭和期には、その担い手は主に地主・資本家など各地のリーダー・資産家たち、あるいは彼らによって設立された公益法人であった。一般市民は主にサービスや寄付といった公益の恩恵を受ける側であった。
　第二次世界大戦後、新憲法の下で、社会保障・社会福祉制度が本格的に整備される。健康で文化的な最低限度の生活が国民に権利として保障されるようになった時代認識の反映である。健康で文化的な最低限度の生活を保障されることによって、以後は、国民はその気になれば、ボランティアなど公益活動に任意に参加できる基礎条件が整備されるようになる。自分の生活もま

まならない段階や時代には、自分や身内を超えて、地域や住民全体のことを考えたり、サービスしたりするゆとりはなかったのである。

このように、すべての国民・市民が自由に関わることのできる公益活動は、強制的な義務として課せられる税金とは性格を異にする。ただ税金も公益も、出処は市民・民間の収入・私益・私財であり、私益とのつながりで初めて出てくるものである。

いずれにしろ、強制されて納める税金と任意で提供する公益のサービスは、出どころは同じで、私益なしには出しようのないものである。出処が同じということは、私益が大元になり、それに対して強制される課税の大きさが、ある意味では任意の公益の規模も左右することになる。大元の私益と、そこから拠出される税金と公益に提供される資金はつながっているということであり、人々はそれらのバランスでしか公益にも資金を回せないということである。

そこで言えることは、納税の大きさが任意の公益の大きさを規制する面があるということである。納税額の大きい人は、元の私益の規模も大きいことになる。それ故に、納税額の大きい人は、元の私益も大きいので、可能性として残りの私益から出る公益の規模も大きくなる可能性があるということである。ただし税金の額・規模によっては私益の残りから公益には思うように資金を回せないという事態も発生しうる。

時代を遡るほど、このような公益のサービス・寄付・活動を地域のリーダーたちは、任意に自発的に提供し合って、地域・社会の安全・安心・調和のかなりの部分を支えてきた。初期には地域の貧困、災害の被災、道路・河川の修理・補修、公的施設の建設などでも民間の公益的寄付による比重がかなり高かった。義務教育さえ、国は各地方・自治体に就学・就学率などの改善を督励はするものの、資金は用意しないので、それを地域ごとに公益の寄付・資金でまかなうことが常でもあったのである。

この公益のサービス・活動が税金の代替をしていたことから、公益と税金は、強制・義務か自由・任意かの相違はあるが、どちらも個・個人を超えて市民・住民とまち全体に対応する点では同じではないかと位置づける考えも

出てくる。その一面のみみれば、理屈に説得性がないわけではない。

　ただ、税金に応じなかったり、誤魔化したりすれば、罰せられるが、公益のサービスや活動には応じなくても罰せられることはない。通常は、公益の場合、自らの自由意思で、しかも喜んでサービス・資金を提供する。それに対し、納税の際にはしぶしぶ応じたり、いやいや応じたりする人も少なくない。いかに納税額を減らすか腐心・苦心する人も少なくない。極端な場合にはごまかし・不正など違法な手段を講じる例もみられる。

　かくして、納税は、公共性のある活動ではあるが、公益以前の「義務的公益」として、任意・自由意思による「本来的公益」とは区別すべしという見方が一般的になる。

　ただ、公益と公共あるいは、公益と税金は、私益という出どころといい、国・地域・国民みんなのためという一人一人を超える視点に立つ面といい、つながっており、親戚・姉妹関係のような面を持っている。それだけに、視点・論理によっては同一に扱うことも、あるいは区別して独自のものとして扱うことも、どちらも可能である。公益の定義の仕方によっては、納税は公益と同じもの、逆に公益とは違うものという、どちらにも位置づけられるので、どちらかが正しく、どちらかが間違っているというものではない。どちらがより論理一貫して説明できるか、また市民にどう受けとめられるかという問題でもある。

　もともと、社会・国家は税金のみでは円滑に、順当に、またゆとりをもって、治められるというものではない。税金の一種ともいえる社会保障制度の保険料方式、さらに民間の公益法人、NPOなどの公益活動が加わって、地域・まち・人々にゆとりや人間的な相互扶助的な協力関係が育ち、人間的つながり・関係も円滑化する。保険料方式は基本的には義務ではあるが、納税ほど厳しくはない。さらに公益活動は、それにもまして、自由・任意のものである。

　一般的には、税金は強制であるゆえに、一人一人の希望、意思、思想は無視されることがありうる。自分は軍備や戦争という手段の行使には反対である。自分は原発には反対である。あるいは自分は今度の高速道路は無駄なの

で反対である。だから、予算の比率でみて、その部分は差し引いて納税したいと言っても認められない。公共や税金というものは、そのように個人の意思・希望を抑える側面も持っている。それだけに、国家・社会に必要なものを全て税方式で徴収すれば、多様な国民の間で優先性や公平性から必ず不満が出てくる。そこで民間の任意・自由発意の公益活動に依存・期待する面が出てくる。

　公益と公共に、また公益と納税には、上記のような相違が明快に存在する。それだけに、簡単には納税も公益とは言いきれない。納税は公益とは異質という方が説得的である。しかし、もう少し議論を継続し、深める余地を残すことにしよう。

4. 公益法人と国の位置・関係：公益を決めるのは民か官（国）か

(1) 公益を先導し、切り拓いてきたのは民

　公益の考えや活動は、基本的には自発性・自由発意を本旨とする。公益活動の原点となる善行や小さな親切がそれを象徴しているであろう。善行や小さな親切は瞬間的に思いついたり、実行されたりする行為であって、計算されたり、指導や強制があったりして、なされるものではない。もちろん、礼儀、高齢者や障がい者への配慮・世話といったことを学校などで教えを受けることはあろう。それでも、それをそれぞれの現場で実践・実行に移すのは強制でも命令でもない。

　もっとも、地域全体に水を豊かに供給する用水路、地域全体を強風や地吹雪から守る砂防林などの建設・設置・植林となると、とっさの判断や自然に内から湧き起る公益心が計算などを抜きに取り組ませたというものではない。大規模な計画だけに、十分に時間をかけて準備・計画されたものである。それでも、強制や命令よりも、地域や住民みんなのために、時には古い時代ならお上のために貢献したいという意識を含め、自発性が基本的に生きてきた。

　また、古くからある台風・大雪・火災等の災害による被災・窮乏からの救

済・援助、学校など公的施設の建設・整備、時代とともに増える地域ごとの奨学金給付制度なども、いずれも国が指導したり命令したりしたものではない。むしろ、国の財政力の脆弱性、施策・政策の後れを補うように、民間における自発的な救助・救済・支援として下から工夫された制度・施策である。また難病、障がい者、高齢者、不登校児等への救援・支援活動も、最初は国の指導・方針に沿ってではなく、むしろ国の政策・対応の後れに批判・抗議するところから民間の手で取り組まれたものである。

　国が公益法人制度を民法の制定と共に法認し、その認可を国・公（行政機関）が行うようになってからも、基本的には公益の思想や活動は民間主導で実施されてきた。各地に広まる貧民に対する救済活動・保育活動・奨学金制度、難病や不登校の子ども等への支援・協力活動、各地のまちづくり・環境保護運動など、また国民・市民の権利などに関わる保護法制、公的施策・政策・制度の導入・新設・改善の要求運動などは、国の指導や方針に沿って行われたのではなかった。国が対応する以前から、あるいは国が拒否したり無視したりする段階から、市民の手で進められたものである。

　その点で、公益の活動は、公益法人にしろ、NPO法人にしろ、またボランティア団体にしろ、国・行政が対応できないもの、対応に応じないものなど、先ずは国・行政が関心・対応を示さないものに取り組む例が多い。

　しかるに、以上のような例を含め、民間の手による公益活動・運動に関しては、国が公益のあり方・内容を決めてきたという誤った考えが一部の研究者・運動のリーダーによって主張・流布されてきた。国・行政が公益法人を認可・認定することと、公益のあり方・方向・内容・質を決めることを混同した結果である。

　もし国が公益を先導・指導してきたとすると、そのあり方を克服し、自分のものにすることこそ、公益の諸団体・諸活動の課題の1つでなくてはならないはずである。そのために自己批判・提言を行い、議論を喚起すべきであった。しかし、そういう努力はみられなかった。

　国は、公益法人を認可する権限を持ってからも、少なくとも民法下の旧公益法人時代には、賢明にも公益の本質や内容に立ち入ることをしなかった。

認可に際し、国が評価・判断したのはあくまで形式的公益であって、公益の本質や内容・質ではなかった。

　たとえば、理事や評議員の定数、理事や評議員における親族や同一団体から派遣される役員数、基金の規模や財政などはチェックした。理事会の開催状況、欠席の際の委任の形式・仕方、理事会記録、また営利活動の収入全体における比率などもチェックした。また減免税の対象や率は公益法人などの要求が前提としてあったものの、国・行政の協力が必要で、国がきめる形をとったことは言える。さらに公益法人の対象領域の広がりは、たしかに国が規定していた。ただし、宗教活動等を除けば実質的には戦前からほとんどの領域がカバーされていた。国の政策・姿勢で対象が恣意的に決められたわけではなかった。

　それらは、いずれも形式的公益の部分であって、公益とは何か、公益はどうあるべきか、といった公益の定義・本質等への公・官の踏み込みを控えていた。認可上公益を規定する必要がある場合も、① 非営利、② 不特定多数を対象とすること、③ 行政の認可、というレベルのものであって、公益の内容・質に関わらない形式・枠組程度の規定にとどめた。

　その点で、行政は賢明で、公益法人の活動の公益性については基本的には指導や議論をしなかった。公益法人が年度末などに公益活動の実績づくりとしてあわてて実行する講演会、シンポジウムなどについてさえ、国はその内容・質については公益性を問うようなことを原則として行わなかった。

　実際に、長く続く低金利時代にあって財政面中心に弱小で継続的な活動が困難な公益法人などは、認可の更新をスムースに進めるため、形だけ講演会やシンポジウムを年間1回のみ行って、公益活動の格好をつけることがよくみられた。その場合も、その講演会やシンポジウムの内容が公益性がないとか、他に比べて公益性が劣るとかいうような評価は一切せず、公益活動として認めるのが常であった。

　民法は、せいぜい非営利を基本としているか（営利活動の比率が高くないか）、ある程度不特定多数を対象としているか、といった規定を定めてはいるが、それは民法成立以前も以後も現場ではほぼ共通認識として定着し、否

序章　東日本大震災後の公益と公共、そして公益学　23

定すべくもないものであった。

　それに、公益法人はじめ、民間の諸団体も、国の公益に対する考えはこうだから、それに合わせた理念・内容・方法・対象で貧民救済、難病支援、冤罪救済、災害救済、奨学金の給付、不登校やひきこもりの救済・支援などの公益活動を行ってきたなどということはない。ただ法人の認可の更新を無難に済ませるために、寄付行為・定款と事業・活動、理事・評議員の数、同一団体からの理事・評議員の派遣数、理事会と評議員会の開催方法などは規定に合わせること、営利事業の比率を減らすこと、関係深いグループを主たる対象にした保護や給付サービスを行わないことなどでは、民法や公・官の方針にあわせることはした。それらは形式的・外見的公益の部分であって、公益の本質や内容に関わることではない。

　ただ共助・共益団体、あるいは中間法人の内容や性格については、行政が公益法人と区別するため、公益法人の認定にあたって公益の解釈などで厳しい判断をすることがあった。サービス・活動対象がどの程度不特定多数に広がっているかなどをめぐる評価・判断である。

　その際も、公益活動は、前述のように歴史的にみても、また現状でも、いきなり広範な不特定多数を対象にするのではなく、範囲を限定したところから出発することに留意すべきである。その点で共助・共益団体でも非営利であれば（利益が出ても、役員などに報酬として配分しないことなど）、当初は対象を特定の範囲に限定していても、その範囲の中では制限なく誰でも参加・加入できるようになっていればよいとか、長期的な視野で公益認定で配慮することも必要である。そこに踏み込むと、旧来の社団法人には経営者団体、医師会、趣味でも特定の趣味の者だけといった同一利害者だけに限定し、かつ特定のグループに対しては対立や排他的姿勢をもって臨む法人も存在した。そういった法人の評価にも議論が発展しかねないので、不特定多数の理解は柔軟に展開する必要がある。

　もし現在あるいは今後、新制度の下で公益認定等委員会が公益の内容や本質にについて踏み込んで議論や指示・指導するようなことがあれば、国の姿勢、あるいは公益法人や公益認定のあり方が根本から変わることになり、大

きな議論を呼ぶことになろう。公益活動が民間の自発性・任意性を特徴とするもので、公益・公益活動の担い手も主体的な民間の市民・法人であるという、長い間行政まで認識してきたことからも逸脱することになりかねないからである。

(2) 公益は上から公・官が指導すべきものではない

　以上のように、旧民法下の時代には公益法人の条件や認可の基準に関しては、国・行政はその市民性・民間性を尊重し、比較的ゆるやかであった。ただし、許認可の現場では理事の定数と実数、またその所属、理事会と評議員会の関係、開催数など形式的公益に関してはきちんと指示・指導を行ってきた。その場合も、国が公益を定義するなど、公益のあり方や内容を決めたり指導したりという実態はなかった。

　公益が非営利であること、不特定多数を対象とすることは、公益の動かし難い基本原則である。公益の枠組み、形式的公益に関する部分である。だから、国はその部分を公的基準として民法に定めても、民間・公益法人側も反対する必要のないことであった。この程度の公益法人の基準を国が許認可の際に確認するのは当然で、民間の任意性を侵す心配や問題はない。

　それなのに、一部の公益活動の研究者やリーダーたちは、国が民間の公益を決め、指導してきたような発言を続けてきた。日本における公益活動を現場で、また各地で、国とは自立して、時には国の姿勢・考え方に抗して、道を切り拓いてきた民間の公益のリーダーや活動家の足跡や努力を否定するものでもあろう。

　国が日本における公益を決めたり、指導したりしてきたという視点は、社会政策における労働者の権利や労働諸条件の向上に対する現場の労働者・労働運動の貢献・役割よりも、労働運動の要求を拒み、弾圧し、せいぜいしぶしぶ少しずつ条件の改善に応じてきたにすぎない戦前の国・行政の役割を優先して評価するようなものであろう。確かに労働諸条件や権利を定める政策・法令を国会などで提案し、成立させたのは国・行政・政治であるが、そこに至る労働者・労働運動の努力・役割は国の貢献に遥かに勝るものである。

現在でも、公益社団法人や公益財団法人のような公益法人の認定に際しては、国・行政の役割は大きい。とくに総合的視点から認定するようになっている。ただ、公益社団・公益財団法人の認定を行うことは、公益のあり方や方向、また内容や本質を規定したり、規制したり、指導したりすることではない。国の役割は、基本的には公益団体が活動しやすくなる環境・条件整備であり、せいぜいで形式的・外見的公益のチェックや交通整理である。

　あくまでも、公益の本質、あり方、内容、質を決めるのは、民間であり、特に当事者の公益法人やNPOなど公益活動の現場である。国の公益に関する方針に従ったり、許認可に向けて上ばかりみているような自主性・主体性のない公益法人があるとすれば、それこそ問題である。民間の公益活動に国が介入するのは、歴史的に見ても、準戦時や戦時といった特殊な時代である。そういった時代は、民間の活動も国策に利用される時である。ふだんでも、国や政治家が公益を上からの視点でとらえ、指導的なことを言いだしたら、むしろ要注意で、問題である。

　ただし、公共の場合は、公共の日本的特徴から官公庁・行政がからむので、「新しい公共」などと上から指導することはあり得る。その場合でも、民間・市民が主体性もなく、上からの指導にただ従うようなあり方は本来的なものではない。公共にしても、本来官や行政本位にではなく、市民本位・人間本位に考え、動くべきものだからである。

5. 公益・公益法人の抱える課題

(1) 公益法人の基本的課題——その1

　公益の理念や活動の主体・主役には、全ての国民・市民がつくことができる。対象にも同様である。ただ、やはり主たる主体・主役は広義の公益法人、NPO法人であり、またボランティア活動の個人・団体である。現に、法的拠り所・基礎を用意されているのも、基本的にはそれら公益法人、NPO法人等である。

　ただ、それらも、現在でもなお多くの課題を抱えている。社会でより大き

な位置や役割を担えるようになるにはもっともっと市民の日常生活に近づき、市民とのつながりをもっと密にして組織や活動に従事する必要がある。それがあって初めて市民や地域から支援を受けられることになろう。市民や地域から支持・支援のない公益法人やNPO法人では社会的役割や存在価値も低いものといえるので、公益団体は特定の対象のみと関係・交流するのではなく、広く市民や地域とのつながりにもっと敏感であってよい。それこそ、公益の日常化・公益法人の市民化を促進する踏み台になるものである。

　ここで、改めて公益法人を中心に公益の組織と活動の今後に向けて、上記に触れた公益の日常化・公益法人の市民化以外の課題をいくつか取り上げ、検討することにしたい。

① 　目的と理念の絶えざる検証・確認
② 　解散・出直しを図る必要のある公益法人の出処進退—目的を成就し終えた法人、税金を無駄遣いする法人、活動不能な法人—
③ 　財政の強化・安定を図ること
④ 　情報を開示し、組織と活動を市民にみえるものにすること
⑤ 　地域・社会でリーダーとなる自覚と実質をもつこと
⑥ 　公益の理論、活動、組織に関する専門的および啓蒙的教育にも関わること

以上の6点を課題として提示し、以下に簡単にそれぞれを検討することにしたい。

①　目的と理念の絶えざる検証・確認

　公益法人・NPO法人などにあっては、法人結成の目的とそのための活動内容が関係者の間で明快に確認・共有されていること、かつその目的に向けて、安定的・継続的に活動を遂行できていることが本来の姿である。つまり日常的な活動が法人・団体の目的・理念の実現に寄与しているか、目的・理念を忘れていることはないか、を絶えずチェックする必要があるということである。

　ところが日本の場合、最も伝統のある公益法人でも、それを支える基金、人材、あるいはサポーターのどれかが不十分で、目的に沿い、目的に寄与す

る本来の活動は不十分にしか行えず、辛うじて組織の存続と形式を整える僅かばかりの活動で精一杯というのがかなり多くの法人の実態であった。基金不足の上、低金利で運用益があてにできないので、実質的に目的に沿う活動ができない場合でも、解散や出直しをするのではなく、組織はそのまま維持される。実質的には休眠状態ないしはそれに近い状態のものも少なくない。

そのような状況から、公益法人のかなりのものが住民・市民から忘れられるような状態に陥ってきた。本来市民の生活や活動を支援するはずの公益法人の多くが市民とのつながりを持てなくなってしまっていたのである。

そこに、市民とつながる新しい公益団体としてNPO法人の新設の必要、また公益法人改革の必要の声が湧き起こり、2つの改革の流れが実行に移されたのである。

公益法人では、目的が明快で、それに沿って活動を安定的・継続的に展開するという点で、ほぼ問題なく運営されてきたのは、社会福祉法人や学校法人である。問題があるのは、以前は民法に依拠し、現在は公益法人3法に依拠する伝統的な公益法人の方なのである。

実際に、長い間、多くの公益法人は、目的を遂行する活動を継続的に展開する収入が確保できていなかった。基金規模が弱小で、低金利時代故に運用益がついてこないのである。しかも寄付も集まらない。そこで、組織だけは維持する方策をとった。目的を遂行できなくても、ただ組織だけでも生きながらえようと努めた。それが大きな問題であったのである。

現在の低金利時代に安定して目的に沿う活動するには、100億円以上の基金が必要であるが、その規模の公益法人はそれほど多くない。30億円、50億円の規模でも、日本の公益法人の世界では恵まれた方であるが、それでも母体、あるいは関連の企業などから寄付で補ってもらい、辛うじてまともな活動を維持しているのが現実である。何しろ30億円では運用益を1,000万から2,000万円を得るのがせいぜいで、それでは事務所経費と人件費も十分に出せず、機関誌・ニュースレターの発行や、形だけの活動を行うのが精一杯である。

その点で、かつては民法上の公益法人であった社会福祉法人と学校法人

は、活動・運営費用を利用者から徴収するなり、公的助成を受け入れるなりできたので、通常は活動の継続は大方問題なかった。基金の多寡よりも、年々の活動のあり方や成果が評価されるので、しっかりした活動を維持していれば、入居者・利用者、また生徒・学生が集まった。すると、収入が確保され、目的に向かう活動もほぼ遂行できる。むしろ、学校法人などは、提供するサービス以上の収入を得る例、それでいて地域・社会への還元がほとんどない例もみられた。目的や理念の確認や再検討が必要な例である。

② 解散・出直しを図る必要のある公益法人の出処進退—目的を成就し終えた法人、税金を無駄遣いする法人、活動不能な法人

上記のように、公益法人は、ただ存続すればいいというものではない。目的と理想・理念を掲げるだけではなく、それを目ざす活動を遂行できなくなった法人、目的をはたし終えた法人は、解散・出直しをすることが原則である。基金が不足で、永続的な活動が困難な場合は、新たに基金を募り、外部から協力を得られるほどの実質と信頼があればよいが、そうでないと形だけ存続しても社会的には意味がない。基金を規定に従って処理するか、有効に使い切るかして、解散するのが原則である。公益諸団体の世界でも、ある程度の新陳代謝が必要なのである。

特に行政系の公益法人は、目的を果たし終えたら永続化せず、解散することが基本でなくてはならない。収入が予算として上から機械的に入ってくること自体公益法人らしくないが、あわせて天下りや、無駄な調査、意味のない研究、それらの丸投げ的な外部委託、形だけで高度性・新鮮味に欠ける出版・講演会・シンポジウムに資金をつぎ込んでいる例もみられる。特に講演会やシンポジウム、また翻訳などは、公益法人の実施するものにしてはレベルが低く、形式だけのものが多いので、要注意である。民間の大学や研究所で200万円でできる調査と報告書作成が、行政系法人ではゼロが一つくらい多い予算になっている例があったりする。天下りの人件費が多かったり、ありふれたテーマや低いレベルの調査・研究の費用などがやたらに膨れ上がったりするのである。

公益法人は、市民本位・地域本位が基本である。天下りや内部の人員を守

るために組織を存続するようでは意味がない。公益法人は、市民や地域とつながり、寄与する目的・活動を維持できなくなったら存在する意味が小さくなる。目的を達成し終えたもの、また目的を遂行できなくなったもの、あるいは市民の支援の得られないものは、原則として解散・出直しすることが望ましい。

③ 財政の強化・安定を図ること

　日本の公益法人やNPOの最大の課題は、やはり活動の永続化と安定化、それを可能にするために財政の強化と安定をはかることである。それには、日頃から内部で組織の目的を確認・共有しあい、それに沿って活発な活動を展開することが必要である。それなしには、秀でた人材やサポーターも、寄付・研究助成など外部資金も集まらず、基金を拡充する計画は実らないはずである。

　特に日本には、残念ながら寄付文化が成熟していない。現に、公益法人やNPO法人で外部から継続的に寄付を受けることのできる例、またそれで財政全体をまかなえる例はごく少数である。

　それにしても、しっかりした目的と活動があってこそ、初めて外部からも支援・後援も得られる。それによって、安心して本来の活動に従事できるのである。目的に向けて堅実に継続的に活動することが外部から、市民から信頼を得られる基である。かりに出発時から大きな基金を用意できた場合でも、それをさらに増加させるなり、安全・有効な運用をはかるなりして財政の強化を日頃から心がけること、同時に見える形で活動を積極的に行い、外部から支援が得られやすい成果、環境・条件づくりの実践を忘れないことである。

　それに、次に問題にするが、この財政を関係者や監督官庁にはもちろん、一般の市民、特に地域の住民にはわかりやすく全体像を開示することが必要である。財政もわかりやすく開示することが外部から信頼を得られる有力な方法である。従来は、財政はどうせ一般の人にはわからないと、公開の意味、また内容や方法を軽く考えるきらいがあった。その際、公認会計士など専門家の指導・評価・意見を付して、開示することが、関係者のみか、市民

からも一層高い信頼を得、新たな基金の受入れや蓄積にもつながっていくはずである。この財政の監査、開示の強化は、専門家の公認会計士や監査法人関係者も、公益法人やNPO法人に対する信頼と支援を得る有効な方法として留意し始めていることは、本書の中村元彦氏の論考（第2章「公益法人及びNPO法人の会計・監査（会計監査）の役割と責任」）でも明らかにされている通りである。

(2) 公益法人の基本的課題—その2
④ 情報を開示し、組織と活動を市民にみえるものにすること

　公益法人は、法人の目的、それを具体化するための活動、そして成果について明示・開示することが基本である。活動において必要とされるボランティアやその協力の内容も明らかにし、市民の参加・協力に関しても日常的に呼びかけの発信を行えば、組織・活動の公開性が進み、市民からも受け入れられることになろう。それによって市民もボランティアとして、あるいはサポーター・寄付者として関わりやすくなり、法人からみても必要な支援・応援・協力が得られやすくなるであろう。

　それによって地域や住民とのつながりも日常化できるし、身近な法人という認識ももってもらえる。可能な範囲で、活動や財政の開示を進め、参加・協力も仰ぐ。公開は財政のみでなく、日頃の活動全体をカバーすることによって法人のオープンな性格を印象づけることも大切である。

　最終的に期末・年度末には組織、活動、財政の報告をすることになるが、要は、そこに至る日頃の活動や実績の開示、そして当該年度の活動の成果やその評価、そして課題や宿題も明らかにすることである。その全体像をわかってもらえることが、地域からの支援・後援・参加をえられるもとになるからである。最終報告も、文書のみでなく可能なメデイア、方法を使って実施する。そこには公認会計士など専門家の意見・評価もわかりやすく付すことも必要になっていくことであろう。

　こういったことを適切に処理することが、公益性の高い活動をすすめる公益法人やNPO法人の社会的責任でもある。その責任を果たすことが、外部

に信頼を与え、サポーター・寄付などが集まる源泉にもなるのである。

⑤ 地域・社会でリーダーとなる自覚と実質をもつこと

　公益法人は、その目的や活動に夢や希望を持てるが、それだけでも専門・本務の活動だけでも大変な時間や労力を要し、また責任も負わされる。それに合わせて適切に活動や責任を遂行する姿勢と実績こそ、専門領域のみか、地域での評価を上げ、地域とのつながり、地域における関連団体との連携・協力を強化・保障する。地域も、社会的活動や人材の輩出を望んでいるので、地域における祭礼を始め、行事・活動に可能な範囲で参加、協力するよう心がけることも必要である。地域に喜んでもらえない活動や団体、また地域から理解されない活動や団体では先が思いやられるであろう。

　公益法人やNPO法人が公益団体として評価され、地域に受け入れられるのは、本務の遂行・達成と同時に、地域や市民との友好・協力関係、相互貢献関係をしっかり根付かせている場合である。さらに、公益法人の地位や性格から、地域に足場を築き、地域を引っ張っていく気概も必要である。それがあってはじめて公益法人を担う能力・資格もあるといってよい。地域の活性化・発展に何ら貢献ができない公益活動では地域や市民から広く受け入れられることも、支援を受けることもないであろう。

　近年、大学・学校や社会福祉法人が地域とつながり、相互貢献に関心を示し、さらにリーダーシップを発揮する例は広くみられるところである。そのことが大学や社会福祉法人の安定的活動や発展にも寄与することになっている。

⑥ 公益の理論、活動、組織に関する専門的、および啓蒙的教育にも関わること

　公益法人が市民にまだよく知られていない点を指摘してきたが、大学で公益学、公益法人論、NPO論、ボランティア論などを専門に教える講座・科目を設置する例はまだそう多くない。古いところでは法学部における公益法人論、新しいところでは地域・社会関連学部におけるNPO論、ボランティア論などの研究・講座の設置は少しずつ増えてはいるが、まだまだ狭い広がりである。地域・社会における役割からいって、公益法人論、NPO論、さ

らに公益学などが大学の多様な学部で正規の科目として常置されてしかるべきであろう。

　営利の経済活動を研究する経済学、経営学などに対して、非営利の組織や活動を研究する公益学、公益法人論などが大学の講座に常設されるよう公益法人やNPO関係者は、大学に働きかける必要もあるだろう。地域の市民講座に対しても同様である。

　公益学の教育・啓蒙がすすむことによって、公益の活動や理論の専門家・担い手、また市民からの活動への参加・サポーターも増大することになろう。

　以上、6点を公益法人、NPOなど公益団体とその活動に関わる主要な課題として指摘した。それらを通じて、特に公益法人が留意すべきことは、NPOやボランティアに比べても、公益法人の存在自体が一般市民にはなお知られていないという現実である。公益法人の活動が、助成型法人や行政系法人に典型的にみられるが、一般市民に見えないところで、市民には関わりのない活動を柱とする法人が多いことが大きな理由である。

　公益法人が資金の助成を主たる事業とする場合、通常一般市民は直接には活動・サービス対象には入ってこない。近年はNPOや地域が財団の助成事業の対象になることが増えてはいるが、通常は大学、研究所、関係団体、研究者が主たる助成対象になる。

　そのような市民や地域と触れ合わない活動を主とすることが公益法人として、一つのあり方ではあるが、それが偏りすぎるのもどうかと思われ、従前のあり方が望ましいものなのかどうかも、今後検証・検討にあたいするであろう。

おわりに―公益の組織・活動と研究の今後

　公益法人、NPO、ボランティア団体は、基本的には市民・民間が担う公益の組織であり、活動である。実際に、これらの活動は市民・民間が担い、

切り拓いてきたし、今後も民間が担い、切り拓いて行くものである。

　公益関係者とそれを支援する市民にとっては、自分や身内も大切にするが、さらにそれを超えて自ら関心を持つ公益活動に関わりつつ、みんなのこと、地域全体のことも思いやる公益の理念や活動が大きな位置を占める社会を築き上げることも大切な課題になっている。

　にもかかわらず、法認された公益の組織・活動としては、最も歴史の古い公益法人でさえ、一般市民には意外に知られていない。新しいNPO法人の方がずっと身近に感じられ、よく知られている。そのNPO法人でもまだまだ広く知れ渡っているという状況ではない。

　現在、有力で安定した公益法人といえば、やはり企業や経営者が資金や株式を提供する企業系・経営者系の公益法人、あるいは資金が行政や行政の関連団体から予算や助成として入ってくる行政系の公益法人であろう。それとは違うあり方で、地域や現場のニーズに応えて課題・目的が先にあって、その解決のために下から市民がつくる公益組織が増えてよいが、それに応えているのがNPO法人である。

　ただ公益法人も、制度改革を機に、簡易な条件・手続きで基本的には届出をもって設立しうる一般公益法人が認められたことで、市民やその生活の現場とのつながりを大切にする例が増えてくる可能性が出てきている。しっかりした目的・課題を持ち、たえず社会や市民生活の現場におけるニーズの確認を行っていれば、公益の組織・活動も地域から受け止められ、支援、協力、寄付も得やすくなるにちがいない。

　それにあわせて、この段階で必要なことは、大学の講義や地域の市民講座において、公益に関する専門的な教育、同時に啓蒙的教育を日常的に実施することである。それなしには、公益の組織・活動のリーダーたちにも、また支援する市民の間にも、公益に関する適切な知識・情報は広がりにくい。一般の大学でも、文系の社会学部、経済学部、経営学部、文学部などではNPO論、ボランティア論、また法学部では以前から引き継いで公益法人論はみられるが、公益学などを通して、公益を総合的・体系的に学ぶ機会はそれほどない。

そのような教育が普及して、公益法人、NPO、ボランティア団体など公益の組織や活動も、市民のなかから、また地域の現場から、協力・支援を得られるようになれば、公益の社会的地位は急速に高まることになろう。もちろん、その前提として公益法人、NPO、ボランティアなどの研究、さらにそれらを総合するか、あるいは依拠すべき基本理論を提供するかする公益学のような総合的あるいは土台的研究を目指す学問の発展も不可欠である。

特に2つの大震災は、一方で救援・支援のために被災地に向かう新しい公益の組織や活動を大量に生み出し、他方で研究でも多様な公益の組織や活動に関する研究の専門化・個別化を促した。それを受けて、現在必要とされるのは、それら全体を視界にいれる公益の総合学や基礎理論の確立を目ざす学問である。

改めて、そのような公益をめぐる実践から研究にいたるまでの動きを広く見渡してみると、公益に関しては、日本も潜在力や可能性の高い社会に育っていることを教えられる。その潜在力や可能性を伸ばし、さらに大きく実現・現実化すること、特に市民本位・人間本位に現場で活動する組織・活動を拡充することが今後の課題である。

それを進めることが「公益の日常化」と「公益法人の市民化」を西欧並みに進めることにつながるであろう。それらの課題に応える流れ・環境の整備を確実に進めるには、法制・社会的制度の拡充と共に、公益学のように総合的あるいは基礎的な公益研究を目指す学問の構築、発展も図らなくてはならない。

(小松　隆二)

参考文献
北沢栄『公益法人』岩波書店、2001年。
小松隆二『公益とは何か』論創社、2004年。
吉川満・市川拓也『公益法人制度改革と新たな非営利法人制度』財経詳報社、2005年。
間瀬啓允編『公益学を学ぶ人のために』世界思想社、2008年。特に拙稿「公益とは何か」を参照のこと。
小松隆二・白迎玖・小林丈一『共創のまちづくり原論―環境革命の時代―』論創社、2010年。
佐竹正幸『目からウロコ　こんなにやさしかった公益認定』税務経理協会、2010年。

column

幼稚園と公益

黒川　信一郎

　教育や子育てというのは、収益の大きさや園児数で較べるべきものではない。一人一人の個性を尊重し、その素晴しさにめざめさせ、勇気や希望を与えることによって評価されるべきものである。成果というのも長い時間かけて、ようやく見えてくるものかもしれない。

　家業の幼稚園を継いで37年、昨年の秋、こんな感動を味わった。

　坂道を下りきると一気に視界が広がる。夏の穂波、秋の紅葉、冬の霜枯、移れる季節の美しさの中、遠くに幼稚園が見える。黄色い花に劣らぬ鮮やかな緑葉、菜の花が点在する春先は格別。

　可愛い息子と娘の手をひいて［あれがお父さんの通った幼稚園だよ］なんてタカユキが語りかけたかもしれない。四月、三人目が生れた、命名ナナハ。

　地下鉄の階段を上って信号を渡ると大きな橋。大聖堂を背に欄干にもたれると正面に塔が見える。眼下にゆったり流れる川。孤独の旅、心もとない財布の中身、だからこそマサノリにとってこの街がより深く心に残ったのだろう。後年彼は生れた娘をセーヌと名付ける。

　タカユキの走りは圧倒的である。号砲と同時に立ち上がり、グーンと胸を張って突き進む。二位以下を大きく離してゴール。ピョンピョン跳びはねて喜びを表す。視力矯正の眼鏡がはずれかかる。

　マサノリは中盤からグングンスピードに乗り、ゴールでは風のよう。あっけにとられる人々、しばらくして拍手の嵐。当の本人は遠くの空を眺めてしばし沈黙、大好きなヨーロッパでも思い浮かべていたのかも。

　今日は二人の二世ナナハとセーヌがリレーに登場。名前も素敵だが走りも美しかった。

　運動会終了後、タカユキ、マサノリとしばし語らう。子を持つ喜びを素直に感謝する二人に浮わついたものはみあたらない。真っ当な良識をもち、地に足のついた確かな生き方がうかがえる。

　傾く夕陽を浴びながら家族とともに家路をたどる伝説の二人の男。美し

い思い出がまた一つ生れた秋の一日。

　夢中で打ち込んできた幼稚園の仕事。こんな無数の一人一人の園児の思い出が私どもの財産だ。そう思える幸運な人生を歩めたことに感謝している。人間というのは束の間この世に生を受けたにすぎない。この一瞬を輝いたものにするのは善意を行為に結びつける以外にないのではないか。ささやかながら恩返しを続けたいと思う。

（学校法人黒川学園黒川幼稚園　理事長）

第Ⅰ部
東日本大震災後の公益法人のあり方

第1章

公益法人改革に関わる誤解を解く
「公益法人制度改革は税制改革」
―東日本大震災の復興に関わる公益法人の活動等もふまえて
民による公益の増進を考える―

はじめに

　3.11の東日本大震災を受けて、内閣府公益認定等委員会は平成23年3月31日に委員長からのメッセージを発している[1]。そこでは、公益法人等に対して被災者支援や震災復興に役立つ形での活動や寄附などに資源を振り向け、取り組んでもらいたい旨の呼びかけをするとともに、被災地支援や震災復興に役立つ形での寄附やさまざまな活動を行うために手続きが必要な場合には、公益認定等委員会としても積極的に協力する旨を表明している。

　従来は定款、寄附行為に「震災復興活動」や「被災者支援寄附」が記載されていない場合には、事前に主務官庁の許可を得て定款変更等の手続をしてからでないとそれらの行為をすることができなかった。今回の緊急事態に対応して、それらは明らかに公益性のある活動であり、行政庁の事前承認を不要とし、事後の届出によって対応すればよいこととされている。

　その後、法人の震災対応活動状況等についての情報提供を「公益認定等委員会だより」を通じて行っている。また、平成24年7月24日現在、被災者支援、復旧・復興活動・寄附を実施した国所管法人が約2,000に上がっている旨の報告をする傍ら、震災からの復旧・復興には、行政による対応だけではなく民間の積極的な活動及び長期的な支援が必要不可欠である旨、さらにそれらの活動に取り組まれる方々には是非とも新公益法人制度を積極的に活

用し、民の力による復旧・復興の一翼を担ってもらいたいとの期待を込めて、公益認定等委員会委員長のメッセージを発している[2]。

同委員会事務局は平成24年9月7日現在で「国所管の公益法人及び移行法人（特例民法法人から一般法人に移行した法人）の被災者支援、震災復興の活動、寄附について」をホームページに掲載し、情報収集の結果である法人ごとの支援活動の概要を紹介している。これは相当なボリュウムのものであるが、寄附金のみでなく、様々なボランティア活動なども紹介されており、それぞれ自分たちにできることを精いっぱいされている状況を知ることができる資料であり、一度ご覧になることをお勧めしたい。

さて、明治29年に制定された民法によって設立された社団法人・財団法人（特例民法法人）は、100年以上にわたって制度運営がされてきたが、さまざまな問題点が指摘されたため、公益法人制度改革が行われ、新法は平成20年12月1日から施行され、平成25年11月末までの5年間の移行期間が定められている。特例民法法人は移行期間内に新制度での公益法人への移行認定を受けるのか、あるいは一般法人への移行認可を受けるのかのどちらかを選択して行政庁に申請する必要がある。合議制の機関の議を経て行政庁から処分を受けることによって新制度に移行することとなる。移行期間の終了までに移行申請を行わなかった場合には解散となる。

新公益法人制度の趣旨は単純・明快なものであるが、条文の数が多く、読みにくいため、移行を請け負う専門家と称する者でも新制度を正しく理解していない者が多いように見受けられ、それを受けて法人側でも誤解したまま、新制度に移っているところも多いように感じられる。

本章は、新公益法人制度の根幹部分についてなるべく平易に解説することにより、多くの誤解を解き、誤解したまま新制度に移行している法人の今後の方向性を見直す一助となればとの思いから執筆するものである。

筆者が正したいと思う巷で多く誤解されていると思われる点はいくつかあるが、すでに新制度に移行した法人についての誤解を整理すると、次の2つに集約できるのではないかと思われる。1つは本来ならば公益法人を選択す

べきところ、誤解に基づいて一般法人に移行した法人である。もう1つは公益法人に移行した法人であるが、事業区分を誤解しているための不都合に気付かないでいる法人である。それらは、新公益法人制度で与えられた税制上の優遇措置を十分に利用していないといえる。

　新公益法人制度の骨格を端的に表現すれば、「主務官庁制からの脱却」と「民による公益の増進」にあるといえる。そして新公益法人には「税制上の優遇措置」を与え、それによってさらに公益の増進をバック・アップすることにあるといえよう。

1. 公益法人制度改革の骨格

(1) 「法人格の取得」と「公益性の判断」との分離
① 法人格の取得：許可主義→準則主義へ

　従来、公益法人（社団法人・財団法人）を作るには、縦割り行政の主務官庁（ex.文部科学省、経済産業省など）から公益性があると認められたところだけが公益法人を作ることができ、主務官庁から公益性があると認められないところは法人格を取得することができなかった。そして、公益性の判断は主務官庁の裁量に委ねられていたため、主務官庁ごと、あるいは主務官庁の担当者ごとにばらつきがあった。

　この不明瞭さをなくすため、従来は密接不可分、一体であった「法人格の取得」と「公益性の判断」とを分離することとした。

　「法人格の取得」は人の集まりである社団法人の場合は2人以上の人がいること（法人法第10条[3]）、財産の集まりである財団法人の場合には3百万円以上の財産があること（法人法第153条第2項[3]）が、法人格取得の要件になった。この要件を充たしていることを公証人に認証してもらい、それを登記所に登記することにより、誰でも一般社団法人や一般財団法人を作ることができるようになった。

② 公益性の判断：官の裁量→判断基準の明示と民間有識者による判定

　従来の制度での公益性の判断は主務官庁の裁量に委ねられていたため、そ

こに一定の基準はなく、主務官庁ごと、あるいは担当者ごとにばらつきがあったことは先に記した通りである。例えば、篤志家が美術館を運営する財団法人を作りたいと思っても、一定の美術品の他にお金を1億円出せば財団法人を作ることができるのか、百億円出しても難しいのか、お上（主務官庁）にお伺いを立てないと何もわからない制度であった。

新制度では公益性についての基準を法律、政令、内閣府令、ガイドラインなどで明確にした。そして、その公益性の基準に適合しているかどうかの判定は、民間有識者からなる合議制の機関（国にあっては内閣府公益認定等委員会、各都道府県に同様の機関が設置されている。）がすることになった。つまり、あくまで官の裁量よる判断ではなく、民による基準への合致性の判定が行なわれることになった。

(2) ガバナンスの変化：官（の裁量）による統治→法人自治

法人運営について、従来の法律には詳細な規定はなく、俗に「箸の上げ下ろしまで」といわれるような主務官庁による指導監督が行われていた。法律に規定がないので、主務官庁の指導監督が法人運営のルールであり、何をするにも主務官庁に事前にお伺いをたてなければならなかった。まさに官の裁量による公益法人活動であったといえる。

新制度では、法人運営についての詳細を法定することにより法律に則った自主的な法人運営を求めることとし、主務官庁による指導監督、事前規制を撤廃した。

つまり、従来は主務官庁が法人のガバナンス（統治）を支えてきたといえるので、法人の役員（理事・監事）は名誉職で無責任、したがって無報酬というところも多かった。新制度での法人の役員は、普通の会社の役員と同様の権限と責任とが求められる。主務官庁による指導監督がなくなり、自主的な運営、創意工夫に満ちた自由な活動ができるようになり、また、役員の責任も普通の会社並みになった。無報酬でも責任は追及されるということだ。従来は代理出席が認められていた理事会、評議員会などについては、新制度では代理出席は認められず、本人の出席が求められることになった。

また、従来は基本財産を取り崩す場合には事前に主務官庁の許可を得なければならなかったので、実質的には基本財産は取り崩せないものとして取り扱われてきた。新制度では、定款の規定等に従って評議員会等の決議を経れば、基本財産を取り崩すこともできるようになった。

(3) 期待されるお金の流れと情報開示

　公益法人へのお金の流れについても大きな変化が期待されている。公益法人へのお金の流れを大きな視点から捉えると、従来は、国等が税金という形で国民からお金を徴収し、それを補助金や業務委託費という形で公益法人に配分してきたということができる。新制度が期待しているお金の流れは違う。国民が好ましい公益活動を行っている公益法人に直接に寄附をする。寄附した人の税金は安くなる。また、寄附の集まる公益法人の活動は活発になり、寄附の集まらない法人の活動は衰退していく。将来は、国民一人一人によって、自動的に事業仕分けが行われるようなことさえも可能になる制度設計を秘めた制度であるともいえる。

　そのため、従来はお金を流してくれる主務官庁に対しての報告に重点が置かれてきたが、今後は異なる。法人の活動内容や予算・決算を開示して、寄附金をより多く集めるための活動をすることが期待されている。公益法人の活動を一般市民、国民に対して情報開示（ディスクロージャー）することの重要性が高まる。

2. 公益目的事業の定義

(1) 事業の公益性（別表該当性）と不特定多数性

　「公益目的事業」とは、「学術、技芸、慈善その他の公益に関する別表各号に掲げる種類の事業であって、不特定かつ多数の者の利益の増進に寄与するものをいう。」（認定法第2条第4号）すなわち、認定法上の公益事業と認められるための要件は、「事業の公益性（別表該当性）」と「不特定多数性」である。

ア．事業の公益性（別表該当性）

認定法第 2 条第 4 号前段の「公益に関する別表各号に掲げる種類の事業」として別表には、次の 23 項目が掲げられている。

① 学術及び科学技術の振興を目的とする事業
② 文化及び芸術の振興を目的とする事業
③ 障害者若しくは生活困窮者又は事故、災害若しくは犯罪による被害者の支援を目的とする事業
④ 高齢者の福祉の増進を目的とする事業
⑤ 勤労意欲のある者に対する就労の支援を目的とする事業
⑥ 公衆衛生の向上を目的とする事業
⑦ 児童又は青少年の健全な育成を目的とする事業
⑧ 勤労者の福祉の向上を目的とする事業
⑨ 教育、スポーツ等を通じて国民の心身の健全な発達に寄与し、又は豊かな人間性を涵養することを目的とする事業
⑩ 犯罪の防止又は治安の維持を目的とする事業
⑪ 事故又は災害の防止を目的とする事業
⑫ 人種、性別その他の事由による不当な差別又は偏見の防止及び根絶を目的とする事業
⑬ 思想及び良心の自由、信教の自由又は表現の自由の尊重又は擁護を目的とする事業
⑭ 男女共同参画社会の形成その他のより良い社会の形成の推進を目的とする事業
⑮ 国際相互理解の促進及び開発途上にある海外の地域に対する経済協力を目的とする事業
⑯ 地球環境の保全又は自然環境の保護及び整備を目的とする事業
⑰ 国土の利用、整備又は保全を目的とする事業
⑱ 国政の健全な運営の確保に資することを目的とする事業
⑲ 地域社会の健全な発展を目的とする事業
⑳ 公正かつ自由な経済活動の機会の確保及び促進並びにその活性化によ

る国民生活の安定向上を目的とする事業
㉑ 国民生活に不可欠な物資、エネルギー等の安定供給の確保を目的とする事業
㉒ 一般消費者の利益の擁護又は増進を目的とする事業
㉓ 前各号に掲げるもののほか、公益に関する事業として政令で定めるもの

この最後の23号を受け、内閣府公益認定等委員会において政令で何を定めるかの議論を行った。その時、概ね次のような議論をした記憶がある。公益に関する事業については、1号から22号までにほぼ網羅されているのではなかろうか。もし、これらに該当しない事業が出てきた場合には、その時に政令で定めればよいのではないか、というようなことで、政令では定めずに、実際は22の事業が掲げられて制度がスタートして今日に至っている。

これは要するに、公益的な事業と考えられるようなものであれば、幅広く公益事業の範疇に含めて考えていくべきではないか。公益事業の範囲を狭く規定して、その枠にはまらない事業を排除するような硬直的な考え方ではなく、時代とともに公益の概念も変化することもあり得るので、時代に応じて追加すべきものが出てきたときには追加していくという柔軟さが求められるのではないかといった思考の現れた議論であったように思われる。

イ．不特定多数性

認定法第2条4号後段の、「不特定かつ多数の者の利益の増進に寄与するもの」は不特定多数性である。ここで、多数にはあまり意味はない。現在の対象者が一人だけの奇病患者のためであっても構わない。ここでは、「特定多数の者」を排除しているところに意味がある。特定多数の者の利益とは、例えば社団法人の社員に限定した事業、共益事業、共済事業は「共益」であり「公益」ではないという原則的な整理が行われている。

3．公益認定の基準（財務3基準）はハードルが高いか？

公益認定の基準（認定法第5条第1号〜第18号[4]）のうち、ハードルが高いといわれているものは、次の3つである。

① 収支相償（認定法第5条第6号、第14条）
② 遊休財産額保有の制限（認定法第5条第9号、第16条）
③ 公益目的事業比率（認定法第5条第8号、第15条）

これらについて、若干、会計のテクニック的な話になるが、誤解が蔓延している事項であるので、若干解説し、公益認定を受け、それを維持することのハードルは、決して高くないことの理解に資すればと思う次第である。

(1) 収支相償

「その行う公益目的事業について、当該公益目的事業に係る収入がその実施に要する適正な費用を償う額を超えないと見込まれるものであること。」（認定法第5条第6号）これが、収支相償の法律の定めである。この精神は、公益法人の行う公益事業は、儲けるために行うものではない。仮に儲かったら、その翌年は参加料金等を値下げして、より多くの人に良質のサービスを提供するように運営していこう、というものと理解することができよう。しかし、公益事業で儲けてはいけないとなると公益事業しか行わない公益法人は、その保有する財産は減少の一途をたどり、法人の財政は悪化する一方になってしまうことになる。これを避けるため、政令、内閣府令、ガイドライン等制定の過程等でいくつかの工夫がなされている。その1つは「指定正味財産」であり、その他に「特定費用準備資金」と「資産取得資金」がある。

ア．指定正味財産

指定正味財産は平成16年に改訂された公益法人会計基準でわが国で初めて導入された概念である。

指定正味財産とは、寄附金や補助金等によって受け入れた資産の中で、寄付者等資金提供者の意思により当該資産の使途等について制約が課されている場合に、当該受け入れた資金の額を、貸借対照表上、指定正味財産の区分に記載し、その制約が解除されたときに一般正味財産に振り替えて収益計上する、という会計処理をするものであり、米国の非営利法人会計の基準では拘束財産（永久拘束財産と一時拘束財産とからなる。）と言われているものである。

例えば、甲という研究のために使うことを指定された資金100を受け入れたが、受け入れた年度には使用せず、翌年度に30使用し、70を繰り越した場合の受け入れ事業年度と翌年度の処理は次のようになる。受け入れ事業年度は指定正味財産（純資産）の増加100があるだけで、損益計算書（正味財産増減計算書）上は収益計上されない。翌年度、甲の研究費30が計上されたときに指定正味財産（純資産）から一般正味財産に振り替えて収益計上されるという会計処理をする。この場合、未使用残高70は指定正味財産（純資産）に留保され、使用された金額30、すなわち費用の計上に合わせて30収益計上されるわけなので、収益が費用を上回ることはない、常に収支均衡となるわけである。

イ．特定費用準備資金

特定費用準備資金（認定法施行規則第18条 5-1)）は、例えば、オリンピックのように事業は4年に一度だけ行われるが、その財源は毎年の会費収入で賄うような場合、1年度から3年度までは収入超過となり、4年目は単年度では支出超過となり、累積で収支均衡する。このような場合に1年目から3年目までの収入超過になった資金を特定費用準備資金として整理すれば、収入超過とは見ないという取扱いをすることとしているものである。

ウ．資産取得資金

資産取得資金とは、公益目的事業のために使用する資産（主として固定資産を想定している。）を取得するために保有する資金を資産取得資金として整理すれば、これも収入超過とは見ないこととしようという取扱いである（公益認定等ガイドラインⅠ－5.(4)①）。例えば現在、公益目的事業に使用する複写機を賃借している場合に、3年後に複写機を購入しようという計画を立て、3年間積み立てるような場合などもこれに該当するし、複写機が土地、建物であっても構わない。これはつまり、こと公益のために使うのであれば公益目的事業で儲けてもよいことを意味している。勿論、資産取得計画がある程度具体的で実現可能なものでなければならないが、合理的な計画変更まで認められないものではないと解される。

以上見てきたように、寄附金等がある場合には寄附金の受け入れ方を工夫

することによって指定正味財産として整理する。財源に寄附金等がなく、事業収入しかないような法人の場合でも、短期的には特定費用準備資金、長期的には資産取得資金として整理することによって収支相償はクリアできるといえる。

(2) 遊休財産額保有の制限

遊休財産額保有の制限とは、余剰資金を1年分の公益目的事業費を超えて保有してはいけないという規定である（認定法第5条第9号[4]）及び第16条[5-2]）。これについても収支相償で説明したように、資金を指定正味財産、特定費用準備資金、資産取得資金と整理することにより、それらは特定資産となり、遊休財産にはならないので、収支相償と同時に遊休財産額保有の制限はクリアできるものと考えられる。

(3) 公益目的事業比率

公益目的事業比率とは、公益目的事業の費用が法人全体の費用の50％以上であることが求められているものである（認定法第5条第8号[4]）及び第15条[6]）。公益法人は公益目的事業を行うことを主たる目的とするものであることが求められており（認定法第5条第1号[4]）、それを費用の比率で測ることとされたものである。したがって、これをクリアすることは必須と思われる。しかしながら、例えば収益事業で食堂や売店を行っているために公益目的事業比率をクリアできない法人の場合に、その事業を直営方式から委託方式に変更し、委託先から委託手数料を受け取ることによって利益は従来通りに確保しながら公益目的事業比率を高めることも考えられる。

また、不動産の賃貸事業の利益で公益事業を行っている法人では公益目的事業比率がネックになって公益法人になれないと思われている向きもあろうかと思われるが、例えば不動産賃貸事業を別法人（一般社団・財団法人あるいは株式会社等）に外だしして、外だしした法人から毎年寄附金を受け入れることによって公益法人として事業を継続していく方法も考えられる。

従来のやり方をまったく変えずに公益目的事業比率をクリアすることは難

しいかもしれないが、従来のやり方を変えることによって公益目的事業比率をクリアすることはそう困難なことではないといえる。

4. 一般法人への移行認可のポイント―公益目的支出計画

　特例民法法人（旧制度で設立された社団法人、財団法人）が一般法人に移行しようとする場合には、公益目的支出計画（整備法第 119 条[7]）を適正に作成し、それが確実に実施すると見込まれることが求められている（整備法第 117 条第 2 号[8]）。公益目的支出計画とは、移行時点の時価純資産額（「公益目的財産額」という。）を算定し、当該金額に達するまで実施事業等で継続して赤字を出し続ける計画である。実施事業等は ① 継続事業（従来の主務官庁が公益的な事業と認める事業） ② 公益目的事業（認定法上の公益目的事業と認められる事業） ③ 特定寄附（公益的な団体等への寄附）とからなる。これは、従来の社団法人、財団法人が解散する時はその残余財産を一定の法人や国等に贈与することになっていることとの均衡から定められた規程である。

　一般的に公益認定を受けること、また、それを維持することは難しいが、一般法人になることは簡単で、何をするにも一般法人の方が公益法人に比べて楽といった認識があるように思われるが、本当にそうなのだろうか。

　特例民法法人が一般法人か公益法人かに移行する場合の端的な相違は、一般法人には公益目的支出計画の作成とその実行が求められていること、すなわち、一般法人を選択した特例民法法人には、赤字額が移行時の純資産額に達するまで、赤字の事業を行い続けるか、事業を行わない場合には、移行時の純資産額に達するまでの金額を毎年国等に寄附することが求められているものである。

　先に記したように、公益法人は儲けてもよいし、赤字の事業や寄附が強制されているものではないが、一般法人は一定金額（移行時の時価純資産額）に達するまで赤字の事業を継続し、赤字を垂れ流すか、事業を行わない場合には国等への寄附が義務付けられている。

一般法人の方が楽とは言えないのではないかと思うのは筆者のみであろうか。

5. 公益法人、一般法人選択の判断基準—税務上のメリット

公益法人を選択するか一般法人を選択するかの判断基準は、税務上のメリットの有無に尽きるといってよい。

公益法人に寄附した人の税金が安くなるという「特定公益増進法人」。その数は、旧制度では2万4千強の公益法人の中で国税庁に認定された900団体程度であったが、新制度では合議制の機関から公益認定されたすべての法人が該当するので、けた違いに増加する。

また、公益法人の事業のうち、税法上の収益事業に該当する事業は従来全て課税されてきた（収益事業課税）が、新制度では公益法人の行う事業が税法上の収益事業に該当する事業であっても、合議制の機関から公益目的事業と認められた事業であれば非課税という取扱いになった。これも非常に大きな税制改革ということができる。

一方、特例民法法人が一般法人に移行すると、従来非課税であった受取利息、受取配当金等の資金運用益に係る源泉所得税が課税となり、また、収益事業の利益を公益事業に繰り入れた場合にそのうちの一定額が損金とみなされる「みなし寄附」の恩典がなくなるなど、デメリットが生じる。

今後の寄付文化の醸成、公益的な事業での利益をさらに公益事業の財源にして公益の増進を図るためには公益法人を選択すべきであることは明らかである。税務上のメリットを長期的ににらみ、いったん一般法人に移行した法人の中にも公益法人を目指すことを再検討すべき法人が多いのではなかろうか。

6. 財産没収のリスク

(1) 監督・立ち入り検査

従来は法人運営等に関する法令がない中で、主務官庁の裁量による事前規制と指導監督・立ち入り検査が行われてきた。新制度における行政庁による

監督・立ち入り検査は法令に従って適切な法人運営が行われているかどうか、いいかえれば、公益法人の事業の適切な運営を確保するために必要な限度において実施するということであり（認定法第27条第1項[9]）、法令に従って法人運営が適切に行われている限り、勧告、命令、認定取り消し等の処分が行われるものではないと理解すべきであろう。

公益法人は公益認定基準を満たす必要があり、それを満たさないと行政庁から公益認定取り消しになり、財産を没収されるリスクが高いので、公益的な事業を行っている法人であっても一般法人を選択したほうが無難であり、したがって一般法人を選択したという向きもあるように聞こえてくるが、本当にそうであろうか。答えは否である。

公益認定基準は公益目的事業比率さえ維持していれば、あとの基準はさほど維持が困難なものはない。それでは、例えば公益目的事業比率を満たせないこととなった場合の手順を考えるとどうなるであろうか。まず、公益認定の段階では予算で判断される。予算の公益目的事業比率が50％以上ならば公益認定される。公益認定を受けた次の決算で公益目的事業比率が50％に満たなかった場合はどうなるか。先ずは行政庁から法人に公益認定基準（公益目的事業比率）を満たせなかった原因と今後の対策についての問い合わせが行われるものと考えられる。その対策等が適切なものと判断される場合には、その旨を合議制の機関に報告し、合議制の機関でも適切な対策が講じられるものと認められれば、もう1年実績を見ようということになるであろう。その対策等が不適切なものと判断される場合には、その旨を合議制の機関に報告し、合議制の機関でも対策が不適切と判断されれば、「勧告」が行われる。勧告の処分が行われた後は、もう1年は実績を見られることになるものと思われる。その翌年も前年と同様の流れでの手順によって検討され、その結果、対策が不適切であると判断された場合には合議制の機関の議を経て「命令」の処分が行われる。命令の処分が行われたさらに翌年になっても改善の兆しが見えないような場合、同じく合議制の機関の議を経て社会的な影響等も考慮の上、最悪の場合には「認定取り消し」の処分が行われることになる。

つまり、よほど悪質な法令違反を長期間継続しない限りは「公益認定取り消し」とそれによる「財産の没収」は前提とされていないと考えられるのではなかろうか。認定取り消しの判断は「民による公益の増進」という制度改革の趣旨に則り、民間有識者が行うのであって、行政庁（官）の裁量によるものではない。基準を満たさないことに理由があり、その法人が行う事業に社会的意義があれば、機械的に基準を満たさないだけで即座に公益認定を取り消され、財産を没収されるというようなことにはならないのではないかと考えるが、筆者の考えは甘すぎるであろうか。

(2) 連座制による認定取り消しのリスク

理事、監事、評議員の中に、公益認定を取り消された他の公益法人の業務を行う理事であって、取消しから5年を経過していない者がいる、といった欠格事由（認定法第6条）に該当する役員等がいる場合には、当該法人も認定取り消しになる。これは連座制といわれているが、この連座制による認定取り消しのリスクが高いので、公益性のある法人であっても一般法人を選択しているところもあるようだ。しかしながら、他の法人が認定取り消しになるのは、「勧告」処分の後に「命令」処分があり、それぞれの内容は公示される。該当する者がいる場合には「認定取り消し」の処分が行われる前に解雇、辞任等の措置をしておくことによってリスク回避が可能であり、よほど悪質でない限りは連座制による認定取り消しのリスクはかなり低いということができる。

7. 収益事業等の見直し

税法上の収益事業に該当する事業について、従来は例外なく課税の取扱いが行われてきたため、新制度でも当該事業を収益事業に区分して移行認定・認可されたところも多いのではないかと思われる。例えば従来、伝染病の実態とその予防についての調査研究事業を行い、その研究成果の普及啓発等のために出版事業を行っていた場合、出版事業が税法上の収益事業に該当する

ため、出版事業の売上代金と出版にかかる費用とを収益事業として税務申告を行ってきたところである。

新制度の公益法人では税法上の収益事業に該当する事業であっても、合議制の機関から公益的な事業であると認められた事業については非課税の取扱いとなる。例えば、伝染病の実態とその予防についての調査研究とその対策等の普及啓発のための出版事業とはともに公益目的事業であると位置づけ、合議制の機関に出版事業も公益目的事業であるとして認定申請をすれば認められるものと思われる。

税法上の収益事業について公益認定申請上も収益事業と整理した法人にあっては、当該事業の公益性について再度検討される余地があるのではなかろうか。税金を払うことが公益ではなく、払わなくてよい税金を公益事業に使って公益事業をより活発に行うことが公益の増進になる。それが今回の公益法人制度改革の趣旨にも合致するものと理解すべきではなかろうか。公益法人制度改革はまさに税制改革であるといえる。

一般法人に移行した法人の中にも、公益性のある税法上の収益事業を移行認可申請上も収益事業と整理したことによって公益目的事業比率が未達になったとすれば、当該税法上の収益事業についての公益性を改めて説明し、公益認定申請をすることによって公益法人に移行することが十分にありうる。

また、公益認定を受けた法人の中にも、公益性のある税法上の収益事業を公益認定申請上は収益事業と整理しているところがある。この収益事業について公益目的事業への変更認定申請をし、認められることによって払わなくてよい税金を払い続ける必要がなくなる。払わなくてよい税金を払わなくすることと寄附金を集めることとの経済効果は同様であり、法人経営陣（理事）の重要な経営課題ということができる。

8. 公益目的事業の事業区分の見直し

事業区分はまとめられるものはなるべくまとめることが使い勝手が良い。

会計区分はできれば1つの公益目的事業会計と法人会計との2本だけにまとめることができれば便利である。

それは法人の行う事業が1つしかない場合には、収支相償の判定において第一段階を省略し、第二段階のみの判断となるからである。収支相償で収入超過になった場合、資産取得資金を積み立てる等の対応が必要になる。公益目的事業が複数ある場合にはそれぞれの事業ごとにそれらの対応をする必要があるが、公益目的事業が1本だけの場合には公益目的事業全体でその対応をすればよいからである。例えば、伝染病の実態とその予防についての調査・研究を行いその研究成果を普及啓発するためにセミナーを開催し、さらに普及啓発の一環として出版事業を行っている場合、内閣府の公益認定等ガイドラインのチェックポイントに掲げられている事業の種類は「調査・研究」「セミナー」「出版」の3つとなるが、公益目的事業としてはそれら3つの事業とも伝染病の撲滅を目的とした事業なので1本にまとめることができる。このようにまとめられるものはなるべくまとめることがよい。なお、従来、公益認定を受けたとき等に何本かに分かれていた事業区分をその後まとめようとする場合には、事業目的の同一性等についての合理的な説明が可能であり、行政庁から事業区分をまとめることについて変更認定の処分を受ける必要があることは言うまでもない。

9. 公益法人の事業区分について考える

以上が公益目的事業の中での事業区分のポイントであるが、改めて事業区分全般について考えてみたい。

新公益法人制度下における事業区分のありかたについては、大きく2つの観点からこれをとらえる必要がある。第一は法人の管理上の観点であり、もう1つは公益認定基準の順守の観点である。

法人管理上の観点は様々な要求がありうる。補助金を財源としている事業の場合には資金提供者に対する報告を対象事業ごとに区分して報告する必要がある。また、税務申告の必要から区分経理が必要な場合もありうる。その

他、法人の管理上必要な区分経理が行われている。

公益認定基準の順守の観点は、主として公益目的事業比率50％以上を順守しているかどうかということであり、公益目的事業、その他事業（収益事業、共益事業等）、法人（管理費）会計の区分が要求されている。この場合には主として費用の配賦基準等の適正性が問題となる。

公益認定基準上、公益目的事業をさらにどのように区分するのがよいか。例えば、音楽部門と美術部門とからなる芸術の振興を目的とする法人において、美術部門の黒字で音楽部門の赤字を補填しながら運営していこうという法人の場合には音楽部門と美術部門とを区分する必要はないが、音楽部門と美術部門とはそれぞれ独立採算で運営していこうという場合には両者の区分経理が必要になる。公益目的事業の細分化の要否は法人運営上の基本方針に関わってくるものと考えるべきではなかろうか。したがって、社団法人の社員、財団法人の設立者、寄附者の意思を尊重しながら理事等が区分経理の必要性を判断する問題であって、一定の区分基準があり、それにしたがってどの法人も一律に区分するような性格のものではないものと考えるべきものであろう。

おわりに

以上みてきたように、新公益法人制度についての理解が十分でないために、本来公益法人を選択すべき法人が一般法人を選択している場合も多いように思われる。また、公益認定を受けた法人の中でも新公益法人制度についての理解が十分でないために、本来公益目的事業と位置付けられる事業を収益事業と位置付ける、あるいは一本にまとめられる公益目的事業を不必要に何本かに分けているところもあるのではないかと思われる。それらの法人はなるべく早い時期に見直されることをお勧めしたい。それによって払わなくてもよい税金を公益目的事業の財源にまわす、それによって公益の増進を図ることが今回の公益法人制度改革の趣旨ともいえるからである。

公益法人制度改革の趣旨が正しく理解され、新制度下での特定公益増進法

人(寄附した人の税金が安くなる)制度を含む公益法人に与えられた税制上のメリットを十分に活用することによって我が国の民による公益の増進が促進されることを祈念する次第である。

(佐竹　正幸)

注
1)　東北地方太平洋沖地震に関する公益認定等委員会委員長からのメッセージ(平成23年3月31日)の全文は次のとおり。
　　この度の東北地方太平洋沖地震により尊い生命を落とされた方々、その家族の方々に衷心より哀悼の意を表しますとともに、被災された方々に謹んでお見舞いを申し上げます。
　　また、被災によって極めて苦しい生活を余儀なくされている方々の生活が一日も早く復旧、復興することを願ってやみません。同時に、震災の直後から、被災地を含め社会の様々な分野でこの震災から立ち上がろうとする力強い動きがあることに深く心を打たれています。公益の原点とも言うべき互助、共助の精神をもって被災地支援や震災復興の活動をされている方々に心より敬意を表します。
　　このような未曾有の国難ともいうべき震災から立ち上がっていくためには、官民問わず、国をあげて緊急の対策、復旧、復興に向けて、その資源と英知を結集して取り組んでいかなければなりません。公益法人は、民間にあって公益に貢献したいという「志」を持って設立された団体です。新制度における公益法人の皆様はもちろん、公益目的支出計画を実施中の一般法人の皆様、さらには、特例民法法人の皆様におかれては、この国難ともいうべき今、何ができるか、何をなすべきかという視点から、これまでの活動にこだわることなく、是非ともこれまで培ってこられた専門的知見や経験、財産を活かし、被災者支援や震災復興に役立つ形で活動や寄附などに資源を振り向け、取り組んでいただきたいと思います。特に、長期に亘る公益目的支出計画を実施・検討している法人の皆様を中心として、このような分野に資源を重点的に振り向けられないか、法人の実情に応じて是非前向きな検討をお願い申し上げます。
　　公益認定等委員会としても、法人の皆様の気持ちに応えるべく、被災地支援や震災復興に役立つ形での寄附やさまざまな活動を行うために手続きが必要な場合には、積極的に協力させていただくことをお約束申し上げます。
　　公益法人はそれぞれ、実現をめざす「志」を持って設立され、活動されていると思いますが、そのような「志」を実現していくためには、今、我が国全体が震災から立ち直り、国難を克服しなければなりません。法人の皆様には、このことを是非ご理解いただき、それぞれの立場でできることに是非取り組んでいただき、力を合わせて今回の震災から立ち上がっていきたいと考えています。宜しくお願い申し上げます。
公益認定等委員会　委員長　池田守男
2)　東日本大震災の復旧・復興活動に取り組まれている皆様へ(平成24年7月24日)
　　公益認定等委員会委員長のメッセージの全文は次のとおり。

昨年 3 月 11 日に発災した東日本大震災は、東北地方を始め各地に甚大な被害をもたらし、これまでに経験したことのない未曾有の災害でありました。この震災からの復旧・復興には、解決しなければならない多くの課題がある中で、震災直後から様々な形で、助け合いの輪が広がっていることに大変感銘を受けております。活動に携わる皆様方の姿に励まされ、内閣府公益認定等委員会としてもその一助となれるよう、日々取り組んでいるところです。

　大震災発生以降、公益認定等委員会は、公益法人等に対しての復旧・復興活動の検討を呼び掛けるとともに、震災関連事業に係る申請については、基本的に公益認定においては 1 か月程度、変更認定・認可においては 1 週間程度で迅速な審査を行っているほか、法人の震災対応活動の情報収集及び情報提供等を行ってきました。現在、被災者支援、復旧・復興活動・寄附を実施された国所管法人は約 2000 に上っています。

　一方で、被災地で活動される方々の中には、復旧・復興活動を目的とした一般法人が、公益法人になることが難しいと思われている方々がおられるとの声も耳に入ってきております。また、日本学術会議からの提言「被災地の求職者支援と復興法人創設―被災者に寄り添う産業振興・就業支援を―」（平成 24 年 4 月 9 日）においても、被災地でできるだけ多くの人が就業し復興の担い手なれるよう提言されているところです。

　今回、こうした声を受け、復旧・復興活動における公益法人への期待の高さと新公益法人制度を御活用いただくための情報発信の重要性を痛感いたしました。こうした貴重な御意見を都道府県とも共有した上で、これまで以上に、被災地での復旧・復興活動が活発になり、その中でも特に税制上の優遇措置も備わった公益法人の仕組みが活用されるよう、国・地方とも歩調を合わせて、新制度に関する情報発信や申請サポートに取り組んでいきたいと考えております。また、公益認定等の審査にあたっても、被災者支援、復旧・復興活動は正に公益目的事業にふさわしい活動であるという考えの下、迅速に取り組んでいくとともに、法人の被災地の状況変化に柔軟に対応すべく、「志」を尊重した温かい審査を進めてまいります。

　震災からの復旧・復興には、行政による対応だけではなく民間の積極的な活動が必要不可欠です。そして、復旧・復興に向けては、長期的な支援が必要と考えております。公益法人・特例民法法人の方々はもちろんのこと、新たに一般法人を設立された方々、あるいはこれから公益的活動に取り組まれる方々など、被災地のために活動したいという方々におかれましては、是非とも新公益法人制度を積極的に活用していただき、民の力による復旧・復興の一翼を担ってくだされば幸いです。

　　　　　　　　　　　　　　内閣府公益認定等委員会　委員長　池田守男

3）（社団法人は 2 人以上の人、財団法人は 300 万円以上の財産）
　一般社団法人及び一般財団法人に関する法律（平成 18 年法律第 48 号、以下「法人法」という。）より抜粋
　（定款の作成）
　法人法第 10 条第 1 号　一般社団法人を設立するには、その社員になろうとする者（以下「設立時社員」という。）が、共同して（2 人以上という意味である。カッコ内筆者挿入……『Q&A 新しい社団・財団法人の設立・運営』宇賀克也・野口宣大共著、

新日本法規、10頁参照）定款を作成し、その全員がこれに署名し、又は記名押印しなければならない。
　（定款の記載又は記録事項）
　法人法第153条第2項　前第五号の財産の価額の合計額（設立に際して設立者が拠出をする財産及びその価額、カッコ内筆者挿入）は、三百万円を下回ってはならない。
4）（公益認定の基準）
　公益社団法人及び公益財団法人の認定等に関する法律（平成18年法律第49号、以下「認定法」という。）より抜粋
　認定法第5条　行政庁は、前条の認定（以下「公益認定」という。）の申請をした一般社団法人又は一般財団法人が次に掲げる基準に適合すると認めるときは、当該法人について公益認定をするものとする。
　① 公益目的事業を行うことを主たる目的とするものであること。
　② 公益目的事業を行うのに必要な経理的基礎及び技術的能力を有するものであること。
　③ その事業を行うに当たり、社員、評議員、理事、監事、使用人その他の政令で定める当該法人の関係者に対し特別の利益を与えないものであること。
　④ その事業を行うに当たり、株式会社その他の営利事業を営む者又は特定の個人若しくは団体の利益を図る活動を行うものとして政令で定める者に対し、寄附その他の特別の利益を与える行為を行わないものであること。ただし、公益法人に対し、当該公益法人が行う公益目的事業のために寄附その他の特別の利益を与える場合は、この限りでない。
　⑤ 投機的な取引、高利の融資その他の事業であって、公益法人の社会的信用を維持する上でふさわしくないものとして政令で定めるもの又は公の秩序若しくは善良の風俗を害するおそれのある事業を行わないものであること。
　⑥ その行う公益目的事業について、当該公益目的事業に係る収入がその実施に要する適正な費用を償う額を超えないと見込まれるものであること。
　⑦ 公益目的事業以外の事業（以下「収益事業等」という。）を行う場合には、収益事業等を行うことによって公益目的事業の実施に支障を及ぼすおそれがないものであること。
　⑧ その事業活動を行うに当たり、第15条に規定する公益目的事業比率が百分の五十以上となると見込まれるものであること。
　⑨ その事業活動を行うに当たり、第16条第2項に規定する遊休財産額が同条第1項の制限を超えないと見込まれるものであること。
　⑩ 各理事について、当該理事及びその配偶者又は三親等内の親族（これらの者に準ずるものとして当該理事と政令で定める特別の関係がある者を含む。）である理事の合計数が理事の総数の三分の一を超えないものであること。監事についても、同様とする。
　⑪ 他の同一の団体（公益法人又はこれに準ずるものとして政令で定めるものを除く。）の理事又は使用人である者その他これに準ずる相互に密接な関係にあるものとして政令で定める者である理事の合計数が理事の総数の三分の一を超えないも

のであること。監事についても、同様とする。
⑫ 会計監査人を置いているものであること。ただし、毎事業年度における当該法人の収益の額、費用及び損失の額その他の政令で定める勘定の額がいずれも政令で定める基準に達しない場合は、この限りでない。
⑬ その理事、監事及び評議員に対する報酬等（報酬、賞与その他の職務遂行の対価として受ける財産上の利益及び退職手当をいう。以下同じ。）について、内閣府令で定めるところにより、民間事業者の役員の報酬等及び従業員の給与、当該法人の経理の状況その他の事情を考慮して、不当に高額なものとならないような支給の基準を定めているものであること。
⑭ 一般社団法人にあっては、次のいずれにも該当するものであること。
　イ 社員の資格の得喪に関して、当該法人の目的に照らし、不当に差別的な取り扱いをする条件その他の不当な条件を付していないものであること。
　ロ 社員総会において行使できる議決権の数、議決権を行使することができる事項、議決権の行使の条件その他の社員の議決権に関する定款の定めがある場合には、その定めが次のいずれにも該当するものであること。
　　(1) 社員の議決権に関して、当該法人の目的に照らし、不当に差別的な取扱いをしないものであること。
　　(2) 社員の議決権に関して、社員が当該法人に対して提供した金銭その他の財産の価額に応じて異なる取扱いを行わないものであること。
　ハ 理事会を置いているものであること。
⑮ 他の団体の意思決定に関与することができる株式その他の内閣府令で定める財産を保有していないものであること。ただし、当該財産の保有によって他の団体の事業活動を実質的に支配するおそれがない場合として政令で定める場合は、この限りでない。
⑯ 公益目的事業を行うために不可欠な特定の財産があるときは、その旨並びにその維持及び処分の制限について、必要な事項を定款で定めているものであること。
⑰ 第29条第1項若しくは第2項の規定による公益認定の取消しの処分を受けた場合又は合併により法人が消滅する場合（その権利義務を承継する法人が公益法人であるときを除く。）において、公益目的取得財産残額（第30条第2項に規定する公益目的取得財産残額をいう。）があるときは、これに相当する額の財産を当該公益認定の取消しの日又は当該合併の日から1箇月以内に類似の事業を目的とする他の公益法人若しくは次に掲げる法人又は国若しくは地方公共団体に贈与する旨を定款で定めているものであること。
　イ 私立学校法（昭和24年法律第270号）第3条に規定する学校法人
　ロ 社会福祉法（昭和26年法律第45号）第22条に規定する社会福祉法人
　ハ 更生保護事業法（平成7年法律第86号）第2条第6項に規定する更生保護法人
　ニ 独立行政法人通則法（平成11年法律第103号）第2条第1項に規定する独立行政法人
　ホ 国立大学法人法（平成15年法律第112号）第2条第1項に規定する国立大学

法人又は同条第3項に規定する大学共同利用機関法人
　ヘ　地方独立行政法人法（平成15年法律第118号）第2条第1項に規定する地方独立行政法人
　ト　その他イからへまでに掲げる法人に準ずるものとして政令で定める法人
⑱　清算をする場合において残余財産を類似の事業を目的とする他の公益法人若しくは前号イからトまでに掲げる法人又は国若しくは地方公共団体に帰属させる旨を定款で定めているものであること。

5-1）（特定費用準備資金）
　公益社団法人及び公益財団法人の認定等に関する法律施行規則（平成19年内閣府令第68号、以下「認定法規則」という。）より抜粋
　認定法規則第18条　公益法人が各事業年度の末日において特定費用準備資金（将来の特定の活動の実施のために特別に支出する費用（事業費又は管理費として計上されることとなるものに限るものとし、引当金の引当対象となるものを除く。以下この条について同じ。）に係る支出に充てるために保有する資金（当該資金を運用することを目的として保有する財産を含む。以下同じ。）をいう。以下同じ。）を有する場合には、その事業等の区分に応じ、第1号の額から第2号の額を控除して得た額を当該事業年度の費用額に算入する。
　①　当該事業年度の末日における当該資金の額又は同日における積立限度額（当該資金の目的である活動の実施に要する費用の額として必要な最低額をいう。以下同じ。）のうちいずれか少ない額
　②　当該事業年度の前事業年度の末日における当該資金の額又は同日における積立限度額のうちいずれか少ない額
　以下省略

5-2）（遊休財産額の保有の制限）
　認定法第16条　公益法人の毎事業年度の末日における遊休財産額は、公益法人が当該事業年度に行った公益目的事業と同一の内容及び規模の公益目的事業を翌事業年度においても引き続き行うために必要な額として、当該事業年度における公益目的事業の実施に要した費用の額（その保有する資産の状況及び事業活動の態様に応じ当該費用の額に準ずるものとして内閣府令で定めるものの額を含む。）を基礎として内閣府令で定めるところにより算定した額を超えてはならない。
2　前項に規定する「遊休財産額」とは、公益法人による財産の使用若しくは管理の状況又は当該財産の性質にかんがみ、公益目的事業又は公益目的事業を行うために必要な収益事業等その他の業務若しくは活動のために現に使用されておらず、かつ、引き続きこれらのために使用されることが見込まれない財産として内閣府令で定めるものの価額の合計額をいう。

6）（公益目的事業比率）
　認定法第15条　公益法人は、毎事業年度における公益目的事業比率（第1号に掲げる額の同号から第3号までに掲げる額の合計額に対する割合をいう。）が百分の五十以上となるように公益目的事業を行わなければならない。
　①　公益目的事業の実施に係る費用の額として内閣府令で定めるところにより算定

される額（当該事業年度の損益計算書に計上すべき公益目的事業に係る事業費の額：カッコ内は府令第13条第2項、以下同様）
　②　収益事業等の実施に係る費用の額として内閣府令で定めるところにより算定される額（当該事業年度の損益計算書に計上すべき収益事業等に係る事業費の額）
　③　当該公益法人の運営に必要な経常的経費の額として内閣府令で定めるところにより算定される額（当該事業年度の損益計算書に計上すべき管理費の額）

7）公益目的支出計画
　一般社団法人及び一般財団法人に関する法律及び公益社団法人及び公益財団法人の認定等に関する法律の施行に伴う関係法律の整備等に関する法律（平成18年法律第50号、以下「整備法」という。）
　（公益目的支出計画の作成）
　整備法第119条　第45条の認可を受けようとする特例民法法人は、当該認可を受けたときに解散するものとした場合において旧民法第72条の規定によれば当該特例民法法人の目的に類似する目的のために処分し、又は国庫に帰属すべきものとされる残余財産の額に相当するものとして当該特例民法法人の貸借対照表上の純資産額を基礎として内閣府令で定めるところにより算定した額が内閣府令で定める額を超える場合には、内閣府令で定めるところにより、当該算定した額（以下この款において「公益目的財産額」という。）に相当する金額を公益の目的のために支出することにより零とするための計画（以下この款において「公益目的支出計画」という。）を作成しなければならない。
　2　公益目的支出計画においては、次に掲げる事項を定めなければならない。
　　①　公益の目的のための次に掲げる支出
　　　イ　公益目的事業のための支出
　　　ロ　公益法人認定法第5条第17号に規定する者に対する寄附
　　　ハ　第45条の認可を受けた後も継続して行う不特定かつ多数の者の利益の増進に寄与する目的に関する事業のための支出（イに掲げるものを除く。）その他内閣府令で定める支出
　　②　公益目的財産額に相当する金額から前号の支出の額（当該支出をした事業に係る収入があるときは、内閣府令で定めるところにより、これを控除した額に限る。）を控除して得た額（以下この款において「公益目的財産残額」という。）が零となるまでの各事業年度ごとの同号の支出に関する計画
　　③　前号に掲げるもののほか、第1号の支出を確保するために必要な事項として内閣府令で定める事項

8）認可の基準
　整備法第117条　行政庁は、第45条の認可を申請した特例民法法人（以下この款において「認可申請法人」という。）が次に掲げる基準に適合すると認めるときは、当該認可申請法人について同条の認可をするものとする。
　　①　第120条第2項第2号の定款の変更の案の内容が一般社団・財団法人法及びこれに基づく命令の規定に適合するものであること。
　　②　第119条第1項に規定する公益目的財産額が内閣府令で定める額を超える認可

申請法人にあっては、同項に規定する公益目的支出計画が適正であり、かつ、当該認可申請法人が当該公益目的支出計画を確実に実施すると見込まれるものであること。
9) 報告及び検査
　認定法第27条　行政庁は、公益法人の事業の適正な運営を確保するために必要な限度において、内閣府令で定めるところにより、公益法人に対し、その運営組織及び事業活動の状況に関し必要な報告を求め、又はその職員に、当該公益法人の事務所に立ち入り、その運営組織及び事業活動の状況若しくは帳簿、書類その他の物件を検査させ、若しくは関係者に質問させることができる。
2　前項の規定による立入検査をする職員は、その身分を示す証明書を携帯し、関係者の請求があった時は、これを提示しなければならない。
3　第1項の規定による立入検査の権限は、犯罪捜査のために認められたものと解してはならない。

column

公認会計士の倫理観と公益

髙橋　正

　昨年、オリンパスと大王製紙の不正が、大きく報道された。
　両社の不正は経営者自らが関与した不正であり、公認会計士（独立の職業的専門家）の監査の有効性に疑義を生じさせ、投資家をはじめとする多くの利害関係者に監査に対する不信感を抱かせた。
　株式を公開する会社（以下　会社）には、公認会計士による監査が義務付けられている。会社は監査法人（公認会計士による特殊法人）と監査契約を結び報酬を支払って、監査を受ける。
　公認会計士は、経営者が作成した会社の財務諸表の適正性について意見を述べる。その結果、財務諸表の信頼性は確保され、投資家・債権者の保護が図られ、もって国民経済の健全な発展に寄与することになる（公認会計士の使命）。
　このように、会社から報酬を受け取りながらも「独立した立場」で投資家等多くの利害関係者の保護を目的として、会社の財務諸表に対する意見表明を行っているのが公認会計士である。
　公益を「自分を超えるみんなの益」とか「個々の利益を超えて地域・社会・人間全体に利益や福利をもたらすこと」とするならば、公認会計士による監査は真に公益の流れの中にあると言えるのではないか。
　経営者自らによる不正（経営者不正）を公認会計士が発見できるのかどうか、難しい問題である。当然、利害関係者はそれを期待している。公認会計士は時に会社から監査契約を破棄され、報酬が減少する場合にも、職業的専門家としての適正な意見を求められる。そこで、公認会計士の使命を果たすために絶対に必要となるのが、職業的専門家としての高度な倫理観である。
　公認会計士に求められる倫理観は、私が監査に従事し始めた 30 年以上前と比べて、はるかに厳格なものとなっている。以前は「クライアントである会社の利益のために」という考え方が多少なりとも許されていた。しかし現在は、「資本市場全体の利益のために」を根本にする倫理観が求められている。社会が発展するにつれて各々の場で、要求される倫理観は、高度なものとなり、それが、社会や市民生活の調和を護り、公益につながるのではないかと考えている。

（公認会計士）

第2章
公益法人及びNPO法人の
会計・監査（会計監査）の役割と責任

はじめに

　最近、公益法人及び特定非営利活動法人（以下、「NPO法人」）の制度において、平成20年の公益法人制度改革関連3法の施行、また平成24年の特定非営利活動促進法（以下、「NPO法」という。）の改正・施行という大きな変更が行われている。

　この改正に対応し、大きな流れとして会計に関しても、収支ベースから企業会計と同様の損益ベースという変更がなされている。公益法人及びNPO法人は、民間企業と異なり営利を目的とするものではないため、会計処理や様式などに差異が生じる部分はあるが、企業会計の考え方が基本的に取り入れられているという点は重要な特徴である。

　会計情報を担保するための会計監査として、監事による会計監査と公認会計士もしくは監査法人（以下、「公認会計士等」）による外部監査（会計監査）がある。

　監事による監査に関しては、公益法人及びNPO法人ともに業務監査と会計監査が役割とされているため、会計監査は必須となっている。これに対して、公認会計士等による外部監査は、公益法人では一定規模以上が法定監査として強制的に監査を受けることとなっている。一方、NPO法人では所轄庁の認定を受けた認定NPO法人において、会計について公認会計士等による外部監査が法定されている。ただし、青色申告法人の帳簿書類の保存に準じて帳簿及び書類の備え付け等との選択となっており、外部監査では報酬の

支払が通常発生することから、外部監査が選択されるケースは少ない。しかし、公益法人及びNPO法人ともに、任意での公認会計士等による会計監査を受けることが可能である。

公益法人及びNPO法人は、東日本大震災後、その役割が今まで以上に注目されてきている。それに応じて法人とその活動に対する説明や情報開示の社会的責任も増加してくるものと考えられる。とりわけ公益性の高い公益法人やNPO法人の場合、活動や財政についても、開示・説明する責任がある。また、それを果たすことが公益法人やNPO法人の社会的地位や評価を高めることにもつながっていくと考えられる。

その説明責任を果たすために、有効な手段の1つが会計情報である。特に、会計情報は基本が数値であることから客観性、また比較可能性がある。ただし、会計のルールに基づいているため、あくまでも相対的な真実であり、さらに会計監査によって、より適正なものであることが担保されなければならない。

この章では、公益法人及びNPO法人の会計及び会計監査について説明するとともに、公益という観点から今後の課題についても検討することにしたい。

1. 公益法人及びNPO法人における会計基準と財務諸表等

公益法人及びNPO法人は、年度の活動に関わる会計情報について、最終的に財務諸表等を作成し、社団法人であれば社員、融資を受けていれば金融機関などの利害関係者等に提出等を行う。会計情報は会計基準という会計のルールに従って作成される必要があり、法人が恣意的に会計情報を歪めるようなことは認められない。公益法人及びNPO法人における会計基準は強制されるものはなく、推奨のレベルにとどまっている。以下に適用される会計基準及び最終生産物である財務諸表等に関して、現状と問題点を述べていく。

(1) 公益法人における会計基準

平成20年12月1日、公益法人制度改革関連3法が施行となり、公益法人

制度が大きく変更された。民法に設立根拠を置いていた公益法人は法施行後に特例民法法人となり、平成25年11月30日までに認定ないしは認可の申請を行い、新しい制度へ移行しなくてはならない。以降の手続きをとらない場合には、強制的に解散させられることになる。

会計についても、制度の変更に対応して大きく変更されている。表2-1の3つの会計基準が公表されている。なお、会計基準の適用や公認会計士等による監査の議論を明確にする上で、本章では公益法人を基本的に公益社団・財団法人及び特例民法法人から移行した移行法人（特例民法法人から一般社団・財団法人に移行し、公益目的支出計画完了の確認を得ていない法人）を基本として議論を進めていく。

表2-1　公益法人会計基準の改正の推移

① 昭和60年改正基準：「公益法人会計基準」（公益法人指導監督連絡会議決定、昭和60年9月17日）
② 平成16年改正基準：「公益法人会計基準の改正等について」（公益法人等の指導監督等に関する関係省庁連絡会議申合せ、平成16年10月14日）
③ 平成20年基準：「公益法人会計基準」（内閣府公益認定等委員会、平成21年10月16日改正）

（出所）　拙稿。

表2-2　公益法人における会計基準の適用の考え方

● 一般社団・財団法人 ＜法律上の根拠＞ 　一般に公正妥当と認められる会計の基準その他の会計の慣行をしん酌（一般社団法人及び一般財団法人に関する法律施行規則第21条） ＜適用される会計基準＞ 　一般社団・財団法人が適用する会計基準について、特に義務付けられている会計基準はない。貸借対照表及び損益計算書並びにこれらの附属明細書の作成が義務付けられていることから②平成16年改正基準、③平成20年基準や企業会計の基準等を選択することが可能（一般社団法人及び一般財団法人に関する法律（以下、「一般法人法」という。）第123条） ● 公益社団・財団法人 ＜法律上の根拠＞ 　一般に公正妥当と認められる公益法人の会計の基準その他の公益法人の会計の慣行をしん酌（公益社団法人及び公益財団法人の認定等に関する法律施行規則（以下、「認定規則」という。）第12条

<適用される会計基準>
新たに法律で定められた附属明細書や基金も含む会計基準であることから、③ 平成20年基準が法人の会計処理の利便に資するもの（推奨）

（出所）拙稿。

　一般社団・財団法人も含めた公益法人における会計基準の適用の考え方をまとめたものが表2-2である。① の昭和60年改正基準は、予算準拠主義による収支計算が中心となっており、予算の執行状況を管理・把握するための会計であるのに対し、② の平成16年改正基準及び③ の平成20年基準は企業会計を基本としている。そのため、考え方が大きく異なっている。法的には強制適用を求めている基準はなく、「一般に公正妥当と認められる会計の慣行に従う」ことになる（一般法人法第119条、199条）。

　この点が実務上でもわかりにくいと言われており、内閣府の公益認定等委員会から開示されているFAQでも、例えば、特例民法法人が公益法人又は一般社団・財団法人に移行した場合（移行法人となった場合）の法人に適用される会計基準についての答として、「公益社団・財団法人又は一般社団・財団法人のどちらに移行しても、特定の会計基準の適用を義務付けていることはありません」[1]との記載がなされている。

　ただし、内閣府公益認定等委員会は、公益社団・財団法人及び移行法人については、平成20年基準が新制度に合わせて作成した公益法人会計基準であり、新たに法律で定められた附属明細書や基金も含む会計基準として、公益法人又は一般社団・財団法人いずれに移行した場合においても、法人の会計処理の利便に資するという申請書類等の作成を意識したものとして位置付けており、平成20年基準が推奨されていると考えられる。

　また、昭和60年改正基準は、日本公認会計士協会の非営利法人委員会報告第30号において、公認会計士もしくは監査法人の監査対象としては、平成20年12月1日の公益法人制度改革関連3法後最初に到来する事業年度末に係る監査までしか利用が認められていない[2]。公益認定等委員会から開示されているFAQでは、昭和60年改正基準は法律で求められている書類とはみなされないと考えられるとの記載があり[3]、現状は ② と ③ のみが

認められた基準となり、③の平成20年基準が推奨された基準という位置付けとなっている。

(2) NPO法人における会計基準

平成24年4月1日、改正NPO法が施行となり、NPO法人制度が大きく変更されている。この改正の中で、会計の明確化が改正項目としてあげられ、収支計算書から活動計算書、収支予算書から活動予算書、という様式の変更が行われている。NPO法人における会計基準は当初は存在せず、経済企画庁（現内閣府）国民生活局から平成11年6月に公表された、「特定非営利活動法人の会計の手引き」を参考とするケースが、内閣府の調査では約7割との回答となっている[4]。「特定非営利活動法人の会計の手引き」は、公益法人の昭和60年改正基準をベースとしており、収支計算を基準としていた。NPO法人における会計の基準の推移としては、表2-3としてまとめることができる。また、NPO法人における会計基準の適用の考え方をまとめたものが表2-4となる。

表2-3 NPO法人における会計基準の推移

① 経済企画庁（現内閣府）国民生活局「特定非営利活動法人の会計の手引き」：公益法人における昭和60年改正基準をベース（平成11年6月公表）
② NPO法人会計基準：NPO法人会計基準協議会（民間の有志）、平成22年7月公表、平成23年11月一部改正
③ 内閣府「特定非営利活動促進法に係る諸手続の手引き」：特定非営利活動法人の会計の明確化に関する研究会報告書をベース、NPO法人会計基準を参照する（平成24年3月公表）

（出所） 拙稿。

表2-4 NPO法人における会計基準の適用の考え方

● NPO法人（認定NPO法人で公認会計士等による監査を受けている場合を除く） ＜法律上の根拠＞ 　事業報告書等として、計算書類（活動計算書及び貸借対照表）・財産目録の作成を要求（NPO法第28条）されているが、一般に公正妥当と認められるNPO法人の会計の基準に関する記載はない。これは、認定NPO法人で公認会計士等による監査を受けている場合も同様である。 ＜適用される会計基準＞

強制される基準はない。ただし、内閣府の特定非営利活動法人の会計の明確化に関する研究会報告書の中で、現段階において「NPO法人会計基準」はNPO法人の望ましい会計基準であると考えられると推奨している。

● 認定NPO法人で公認会計士等による監査を受けている場合
＜法律上の根拠＞
　NPO法第45条3号ハにおいて、公認会計士等による監査もしくは青色申告法人の帳簿書類の保存に準じて帳簿及び書類を備え付け等が要求されており、選択によって監査を受けるケースが生じる。
＜適用される会計基準＞
　内閣府の特定非営利活動法人の会計の明確化に関する研究会報告書の中で、継続的な手引の見直しのための取組のさらに先の課題として、会計監査の下地を作っていく取組の推進を期待したいとして、現状は公認会計士等による監査の基準として「NPO法人会計基準」は該当していない。このため、例えば公益法人における平成20年基準等が適用される会計基準と考えられる。

（出所）　拙稿。

　公益法人の会計基準が損益ベースに変更となる中で、NPO法人における会計のルールが存在しないことが実務上での問題となっていた。これに対して、平成19年6月、国民生活審議会　総合企画部会報告「特定非営利活動法人制度の見直しに向けて」の中で、会計処理の目安となる会計基準が策定されることが適当であるとの記載がなされるとともに、こうした会計基準は、強制力を持つものではなく、各法人の自主性や独自性を尊重し、あくまでも目安として取り扱われるべきであるとの記載がなされた[5]。この報告を受けて、NPO関係者等が集まり「NPO法人会計基準協議会」を設立し、平成22年7月に「NPO法人会計基準」を公表している。また、平成23年11月に一部改正を行っている。

　内閣府も「特定非営利活動法人の会計の手引き」を改正するために、特定非営利活動法人の会計の明確化に関する研究会を立ち上げた。研究会では「特定非営利活動法人の会計の明確化に関する研究会報告書」を取りまとめ、平成23年11月に公表するとともに、新しい手引きを作成し、平成24年3月に公表している。この新しい手引きは、会計に関して平成23年11月に一部改正した「NPO法人会計基準」を参照するとしており、監督等の観点から若干の差異が生じているが、今までの収支ベースから損益ベースへ変更さ

れている。なお、「NPO法人会計基準」は強制の基準ではなく、実態に応じて公益法人会計基準等を利用することが可能となっている。「NPO法人会計基準」については、内閣府の特定非営利活動法人の会計の明確化に関する研究会報告書に、今後における課題として、「会計監査の下地を作っていく取組の推進を期待したい」と記載されているように、公認会計士等による監査の基準と位置付けられていない。このため、通常は公認会計士等による監査においては、公益法人会計基準等の別の基準が利用されていると考えられる[6]。

(3) 公益法人における財務諸表等

最終生産物である財務諸表等であるが、平成20年基準では下記の体系となっている。

```
平成20年基準
(1) 財務諸表
 ① 貸借対照表
 ② 正味財産増減計算書
 ③ キャッシュ・フロー計算書（＊1）
(2) 附属明細書
(3) 財産目録（＊2）
```

（＊1）キャッシュ・フロー計算書は会計監査人を設置している法人のみ作成
（＊2）一般法人（移行法人を含む）は、財産目録を作成する必要がない

公益法人会計基準が企業会計と同様に収支ベースから損益ベースとなったと述べたが、財務諸表等の範囲に正味財産増減計算書が加わり、収支計算書が除かれていることからも明確に表れている。しかしながら、収支計算書は資金の流れを示し理解しやすいことから、財務諸表等の範囲からは除かれたが、実務上、内部の管理用として作成するケースも存在する。このように、収支計算書はあくまでも任意で作成するものであり、財務諸表の体系からは除外されている。また、予算書についても財務諸表等の範囲からは除外されているが、内部の管理用としては作成することになる。なお、公益社団法人

及び公益財団法人では行政庁へ収支予算書の提出が求められているが、この収支予算書は損益計算ベース[7]となっており、資金収支でないため、用語としてわかりにくくなっている。

平成20年基準では「財務諸表」という用語を使用しているが、法律では用語が異なっており、この点も実務上わかりにくいと言われている。一般法人法、公益社団法人及び公益財団法人の認定等に関する法律（以下、「認定法」という。）においては、「計算書類」という用語を使用しており、一般法人法第123条（計算書類等の作成及び保存）として、① 計算書類（貸借対照表及び損益計算書）、② 事業報告、③ これらの附属明細書を要求している。

また、認定法第21条、認定規則第27、28条では、上記の①～③の書類に次の書類を加えたものを財産目録等といい、公益法人においては備置き及び閲覧等の対象としている。加える項目は、④ キャッシュ・フロー計算書（会計監査人を設置している法人のみ）、⑤ 財産目録、⑥ 事業計画書、⑦ 収

図2-1　平成20年基準と法律の対応関係

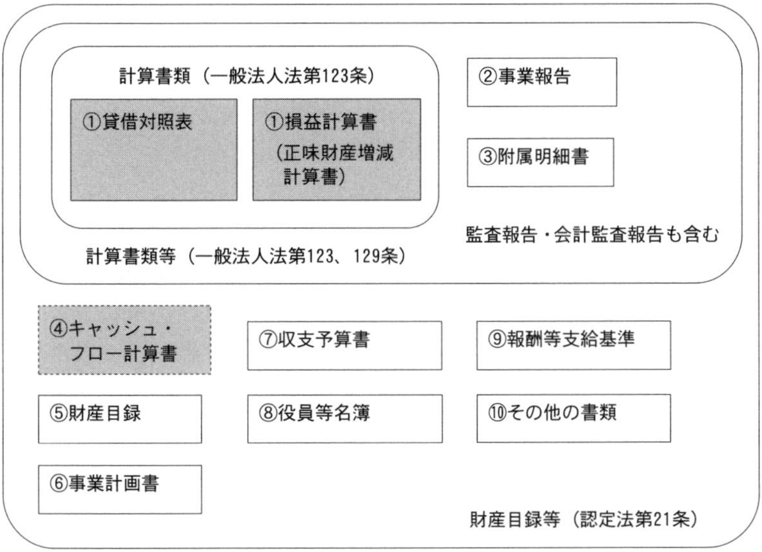

計算書類（一般法人法第123条）
- ① 貸借対照表
- ① 損益計算書（正味財産増減計算書）
- ② 事業報告
- ③ 附属明細書

監査報告・会計監査報告も含む

計算書類等（一般法人法第123、129条）

- ④ キャッシュ・フロー計算書
- ⑤ 財産目録
- ⑥ 事業計画書
- ⑦ 収支予算書
- ⑧ 役員等名簿
- ⑨ 報酬等支給基準
- ⑩ その他の書類

財産目録等（認定法第21条）

（出所）中村元彦・中村友理香（2009）「公益法人の会計・監査・税務①」週刊税務通信 NO.3059、58頁より一部加筆。

支予算書、⑧役員等名簿、⑨報酬等支給基準、⑩その他の書類（資金調達及び設備投資の見込を記載した書類、運営組織及び事業活動の状況の概要及びこれらに関する数値のうち重要なものを記載した書類）である。

　平成20年基準と法律の対応関係を示すと図2-1のようになる。①と④が平成20年基準の財務諸表を示している。また、平成20年基準の財務諸表等としては、①と④に加え、③（ただし①について）及び⑤を加えたものとなる。なお、一般法人法第123条では企業会計と同じく損益計算書としているが、平成20年基準では正味財産増減計算書を用語として使用しており、同義であるが用語としては異なっている。財務諸表等と計算書類等という用語は範囲が異なるため、同義ではないことに注意する必要がある。

(4) NPO法人における財務諸表等

　NPO法人会計基準では、最終生産物である財務諸表等は下記の体系となっている。

```
NPO法人会計基準
　(1)　財務諸表
　　①　活動計算書
　　②　貸借対照表
　(2)　財産目録
```

　NPO法人会計基準が企業会計と同様に収支ベースから損益ベースとなったと述べたが、財務諸表等の範囲に活動計算書が加わり、収支計算書が除かれていることからも明確に表れている。なお、NPO法は経過措置として、活動計算書ではなく収支計算書を当分の間作成することを認めている（NPO法附則第6条2項）。このため、実務上は収支計算書が並存することになる。ただし、改正された内閣府の「特定非営利活動法人の会計の手引き」では、収支計算書の様式等の記載はなく、徐々に利用される割合は減少すると考えられる。反面、収支計算書は資金の流れを示すため理解しやすいことから、財務諸表等の範囲からは除かれたが、実務上、内部の管理用とし

て作成するケースが存在すると考えられる。

「財務諸表」という用語を使用しているが、法律では用語が異なっており、NPO法では、計算書類（活動計算書及び貸借対照表）、財産目録となっている（NPO法第27条1項3号）。この点は、内閣府の「特定非営利活動法人の会計の手引き」の改正版も法律を受けており、同様に様式も含め用語としては計算書類となっている。所轄庁の手引きも内閣府の「特定非営利活動法人の会計の手引き」を参考に作成されていることから、NPO法人が目にする用語は計算書類が一般的であり、実務では財務諸表よりも計算書類が使用されると考えられる。ただし、公益法人のような、正味財産増減計算書を損益計算書と記載するような構成要素に関する言葉の相違はなく、この点はわかりやすい。また、認定NPO法人となった場合もNPO法人と求められるものは同じとなっている。

(5) 現状における問題点

公益法人及びNPO法人における会計基準は、「(1) 公益法人における会計基準」及び「(2) NPO法人における会計基準」で述べたように、強制されたものはなく、このことは公益法人やNPO法人における会計情報の作成者及び利用者から見るとわかりにくい面がある。例えば、ある取引において選択された会計基準により差異が生じる場合、財務諸表等の利用者が選択された会計基準について熟知しているならば、適宜その影響額を調整して財務諸表等を利用するであろうが、これは現実的ではないであろう。また、作成者から見ても説明がしにくいと考えられ、会計責任を果たすという観点からも望ましくない。公益法人及びNPO法人の規模等に応じて区分するという実務的な配慮は必要かもしれないが、基本的に強制的に適用される会計基準を明確にすることが必要と考える。

また、公益法人及びNPO法人における財務諸表という用語も、平成20年基準及びNPO法人会計基準では規定されているが、法律上では計算書類となっている。さらに、公益法人において、平成20年基準では正味財産増減計算書と規定しているが、一般法人法では企業会計と同様に損益計算書と

規定しており、同じ書類でも用語上は異なってしまっている。また、公益社団法人及び公益財団法人では収支予算書の提出が求められているが、この収支予算書は損益ベースであり、理解しにくいという話を現場で聞くことがある。このような用語の統一は、会計情報の作成者及び利用者から見るとわかりにくい面があり、会計基準と法律との間で整合性を図ることが必要と考える。

2. 公益法人及びNPO法人における特有な会計処理

　公益法人及びNPO法人は民間企業とは異なり、利益の獲得が第一義的ではない。このため、民間の企業会計に従ってすべてを処理すると実際の活動や状態が正しく表せない可能性が生じてくる。例えば、バザーで物品を販売する場合、販売する物品を無償で入手し、販売も市価よりも大幅に安く、そこで販売する人もボランティアで無償とすると、営利企業が物品を販売することと同じでありながら、資金面では販売した商品のお金が入るだけとなる。これは、営利企業では販売する物品を仕入れ、販売時に売上に計上し、販売に対応する物品の原価を売上原価に計上するとともに、販売にかかる人件費等が費用として発生するという会計処理につながる。多くの論点があるのは事実であるが、ここでは、(1) ボランティアによる役務の提供等と(2) 使途等が制約された寄附金等という公益の活動において重要と考えられる活動を取り上げ、公益法人及びNPO法人の処理の相違について検討を行う。

(1) ボランティアによる役務の提供等の取扱い

　公益活動において民間企業と大きく相違する点として、ボランティアによる役務の提供や無償又は著しく低い価格での施設の提供等の物的サービスがあげられる。
　例えば、経験的に感じていることとして、公益法人やNPO法人の役員は無報酬であることが多く、また、その活動に参加する人もボランティア活動

として、無償もしくは低廉な金額で活動することが多い。さらに、活動の拠点も公益法人やNPO法人の役員の所有する家屋を事務所として利用するケースや活動内容に賛同して施設を低廉もしくは無償で利用させてもらうケースも実務では多く見かける。このように経済的なサービスが存在することに対して、会計ではどのように対応しているかを確認、検討する必要がある。

　まず、公益法人であるが、公益法人会計基準（平成20年基準）では、会計上の処理は、特に行わない。基準上での記載は特になされていないが、考え方としては、会計的に認識はできるけれども測定するのが困難という考え方が背景にあると思われる。この点は民間の企業会計でも同様である。ただし、公益認定の申請書類の中に、「無償の役務の提供等に係る費用額」という項目があり、ここで「みなし費用額」という項目で公益目的事業費率の計算を計算できることが示されている。これは、公益法人がボランティアにより無償又は低い賃金で公益目的事業を行う場合、通常の賃金と比較して公益目的事業費率は低い結果となることを考慮したものである[8]。このため、会計上ではボランティア活動は反映されないが、公益認定時にはボランティア活動は考慮される結果となる。なお、この方法を採用したときは、継続して適用することが求められている。

　これに対して、NPO法人では原則的な処理としては、公益法人と同様に会計的に認識しない方法によるが、会計的に反映することも認められている。まず、「合理的に算定できる場合」には注記が可能となっており、「客観的に把握できる場合」には注記に加えて活動計算書への計上も可能となっている。活動計算書及び注記では下記の表3-1のように記載される。活動計算書では、経常収益の受取寄附金にある、「ボランティア受入評価益」と「施設等受入評価益」が無償もしくは低廉で得たボランティア活動もしくは物的サービスを受けた金額を評価したものである。無償の時は全額であり、低廉時には支払額との差額となる。施設の提供等の物的サービスのケースで、規定等により料金が定められているケースは金額の測定が実施しやすいが、ボランティア活動の場合は現実的には測定がしにくく、内閣府の手引きでの例

示では、最低賃金を使用しているが、この数値が測定として適切がどうかは議論の余地があると考える。また、対応する費用として経常費用の事業費に、「ボランティア評価費用」、「施設等評価費用」が計上される。

表 2-5　活動計算書におけるボランティアによる役務の提供等の表示例

〇〇年度　活動計算書
××年×月×日から××年×月×日まで
特定非営利活動法人〇〇〇〇
(単位:円)

科目	金額		
Ⅰ 経常収益			
2.受取寄附金			
受取寄附金	×××		
ボランティア受入評価益	×××		
施設等受入評価益	×××		
………	×××	×××	
………	×××	×××	
経常収益計			×××
Ⅱ 経常費用			
1.事業費			
(1)人件費			
給料手当	×××		
法定福利費	×××		
ボランティア評価費用	×××		
福利厚生費	×××		
………	×××		
人件費計	×××		
(2)その他経費			
会議費	×××		
旅費交通費	×××		
施設等評価費用	×××		
減価償却費	×××		
支払利息	×××		
………	×××		
その他経費計	×××		
事業費計		×××	
2.管理費			
(1)人件費			
………	×××		
人件費計	×××		
(2)その他経費			
………	×××		
その他経費計	×××		
管理費計		×××	
経常費用計			×××
当期経常増減額			×××

第2章　公益法人及びNPO法人の会計・監査（会計監査）の役割と責任　77

計算書類の注記

1. 重要な会計方針
　計算書類の作成は、NPO法人会計基準（2010年7月20日　2011年11月20日一部改正　NPO法人会計基準協議会）によっています。

　（4）施設の提供等の物的サービスを受けた場合の会計処理
　　　施設の提供等の物的サービスの受入れは、活動計算書に計上しています。
　　　また計上額の算定方法は「4.施設の提供等の物的サービスの受入の内訳」に記載しています。

　（5）ボランティアによる役務の提供
　　　ボランティアによる役務の提供は、「5.活動の原価の算定にあたって必要なボランティアによる役務の提供の内訳」として注記しています。

4. 施設の提供等の物的サービスの受入の内訳
（単位：円）

内容	金額	算定方法
○○体育館の無償利用	×××	○○体育館使用料金表によっています。

5. 活動の原価の算定にあたって必要なボランティアによる役務の提供の内訳
（単位：円）

内容	金額	算定方法
○○事業相談員　■名×■日間	×××	単価は××地区の最低賃金によって算定しています。

（出所）　内閣府（2011）『特定非営利活動促進法に係る諸手続の手引』166頁、171頁、172頁より編集・一部加筆。

(2) 使途等が制約された寄附金等の取扱い

　公益法人やNPO法人に対する寄附において、資金の使途について制約がないものもあるが、使途を指定しているケースも存在する。例えば、××の目的で寄附を使ってほしいというケースでは、使途が指定されていると考えられる。寄附金等の中には、補助金や助成金が含まれる。公益法人やNPO法人が活動を行うと、費用が発生するが、この費用を賄うためには対応する収益を獲得する必要が生じる。会費の徴収や収益事業を行っており、収益獲得が十分であれば問題ないが、十分でない場合、寄附金等の獲得が一つの選択肢となる。寄附税制も何度か改正が行われる中で、拡充が図られてきており、背景には寄附文化、特に個人の寄附の割合を欧米と同等の比率まで高めていこうという考えがあると思われる。ただし、使途等が制約された寄附金

等の取扱いについて、公益法人とNPO法人では差が生じており、この点について以下で検討する。

公益法人では、正味財産を指定正味財産と一般正味財産に分類し、指定正味財産には寄附者等（会員等を含む）によりその使途に制約が課されている資産を計上することとしている。このため、使途等が制約された寄附金等については、指定正味財産としての受入として、指定正味財産増減の部に記載されることになる。そして、事業で使用するなど使途の制約が解除されると一般正味財産に振替が行われる。この振替は正味財産増減計算書において行われ、貸借対照表における正味財産も指定正味財産と一般正味財産は区分して表示される。また、貸方の指定正味財産について、その受託責任を明確にする上で、借方の基本財産及び特定資産と対応させている[9]。

これに対して、NPO法人では原則として正味財産の区分は行われていない。また、活動計算書において、寄附金等については、受け取ったときに「受取寄附金」等として収益計上するとしている。公益法人における処理と差異が生じる場合としては、第一に、例えば寄附金等は初年度に受け取るが、対応する事業自体は長期にわたるような寄附金等の収受と事業費用の発生とに期間的なずれが生じる場合、第二に対象事業及び実施期間が定められ、かつ未使用額の返還義務が規定されている補助金等の場合があげられる。

第一の場合であるが、初年度で寄附金等の受取が完了するが事業は長期にわたる場合、活動計算書では2年度以降が収益は計上されないが事業費は発生するため、計算書類の利用者からはNPO法人の経営状況がわかりにくいという問題がある。また、初年度の寄附金等はNPO法人にとっては自由に使える資金ではないので、活動計算書の当期正味財産増加額の金額の意味が曖昧となる。対応策として注記により、その内容、正味財産に含まれる期首残高、当期増加額、当期減少額、正味財産に含まれる期末残高等を示すこととしている。これは、正味財産を指定正味財産と一般正味財産に分類する公益法人の処理は難解で、NPO法人に理解してもらえるか疑問視する声があったためである[10]。

第二の場合であるが、未使用額の返還義務が規定されている補助金、助成金について、最終年度で返還した場合に経常収益がマイナスとなる可能性が生じてしまう。これを防ぐことからも、実施期間の途中で事業年度末が到来した場合の未使用額は、当期の収益には計上せず、前受補助金等として処理するという負債処理を求めている。

なお、NPO法人においても、使途等が制約された寄附金等で重要性が高い場合には、一般正味財産と指定正味財産を区分して表示することが望ましいとして、公益法人会計基準と同様の処理を採用することも認められている。このため、重要性が高いと判断されれば、公益法人とNPO法人での処理の差は生じない。また、受領した年度で事業が完了する場合、すなわち単年度で完結する場合も問題は生じない。会計的には、受け取ったときに収益処理するというNPO法人にとってわかりやすいものという考え方を採用しているが、その分注記の位置付けが大きくなっており、注記の重要性が極めて高くなっている。

3. 会計監査への対応

公益法人及びNPO法人が作成した財務諸表等が利用者の判断に資するものであるためには、その財務諸表等は適正でなければならない。作成者が適正な財務諸表等を作成することはもちろんのことだが、理事会もしくは社員総会で承認されることを考えると、承認を行った役員は当該財務諸表等に責任を持つことになる。また、機関として監事の制度が公益社団・財団法人及びNPO法人（認定NPO法人を含む）では必須とされており、会計監査及び業務監査が行われる。また、特定の場合には、公認会計士等による外部監査としての会計監査が実施される。ここでは、会計監査に焦点を当て、監事及び公認会計士等による監査への対応を検討する。

(1) 公益法人の監事における会計監査

一般社団・財団法人も含めた公益法人において、監事は、理事の職務の執

行を監査し、理事が作成した計算書類及び事業報告並びにこれらの附属明細書を監査すること、すなわち、業務監査と会計監査が求められている（一般法人法第99条、第124条第1項（第197条及び第199条において準用する場合を含む））。法人の運営が適正に行われるための重要な役割を担っており、その職務の遂行のため、いつでも、理事及び使用人に対し事業の報告を求め、法人の業務及び財産の状況を調査することができるなどの広範な権限が与えられている。また、監査を実効性あるものとするために、理事会への出席義務が課されている[11]。

公益社団・財団法人については、公益認定の基準の1つとして、「公益目的事業を行うのに必要な経理的基礎を有するものであること」とされている（認定法第5条第2号）。外部監査を受けていない法人であって、費用及び損失の額又は収益の額が1億円以上の法人については監事（2人以上の場合は少なくとも1名）を公認会計士又は税理士が務めること、当該額が1億円未満の法人については営利又は非営利法人の経理事務を例えば5年以上従事した者等が監事を務めることとされている[12]。公益社団・財団法人では必ず監事を置くことになっており、さらに、経理事務に精通した者を監事とすることを望ましいとする取扱いがなされている。

公益社団・財団法人の会計監査の対象であるが、第1節(3)で述べた財務諸表等（法律上は計算書類等）に対応しており、①貸借対照表（内訳表を含む）、②正味財産増減計算書（法律上は損益計算書であり、内訳表を含む）、③キャッシュ・フロー計算書（作成している場合又は大規模公益法人の場合）、④附属明細書、⑤財産目録となり、業務監査としては⑥事業報告が加わる[13]。移行法人では、財産目録とキャッシュ・フロー計算書がなくなるが、公益目的支出計画実施報告書が加わる。

計算書類に関する監査報告の記載事項は、公認会計士等の会計監査人を設置しているかどうかにより、下記の表2-6のように定められている（一般社団法人及び一般財団法人に関する法律施行規則第36条、第40条、第64条）。なお、監事の監査報告書の様式に関して、一般社団法人日本経済団体連合（以下、「経団連」という。）により、一般社団法人におけるひな形が公

表されている14)。企業の場合には、公益社団法人 日本監査役協会による監査役や監査委員に対する監査役監査基準や会計監査マニュアル、監査報告のひな形等の情報提供がなされているが、公益法人の監事に対する同様の情報を提供している公的団体は、経団連のひな形を除けばないため、企業の監査を参考にすることが考えられる。また、日本公認会計士協会から公表されている非営利法人委員会報告や市販の書籍等の利用も方法の1つと考えられる。

表2-6 監事の監査報告の記載事項

＜会計監査人を設置していない場合の監事の監査報告の記載事項＞
① 監事の監査の方法及びその内容
② 計算関係書類が当該法人の財産及び損益の状況をすべての重要な点において適正に表示しているかどうかについての意見
③ 監査のため必要な調査ができなかったときは、その旨及びその理由
④ 追記情報（正当な理由による会計方針の変更、重要な偶発事象、重要な後発事象）
⑤ 監査報告を作成した日

＜会計監査人を設置している場合の監事の監査報告の記載事項＞
① 監事の監査の方法及びその内容
② 会計監査人の監査の方法又は結果を相当でないと認めたときは、その旨及びその理由
③ 重要な後発事象（会計監査報告の内容となっているものを除く。）
④ 会計監査人の職務の遂行が適正に実施されることを確保するための体制に関する事項
⑤ 監査のため必要な調査ができなかったときは、その旨及びその理由
⑥ 監査報告を作成した日

（出所） 一般社団法人及び一般財団法人に関する法律施行規則第36条、第40条、第64条により編集。

(2) NPO法人の監事における会計監査

認定NPO法人も含めたNPO法人において、監事は、理事の業務執行の状況を監査し、財産の状況を監査すること、すなわち、業務監査と会計監査が求められている15)（NPO法第18条）。法人の運営が適正に行われるための重要な役割を担っており、その職務の遂行のため、理事の業務執行の状況又は財産の状況について理事に意見を述べることができる。また、不正の行為又は法令もしくは定款に違反する重要な事実があることを発見した場合には、これを社員総会又は所轄庁に報告すること、及びこの報告をするために必要がある場合には社員総会を招集することができる。

NPO法人では公益社団・財団法人のような、経理事務に精通した者を監

事とすることを望ましいとする取扱いは設けられていない。NPO法人における会計監査の対象であるが、第1節(4)で述べた財務諸表等（法律上は計算書類等）に対応しており、①活動計算書、②貸借対照表、③財産目録となる。認定NPO法人についても同じである。計算書類に関する監査報告の記載事項の定めはなく、経団連におけるひな形の公表もないが、認定特定非営利活動法人NPO会計税務専門家ネットワークによるNPO法人の監事の監査チェックリスト[16]にひな形や監査実施上のチェックリストがあることから、参考になると考えられる。また、実際に監事の会計監査の参考となるものとしては、公益法人と同様に企業の監査を参考にすることが考えられる。

(3) 公益法人の公認会計士等における会計監査

公認会計士等による外部監査を会計監査人の設置として法律上要求しているのは、第一に大規模一般社団・財団法人として、貸借対照表の負債の部に計上した額の合計額が200億円以上の法人である（一般法人法第62条、第171条）。なお、大規模一般社団・財団法人以外の一般社団・財団法人は、自主的に定款で会計監査人の設置を定めることができるとされている（一般法人法第60条第2項、第170条第2項）。また、第二に公益社団・財団法人として、原則、会計監査人を置くことが定められているが、収益の部に計上した額の合計額が1,000億円以上、費用及び損失の部に計上した額の合計額が1,000億円以上、負債の部に計上した額の合計額が50億円以上のいずれにも該当しない法人はこの限りでないとされている（認定法第5条第12号ただし書、公益社団法人及び公益財団法人の認定等に関する法律施行令（平成19年9月7日政令第276号）第6条）。

第一の大規模一般社団・財団法人は、債権者をはじめとする利害関係者が多く、経理内容も複雑であると考えられ、その会計の適正性を担保するために外部の専門家である会計監査人を設置したと考えられる[17]。第二の公益社団・財団法人は、原則的には会計監査人を置くことを認定基準の一つとしながら、公益法人の負荷を考慮したものと考えられる。なお、法律で要求さ

れていなくとも、任意での設置も認められるため、定款への記載を行うことなく公認会計士等における会計監査が可能となる。

公益社団・財団法人の会計監査の対象であるが、第1節(3)で述べた財務諸表等（法律上は計算書類等）に対応しており、①貸借対照表（内訳表を含む）、②正味財産増減計算書（法律上は損益計算書であり、内訳表を含む）、③キャッシュ・フロー計算書（作成している場合又は大規模公益法人の場合）、④附属明細書、⑤財産目録となる。業務監査はないため、監事の会計監査の対象範囲と同じとなる。移行法人では、財産目録とキャッシュ・フロー計算書がなくなり、監事監査では対象となった公益目的支出計画実施報告書は対象から除外される。このため、一般社団・財団法人についても移行法人の監事の監査報告書と対象範囲は同じとなる。

なお、平成16年基準を適用している特例民法法人が、公認会計士等による監査を受ける場合には、監査対象に収支計算書が加わっている。これは、「「公益法人会計基準の改正等について」（平成16年10月14日　公益法人等の指導監督等に関する関係省庁連絡会議申合せ）等の適用に当たっての留意点について（通知）」（平成18年3月24日　総官管第51号）により、「収支計算書が「公益法人会計における内部管理事項について」（平成17年3月23日　公益法人等の指導監督等に関する関係省庁連絡会議幹事会申合せ。以下「内部管理事項」という。）に基づいて作成されているかどうかについて公認会計士等の意見表明を受けるものとする。」とされたことによる。

しかしながら、「特例民法法人が新制度移行前に平成20年基準を採用する場合の指導監督等について（通知）」（平成21年3月27日府益担第75号）において、平成20年基準における監査の対象には当該収支計算書は含まれないことが明記されていることより、収支計算書は財務諸表に含まれていないことは明白である。これは、あくまでも公益法人制度の抜本的改革が行われるまでの間の移行措置[18]と考えられる。また、「(1)　公益法人における会計基準」で平成20年基準が推奨された基準という位置付けであること、日本公認会計士協会から公表されている非営利法人委員会実務指針第34号「公益社団・財団法人及び一般社団・財団法人における監査上の取扱い」が

平成20年基準を前提とした監査としていることから、平成20年基準を前提とした監査が基本となることが考えられる。

計算書類に関する監査報告の記載事項は、下記の表2-7のように定められている。監査報告書のひな形は日本公認会計士協会から非営利法人委員会実務指針第34号「公益社団・財団法人及び一般社団・財団法人における監査上の取扱い」（平成25年1月15日）として、監査上の留意事項なども含めて公表されている。ここでは平成20年基準が、原則として平成20年12月1日以後開始する事業年度から適用するものとされていることから、平成20年基準を前提として記載されている。また、公益法人会計基準に関する実務指針など、会計上留意すべき点も公表されている。さらに、監査に関しては、企業会計審議会による監査基準や日本公認会計士協会から監査基準委員会報告が公表されており、上場企業の監査と同様に詳細に定められていると考えられる。

表2-7　会計監査人の監査報告の記載事項

①　会計監査人の監査の方法及びその内容
②　計算関係書類が当該法人の財産及び損益の状況をすべての重要な点において適正に表示しているかどうかについての意見　（無限定適正意見、除外事項を付した限定付適正意見、不適正意見）
③　意見不表明のときは、その旨及び理由
④　追記情報（正当な理由による会計方針の変更、重要な偶発事象、重要な後発事象）
⑤　会計監査報告を作成した日

(出所)　一般社団法人及び一般財団法人に関する法律施行規則第39条、第64条により編集。

(4)　認定NPO法人の公認会計士等における会計監査

公認会計士等による監査を法律上要求しているのは、NPO法第45条3号ハであり、公認会計士等による監査もしくは青色申告法人の帳簿書類の保存に準じて帳簿及び書類の備え付け等が要求されている。ただし、あくまで選択によって監査を受けるケースが生じるということであり、会計監査を受けないという選択肢も許容されている。また、任意での設置も認められる。実務では、公認会計士等による監査を受けると監査報酬の発生というコスト要因があることから、実際に会計監査を受けているのは海外で活動しているNGOなどの一部の認定NPO等に限られるようである。

認定 NPO 法人の会計監査の対象であるが、第1節(4)で述べた財務諸表等（法律上は計算書類等）に対応しており、① 活動計算書、② 貸借対照表、③ 財産目録となり、監事の会計監査の対象範囲と同じとなる。計算書類に関する監査報告の記載事項は、特に定めはなく、日本公認会計士協会からも公表物はない。これは、「表 2-4　NPO 法人における会計基準の適用の考え方」で述べたように、公認会計士等による監査の基準として「NPO 法人会計基準」は該当していないためである。このため、実務上は公益法人会計基準に準拠して計算書類等を作成し、監査報告書を発行するケースが多いと考えられる。

4. 今後求められる公益法人及び NPO 法人における会計と監査（会計監査）

(1) 会計情報の利用者の視点

会計の重要性は広く認められている。公益法人等も例外ではない。その会計を、会計情報の利用者の視点からみることも必要である。内閣府の特定非営利活動法人の会計の明確化に関する研究会報告書では、会計情報の意味を表 2-8 のような3点でとらえており、公益法人でも同様と考えられるため、この3点を紹介する。

表 2-8　公益法人・NPO 法人が提供する会計情報の意味

① 会員や寄附者が法人に対して会費、活動や寄附を提供する際に法人の活動や財務の状況を理解するため
② 役職員が法人の運営状況を把握するため
③ 市民や所轄庁が適正な運営を行っているかを把握するため

(出所)　内閣府（2011）「特定非営利活動法人の会計の明確化に関する研究会報告書」、1頁、2頁より編集・一部加筆。

第一の会員や寄附者の立場であるが、会費の支払やボランティア活動、寄附などで公益法人や NPO 法人に協力・参加している人もしくは今後の協力・参加を検討している人からすると、関与を継続するかどうか、これから

協力・参加をするかどうかを判断するときの情報に資すると考えられる。法人としても、会員や寄附者に対して、このような活動をしているということを言葉だけでなく、会計数値から説明することができることは、数値による客観性の観点及び他法人との比較が可能であることから重要である。また、通常、公益法人及びNPO法人の活動が長期間継続することを前提として、会費や寄附金を支払うことが一般的であり、法人の財務的な健全性という観点からも会計情報は有用と考えられる。

第二の法人における役職員の立場であるが、企業でも経営管理のためには会計情報は有用であり、このことは公益法人やNPO法人でも同様である。さらに、法人の経営のためには、過去の数値のみならず、将来の計画を意識する必要があるが、この時にも会計情報は重要となる。

第三の市民や所轄庁の立場であるが、公益法人やNPO法人の情報はインターネットや法人における備置きなどで開示もしくは閲覧の機会があり、所轄庁による監督という観点のみならず、公益を意識すると市民という観点が今後より重視されると考える。また、官から民へという流れの中で、市民によるガバナンスが有効に機能することが公益活動に対するより広い参加につながるのではないかと考える。

(2) 公益活動を行うための法人形態による会計の相違による影響

公益的な活動を行おうとする際に、公益法人を選択するかNPO法人もしくは違う法人形態を選択するかは、選択する側の自由である。例えば、介護などの福祉に関する活動であれば、公益法人、NPO法人以外に社会福祉法人等を選択することが可能となる。どの法人形態を取るかによって、行っている活動自体は変わらないが、適用される会計については、変わってくることになる。公益社団・財団法人については、第1節「(1) 公益法人における会計基準」で述べたように、平成20年基準が推奨された基準となっているが、強制はされておらず、平成16年改正基準が採用される可能性もある。さらに、一般社団・財団法人まで範囲を広げると、企業会計の基準まで含めた一般に公正妥当と認められる会計の基準その他の会計の慣行に従うことに

なる。NPO法人についても、NPO法人会計基準は強制されていないため、平成20年基準などの公益法人会計基準などの選択がなされる可能性がある。

　第2節において、公益法人及びNPO法人における特有な会計処理として、2つのケースを取り上げたが、同じ活動を行っている場合に会計情報の相違を正しく認識できる利用者はどの程度存在するのであろうか。ボランティアによる役務の提供をNPO法人会計基準では活動計算書に計上することも可能であるが、役員をはじめ関係者がすべて無償で対応しているケースで、ボランティア活動を計上するケースと計上しないケースでは利用者は印象が変わると考えられる。また、同じ活動を行っているが、公益法人とNPO法人で計上しない場合は比較が可能であるが、NPO法人で計上している場合に差異を修正して比較検討することは、利用者としては難しいのではないかと考える。

　日本において、非営利法人を横断的に意識した会計基準というものはなく、公益法人に関する会計基準、NPO法人に関する会計基準のような縦割りの会計基準が存在するのみである。当該法人の実態を反映するという点では望ましいかもしれないが、公益という観点から考えると、会員や寄附者の立場は重要であり、この観点から同じ活動をしていながら会計数値が相違していることに対して理解が得られにくいのではないかと考える。作成者の負担ということは十分考慮する必要があるが、会計情報の意味を十分意識し、非営利法人の会計基準の統一に向けた動きが今後必要になると考える。

(3) 深度ある会計監査の実現に向けて

　監事もしくは公認会計士等による会計監査が適切に行われることによって、財務諸表等の信頼性が高まることになるが、利用者からは企業の会計監査と同様に、重大な不正が発生していないかという点も強い関心が持たれると考えられる。公認会計士等による監査の場合は、企業会計審議会監査部会から公表された「監査における不正リスク対応基準」や日本公認会計士協会から公表された監査基準委員会報告書240「財務諸表監査における不正」など監査における不正に関する実務上の指針が提供されており、実務上の対応

が可能であるが、監事の場合は個人的な資質や能力に依存する部分が多い。特に、監事では会計監査のみならず、業務監査まで要求されており、企業に関して公表されているものを利用することは可能であるが、公益法人やNPO法人の特有な部分を十分理解しなければ、深度ある監査は難しいと考えられる。

　財務諸表等が適切であるかについても、公認会計士等による監査が行われていない場合に、どこまで監事が十分な会計監査ができるかという点も同様である。公認会計士等による監査の場合は、日本公認会計士協会から非営利法人委員会研究報告第23号「公益法人の財務諸表等の様式等に関するチェックリスト（平成20年基準）」が公表されており、チェックリストに従って、形式面での問題がないかを監査することが可能である。また、会計面での留意すべき点なども非営利法人委員会研究報告等として日本公認会計士協会から公表されている。このようなことからも、監事における会計監査を充実するためには、監事の監査のために役立つツール等が数多く公表されるとともに、有用性を十分議論することが必要と考える。また、公認会計士等による監査においても、内閣府の特定非営利活動法人の会計の明確化に関する研究会報告書の中で、現状は公認会計士等による監査の基準として「NPO法人会計基準」は該当していないが、この点も議論していく必要がある。

　監査は公益法人やNPO法人のガバナンスにおいて重要な意味を持つだけに、関係者が連携、協力をする体制を構築し、適切な指針等の開発や教育等を通じて、より深度のある監査の実施が図られることが必要と考える。また、監事や公認会計士等が監査について、議論を深める機会や場が設けられることも有用と考える。さらに、会計監査は会計と表裏一体の関係であり、一定のルールに従っているかをチェックするものであるだけに、会計監査で適用される会計基準も可能な限り統一化されることが監査に関わる側の負担の軽減につながるのではないかと思われる。

おわりに

　公益法人及びNPO法人の会計と監査（会計監査）について検討してきた。基本的な会計基準の存在や監事の監査及び公認会計士等による会計監査は基本的には同じである。しかし、その詳細をみれば、いくつもの相違点が指摘される。制度的な成り立ちが異なることは十分理解できるが、同じ公益活動をしている場合に、そこから導かれる会計の数値が異なるケースもあり、公益社団・財団法人や認定NPO法人として税制上の優遇を受けるときに同じ規模でも公認会計士等による監査の適用が異なることがあり得る。公益法人及びNPO法人の利害関係者から見て、このような相違点がどのような問題・結果を生み出すのかという点が今後の検討課題である。

　公益法人制度改革関連3法という公益法人の制度改革のきっかけは、法人の不祥事であった。企業においても粉飾決算などの不適切な経理処理という不祥事をきっかけとして会計や監査も含めて変化が生じてきている。もっとも、それらはきっかけであって、公益法人やNPOなどの活動の拡充が、おのずからそれぞれの財政の強化と安定、また監査と公開を社会的責務として要請していたのであった。またそのような要請は上からの強制というよりも、公益法人やNPOに要請される社会的趨勢であり、それが確立することが公益法人やNPOの社会的信用・信頼の増加にもつながり、自らにもプラスに返ってくる性格のものである。

　それらに対する公認会計士等による監査については、日本公認会計士協会で検討がなされており、各種の実務指針等が公表されている。ただし、監事の監査については該当するものは少なく、専門性と節度のある監事による会計監査のためには、経済性と社会性、効率性と信頼性のバランスをどのように図っているのかも含めて、そのあるべき姿の提示・検討が求められている。

（中村　元彦）

注

1) 内閣府「新たな公益法人制度への移行等に関するよくある質問（FAQ）」2012年、問Ⅵ-4-④（会計基準）。
2) 日本公認会計士協会　非営利法人委員会報告第30号「新会計基準への移行に基づく公益法人監査における監査上の取扱い」2007年、3頁。
3) 内閣府「新たな公益法人制度への移行等に関するよくある質問（FAQ）」2012年、問Ⅵ-4-①（会計基準）。
4) 内閣府「特定非営利活動法人の会計の明確化に関する研究会報告書」2011年、3頁。
5) 国民生活審議会　総合企画部会報告「特定非営利活動法人制度の見直しに向けて」2007年、12頁。
6) 内閣府「特定非営利活動法人の会計公益法人及びNPO法人の明確化に関する研究会報告書」2011年、16頁。
7) 内閣府「定期提出書類の手引き公益法人編（事業計画書、事業報告等を提出する場合）」2013年、6頁。
8) 出塚清治・柴田美千代、『詳解公益法人の会計・税務』2009年、中央経済社、237頁。
9) 亀岡保夫「第4章正味財産増減計算書」川村義則編著『新公益法人会計基準実務の手引き』2012年、第一法規、56頁。
10) 中村元彦・脇坂誠也・寺内正幸『基礎からマスターNPO法人の会計・税務ガイド』2012年、清文社、92頁。
11) 公益社団法人公益法人協会『公益法人・一般法人の運営実務』2011年、公益社団法人公益法人協会、115頁。
12) 内閣府「新たな公益法人制度への移行等に関するよくある質問（FAQ）」2012年、問Ⅱ-1-③（監事の選任）。
13) 稲葉威雄・鳥飼重和・中田ちず子監修『公益法人・一般法人のQ&A』2012年、大蔵財務協会、295頁。
14) 一般社団法人日本経済団体連合会「一般社団・財団法人法施行規則による一般社団法人の各種書類のひな型」2013年、34頁から36頁。
15) 水口剛「第2章NPO会計の実務」松原明・水口剛・赤塚和俊・岡田純『改正NPO法対応ここからはじめるNPO会計・税務』2012年、ぎょうせい、92頁。
16) 認定特定非営利活動法人NPO会計税務専門家ネットワーク「NPO法人の監事の監査チェックリスト」<http://npoatpro.org/kaikeitools/audit.pdf>（2013年5月3日アクセス）
17) 稲葉威雄・鳥飼重和・中田ちず子監修、前掲書、304頁。
18) 日本公認会計士協会　非営利法人委員会報告第15号「新公益法人会計基準適用に伴う収支予算書及び収支計算書の取扱いについて」2005年、6頁。

---- column ----

公益と租税

多田　雄司

　租税の第一の目的は、国を維持するための資金を調達することである。国は集めた租税で様々な施策を実施する。

　憲法は国民に対する納税の義務を規定しているが、その負担は平等でなければならない。例えば、稼得した所得が同じであれば、同額の租税を負担しなければならない。

　それは公益法人であっても例外ではない。

　例えば、営利法人である株式会社が行うセミナーと同様のセミナーを公益法人が行ったとする。株式会社の場合は、その利益に法人税が課税される。もし、公益法人に法人税を課税しない場合は、公益法人は法人税の負担がない分だけセミナー料金を値引きすることができ、競争上有利な立場になる。これは、公益法人に対する非課税措置を通して、国が市場経済へ介入していることを意味する。

　このように公益法人が行う活動であっても、営利法人と競合する収入には、平等・公平の観点から非課税という特典を与えない。

　これが、収益事業に対する課税である。

　一方、公益法人が、その公益活動に賛同する人から会費や寄附金を徴収するが、その収入には法人税は課税しない。

　そこで、その理由を考える。

　国が行う施策には、公益活動に対する援助が含まれるが、税収の一部はこの目的のために支出する。

　これに対比すべきものに、公益活動に賛同する人が支出する会費や寄附金がある。公益法人はこれらの収入を公益目的に使用する。これは、本来は国が行うべき援助を民間が代わって引き受けていると考えることができる。したがって、会費や寄附金は、国による税収からの支出と同じ位置付けになる。

　公益法人が徴収する公益目的に使用するための会費や寄附金に課税しないのは、このような理由による。

　ここでいう公益法人は、公益財団法人・社団法人など一定の法人に限定している。

このような公益法人に対する会費や寄附金の収入に対する非課税措置は、その収入の全額を公益目的に使用することができるようにするためのものであり、その本質は国から公益法人に対する隠れた補助金である。

（税理士・日本税務会計学会　副学会長）

第3章

コーズ・リレーテッド・マーケティングを通した企業と公益のありかた

はじめに

　現在、企業による公益活動のあり方・役割、また評価が変わりつつある。日本においては、長い間、善行や社会貢献などは見えない所・目立たない方法で実行する陰徳が是とされてきた。個人の場合も、企業の場合もそうであった。日本一の大地主で知られる山形県酒田の本間家の家訓の一つも陰徳であった。

　ところが、欧米の影響や日本でも公益を本務とする公益法人の影響で、営利を目的とする企業も、社会貢献などの公益活動を、陰徳の理念や方法ではなく、外に見える活動として、社会に向けて説明や開示することが広がりつつある。

　そのような企業の活動・あり方に対する有力な手法がコーズ・リレーテッド・マーケティング（Cause-Related Marketing: CRM, 以下 CRM と表記）である。

　この「企業の社会貢献」と「マーケティング」を結びつける CRM の北米における年間支出額は図表3-1で示したように、右肩上がりに推移している。また、Hamula（2006）[1] によると、米国の129人のテレビ局のマネージャーに尋ねたところ、90％が新しい挑戦となる非伝統的な収入分野や手法を追求すると回答し、その中でも追求中のものとして最も多く（70％）あがったのが CRM であった。

　しかし、陰徳の理念が定着した日本においては、寄付付き商品は、多く見

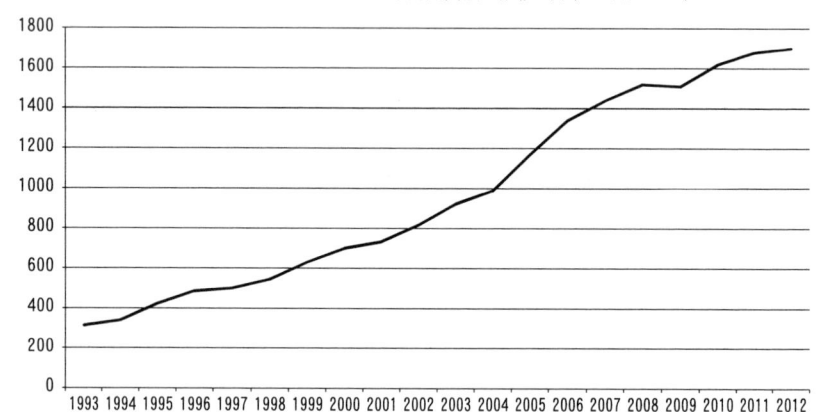

図表3-1　北米におけるCRM年間支出額の推移（単位：百万ドル）

（出所）Cause Marketing Forum (2013), "The Growth of Cause Marketing,"
(http://www.causemarketingforum.com/site/c.bkLUKcOTLkK4E/b.6452355/apps/s/content.asp?ct=8965443) および Nelson, Richard Alan and Ali M. Kanso and Steven R. Levitt (2007), "Integrating Public Service And Marketing Differentiation: an analysis of the American Express Corporation's "Charge Against Hunger" Promotion Program," *Service Business*, Vol.1, pp.275-293 をもとに筆者が作成。

受けられるようになったものの、マーケティング手法とは位置づけられていない場合が多いというのがこれまでの状況である。そこで、本章では、CRMに関する誤解をとくと共に、周辺概念における位置づけを明確にしたうえで、「企業と公益」の意義・位置・関係を明らかにすることにしたい。そのために、また東日本大震災からの復興・回復のために企業が動きやすくなるためにも、企業にとっては義務となるが、公共的に使用される税金をも含んだ広がりで、企業と公益の全体像を俯瞰的にとらえることにしたい。

1. コーズ・リレーテッド・マーケティングとは

　CRMについて触れた文章において、「コーズ（cause）の日本語訳は大義である。」といった記述や、「CRMの起源は1983年の自由の女神キャンペーンである」という記述を見かけることが多い。しかし、これらの記述は

第3章　コーズ・リレーテッド・マーケティングを通した企業と公益のありかた　95

誤りである。そこで、本節ではこれらの誤りを正しながら、CRM に対する理解を深めていく。

そこでまず、誤った解釈をされることの多い「コーズの訳」を確認していく。そのうえで、CRM と同様に「企業の社会貢献に関する概念」であるフィランソロピーと対比しながら、CRM の定義を呈示する。この定義において CRM の主体を、「企業」ではなく「組織」とした理由として、企業以外の組織も CRM の主体となり得ることにも言及する。そして、同様に誤った記述を多く見受ける CRM の起源について、文献調査をもとに正していく。

(1) コーズとは[2]

CRM について触れた文献において、コーズの訳として英和辞典から「大義」という訳を持ってきている場合を多く見かける。これは英和辞典でコーズと引くと「大義」や「信条」といった仰々しく、概念的な訳のみが登場するため、これらの訳の中から無理に、CRM のコーズの訳を探した結果の誤りである。CRM の論文を読むと、すぐにわかることであるが、CRM のコーズはそのような概念的なものではなく、実態のあるものである。また、後述のように、1981 年に初めてアメリカン・エキスプレスが CRM という言葉を用いたが、そのときの支援先コーズは地域の芸術団体であったことからも、コーズは大義といった仰々しいものではないことがわかるであろう。しかし、英和辞典の中のコーズの訳は概念的なものが中心であり、適訳が見あたらない。そのため、適切な訳を英英辞典から探すと、2002 年版マクミラン英英辞典[3]の "An organization, plan, or activity that you are willing to support because it provides help or benefit to people who need it." という訳がある。この訳と CRM 文献におけるコーズの意味を鑑み、筆者はコーズを「良いことなので、援助をしたくなる対象」と定義づけている。

このコーズの定義において、援助先を「組織」ではなく、「対象」としたのは、上述の英英辞典のコーズの訳にあるように、「組織」の他に「計画」

図表 3-2　組織・計画・活動の各レベルに対応したコーズの例

レベル	コーズ	
組織	国土緑化推進機構	
計画	森林(もり)づくり運動	木づかい運動
活動	植樹	間伐材利用

や「活動」も、コーズに含めて捉えるべきだからである。そこで、「計画」や「活動」にはどのようなものが含まれるかについて、公益社団法人である国土緑化推進機構を例にとってみてみよう。同機構の「計画」には、企業の森づくり等を行う「森林（もり）づくり運動」や国産材を積極的に使用する「木づかい運動」といった運動が含まれる。そして、「森林（もり）づくり運動」に対応した「活動」には「植樹」が、「木づかい運動」に対応した「活動」には「間伐材利用」が含まれることになる。この関係を図示したものが図表 3-2 である。

　また、CRM の起源で支援先となっていた芸術が、コーズに入るのにも関わらず、スポーツがコーズに入らないというのはおかしな話であるため、コーズの中にスポーツも入ると考えられる。さらに、コーズの中には、被災企業のような企業が含まれることもある。

(2)　コーズ・リレーテッド・マーケティングの定義

　CRM と同様の「企業の社会貢献に関する概念」としてフィランソロピーがある。図表 3-3 は両者の違いを表したものである。企業の社会貢献のうち、マーケティングと重なった部分が CRM であり、重なっていない部分がフィランソロピーということになる。匿名で行わない限り、社会貢献を行うことにより、企業にはブランド・イメージ向上や売上増等の何らかのメリットが生ずることになる。しかし、フィランソロピーではこの直接的なメリットを認めず、「啓発された自己利益（Enlightened Self-interest）」という言葉を用いて巡り巡って回ってくる間接的な利益のみを認めている。一方、CRM では、マーケティングの一環として社会貢献を行うため、社会貢献を

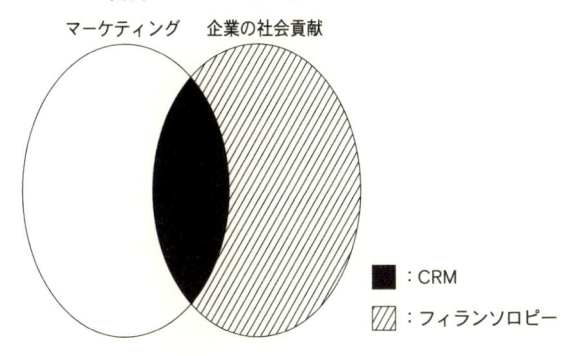

図表 3-3 CRM とフィランソロピーの関係

マーケティング　企業の社会貢献

■：CRM
▨：フィランソロピー

ブランド構築、販売促進、製品差別化等のマーケティングに活用することができる。

　この相違点を踏まえた上で、実際にフィランソロピーと CRM を分かつものは何であろうか。それは、社会貢献を行った後、それをコミュニケーションし、マーケティングに積極的に結びつけるのか、それともコミュニケーションせずに「啓発された自己利益」に期待を寄せるかの違いと捉えることができる。コーズ支援を行い、それをコミュニケーションした時点で、ブランド価値向上という直接的な利益に結びつき、もはやその活動は、「啓発された自己利益」と呼ぶことはできなくなることから、社会貢献を行った後のコミュニケーションの有無が CRM とフィランソロピーを区別する上で、重要な意味をもつことになる。そのことは以下の事例を通してみると分かりやすかろう。

　2009 年 3 月、米国においてケンタッキー・フライド・チキンは、作業を終えた場所にスプレーで「Refreshened by KFC」と記載することを唯一の条件に、穴の開いた道路のアスファルトによる補修を請け負った。Nation's Restaurant News ではこのケースを「Cause Marketing Takes KFC's 'Freshness' Message to The Streets」と題して報じている（Coomes 2009）[4]）。どうして、このケースを CRM と呼ぶことができるのであろうか。それは、道路の補修作業を行った上で、スプレーで企業名のコミュニケー

ションを行い、マーケティングに結びつけているからである。この事例において、もしもケンタッキー・フライド・チキンが道路の穴を埋め、特にコミュニケーションを行わなかったのであれば、消費者はその穴が誰によって埋められたかを認知することができないため、マーケティングに結びつくことはなく、CRMと呼ぶことはできないことになる。このように、社会貢献活動後のコミュニケーションの有無が社会貢献活動をCRMと呼ぶことが出来るかどうかを決定することになる。そのため、CRMの定義においては、コーズ支援を「コミュニケーション」するという点を入れなければならない。

　そこで、本章では、以下のように、CRMを定義付ける。

「組織がコーズ支援を行い、それをコミュニケーションすることにより、マーケティング全般の目標達成を促進するための戦略」

　なお、CRMと近い概念として、「戦略的フィランソロピー」という言葉を使用している文献も多く存在するが、「博愛主義」というフィランソロピーの語源を考えると、戦略的フィランソロピーという言葉は、戦略的な博愛主義ということになり、自己矛盾を抱えることになる。
　また、CRMの定義においてその主体を企業とせずに、組織としたのは、企業以外の組織もCRMの主体となり得るからである。以下ではその事例についてみていく。

(3) コーズ・リレーテッド・マーケティングの主体としての「企業以外の組織」

　前述の国土緑化推進機構の例のように、「企業以外の組織」はコーズとして支援対象となる一方、CRMを実施する主体ともなり得る。以下ではその事例についてみていく。
　一般財団法人日本モーターボート競走会は、競艇の収益金をもとに、公益財団法人日本財団を通して、コーズ支援を行っている。そして、そのことを以下の2本のテレビCMを通して、積極的にコミュニケーションし、マー

ケティングに結びつけている。その内容は以下の通りである。「ていちゃん」と名付けられたあざらしが登場し、「知ってました」と問いかける。そして、「競艇ってレースをしているだけじゃないんです。その売上げは学校を作ったり、伝統文化を守ったり、お城の整備とかにも使われてるんだって」と語りかける。同時に、競艇の売上げが、学校建設（尼崎市立小学校）、伝統文化の保護（丸亀市うちわの港ミュージアム）、文化財整備（唐津市唐津城）等に役立てられていることがテロップで紹介される。そして、「結構競艇って身近なところで役立っているんですね。」と結んでいる。また、別のCMでは競艇の環境に関するコーズ支援に焦点を当て、「またまたあざらしです」とていちゃんが登場し、「今日は競艇と地球の素敵なお話です。競艇の売上げは海岸の整備や川の近くでの植樹、それに、貝を使って水をきれいにする研究にも使われているんだって」と語りかける。そして、テロップで、海岸整備（常滑市大野海岸）、流域植樹活動（福岡都市圏かっぱリング事業）、水質浄化研究（戸田市戸田漕艇場）と具体的な活動が紹介される。その上で、「だからほら、僕らの仲間も大喜び、考えてますね競艇」と結んでいる。

また、財団法人JKAは、競輪とオートレースの収益をもとに、コーズ支援活動を行っている。そして、そのことを日本モーターボート競走会と同様に、テレビCMを通して、積極的にコミュニケーションし、マーケティングに結びつけている。その内容は以下の通りである。「みんなの夢を形にすること」というメッセージと共に、「次世代航空機の開発」というテロップが、「明るい未来を形作ること」というメッセージと共に、「再生水の技術開発」というテロップが、「がんばるみんなを応援すること」というメッセージと共に、「車いすテニスの支援、高齢者スポーツ大会の支援」というテロップがそれぞれ流れ、最後に、「夢への補助輪。競輪の補助事業です。」という言葉で結ばれるというものである。

なおJKAのコーズ支援活動は、「公益事業」と規定され、福祉事業中心に振興補助事業、研究補助事業等を幅広く展開している。東日本大震災へのボランティアなどの支援事業・活動にも、日本モーターボート競走会などと共に、補助活動を継続的に実施している。それらの公益事業は、公表・開示

されているが、むしろ積極的に公表することが情報開示の社会的責務を果たすものと理解している。

　最後に、地方公共団体が発行する宝くじの収益金もコーズ支援に充てられている。そのことを同様にテレビCMを通して、積極的にコミュニケーションしている。その内容は以下のようなものである。「子供たちが元気に走り回れる場所を作る。それも、宝くじの大切な役割の1つです。買ってくれたすべての人にありがとうを」というメッセージの後に、「宝くじの収益金は、公園整備など、幅広く、地域のために役立てられています」というテロップが表示されるというものである。また、当選番号を伝えると共に、それぞれの地域でどのようなコーズ支援活動を行っているかについてのCMも流している。

　これらのCMは企業ではない組織もコーズ支援を行っていることを、CMを通してコミュニケーションすることにより、マーケティングに結びつけていると捉えることができる。これらの事例から、CRMの主体を企業に限定することが出来ないことがわかる。そこで、前述のCRMの定義において、その主体は企業ではなく組織とした。

(4)　コーズ・リレーテッド・マーケティングの起源

　ここでは、コーズの日本語訳と同様に、誤解が生じているCRMの起源についてみていく。アメリカン・エキスプレスは、1981年までに同社の基金から、コーズへ、毎年750万ドルの寄付を行っており、これをクレジットカードの利用促進に結びつけることができるのではないかと考えるようになった（Mescon, Tilson and Desman 1995）[5]。そして、1981年に、カリフォルニア州の4つの都市（ロサンゼルス、サンフランシスコ、サンディエゴ、サンホセ）で、「Cause Related Marketing」という言葉を用いたキャンペーンが初めて実施された。この1981年のアメリカン・エキスプレスのCRMキャンペーンに言及している論文は多数存在する。その中でも、Kelley（1991）[6]は同社の社員（American Express Travel Related ServicesのWarner Canto）にインタビューしたうえで、このキャンペー

ンについてまとめているため信憑性が高いといえよう。そのインタビューによると、当時同社のカードは旅行時に使用するものであり、通常の外出時には持ち歩かないものと認識されており、この認識を変えることにより、会員のカード利用促進とカード加盟店の増加促進という明確な目標設定がなされていたという。そして、地域の様々な芸術団体を支援することになった。この支援には同社のイメージに合致するばかりでなく、幅広く受け入れられるであろうとの思惑があったという。仕組みはシンプルなもので、3ヶ月の間、カードが使用されたり、発行されたりする度に、決められた額が決められた組織に寄付されるというものであった。数値は公表できないが、カードの使用の増加は劇的なものであったという。

このキャンペーンとフィランソロピーとの関係について、キャンペーンをデザインした同社のJerry Welshによると、期間中に、それぞれの地域において、テレビCMや新聞広告やPOP広告等に300万ドルがプロモーション費から拠出されたため、CRM活動支援のために、フィランソロピーの基金からの資金拠出は一切なかったという。さらに、同氏は「カード保有者が地域での消費の際にカードを使用することを促進することを目的としている。」としている (Mescon, Tilson and Desman 1995)[7]。

その後、同社は3年間にわたり全米各地で、地域のコーズを支援するキャンペーンを行った (Josephson 1984)[8]のち、1983年に初めて全米規模のCRMキャンペーンを実施した。前述のアメリカン・エキスプレスのWarner Cantoに対するインタビュー (Kelley 1991)[9]では1983年に実施された自由の女神修繕キャンペーンについても言及している。以下がその内容である。

「このキャンペーンの成功が1983年の自由の女神キャンペーンへ結びつくのだが、1981年当初から、地域のキャンペーンが成功すれば全国キャンペーンを行う予定であった。そして、全国展開の際の支援先コーズとして何がふさわしいかについて議論した結果、自由の女神修繕が選ばれた。自由の女神が国家のシンボルであることに議論の余地はなく、教育に関するコーズのように、複雑でないことがその選定理由であった。」

この Warner Canto の発言によると、同社は当初から、全米各地でのCRMキャンペーンが成功すれば、全国規模でのCRMキャンペーンを実施することを計画していたことになる。また、同氏は、支援先コーズ選定理由については、教育に関するコーズのように複雑でない点をあげているが、当時の同社CEO兼会長のジェイムス・ロビンソンは「同社は1885年に自由の女神の台座建立のための資金調達キャンペーンに参加した最初の企業の1つであり、自由の女神と密接な関係がある。」(マセンギル1999) [10] としている。

そのキャンペーンの内容は、アメリカン・エキスプレス・カードが使用される度に1セントを、同カードの新規発行1件ごとに1ドルを、自由の女神修繕のために寄付するというものであった (Andreasen 1996, Hunt 1986, Josephson 1984, Lachowetz and Irwin 2002, Smith and Higgins 2000, Wall 1984) [11]。このキャンペーンは1983年の10月～12月の3ヶ月間、アメリカン・エキスプレスの旅行関連サービス部門が実施した (Josephson 1984) [12]。

このキャンペーンの効果に目を向けていく。まず、アメリカン・エキスプレスにおける効果についてみていく。このキャンペーン期間 (1983年の第4四半期) における前年同期比のカード利用の増加率に関しては、20%とした文献 (Mescon, Tilson and Desman 1995, Miller 1990) [13] と、28%とした文献 (Andreasen 1996, Hunt 1986, Lachowetz and Irwin 2002, Medcalf 2006, Ptacek and Salazar 1997, Wall 1984) [14] と、30%とした文献 (Caesar 1986) [15] がある。これらの文献から20%から30%の利用増があったものと推察できる。これは、18%という当初の予想を上回った (Hunt 1986, Mescon, Tilson and Desman 1995, Wall 1984) [16] ことになる。

新規のカードホルダーは期間中に「45%以上」の増加となったとしている文献 (Mescon, Tilson and Desman 1995, Wall 1984) [17] と、「45%」の増加となったとしている文献 (Hunt 1986, Lachowetz and Irwin 2002, Medcalf 2006) [18] がある。いずれにしても少なくとも新規加入者は45%増加したことになる。さらに、このキャンペーンの結果、同社に対して「正当で (reasonable)、公共心があり、愛国的な企業」といった良い印象を持つよう

になったという（Josephson 1984, Mescon, Tilson and Desman 1995）[19]。

次にこのキャンペーンを通したコーズ支援の成果に目を向けていく。このキャンペーンを通した財団に対する寄付額については「170万ドル以上」としている文献（Lachowetz and Irwin 2002, Mescon, Tilson and Desman 1995, Wall 1984）[20] と、「170万ドル」としている文献（Andreasen 1996, Caesar 1986, Hunt 1986, Ptacek and Salazar 1997, Miller 1990）[21] がある。いずれにしても少なくとも170万ドルの寄付がなされたことになる。この額は予測の2倍近くの寄付額であったという（Miller 1990）[22]。寄付金の受け渡し方法に関しては、マセンギル（1999）[23] によると、100周年記念祭が1986年に迫りつつあったため、エリス島及び自由の女神像修復支援キャンペーンへの着手を1983年10月に発表し、献金が100万ドルを超えるとの予想に基づき、アメリカン・エキスプレス旅行関連サービスの社長ルイス・ガースナーは、自由の女神・エリス島財団会長ジョン・サージャントに100万ドルの小切手を贈呈したという。つまり、キャンペーン開始時に、100万ドルを、キャンペーン終了後に残りの額が支払われたことになる。

続いて、このキャンペーンがどのように行われたかについてみていく。同社の広告代理店のOgilvy and Matherによると、このキャンペーンには400万ドルが投じられ（Mescon, Tilson, and Desman 1995）[24]、その400万ドルは新聞、ラジオ、ダイレクトメール、POP等に使われた（Josephson 1984）[25]。

具体的にどのようなコミュニケーションが行われたかについては、テレビCMでは「女神を見たことがありますか？女神はその手の中に何百万もの夢を抱えているのです」と謳い（マセンギル 1999）[26]、新聞広告では「アメリカン・エキスプレス・カードを利用するのは大変理にかなったことですが、実はこうしたセンチメンタルな理由も存在するのです。」とのメッセージが伝えられた（Josephson 1984, マセンギル 1999）[27]。

以上のような経緯から、正確には1981年がCRMの起源ということになる。しかし、1983年の活動をその起源としている文献も多く見受けられる（Medcalf 2006, Miller 2002）[28]。

これらの文献と同様に、日本のアメリカン・エキスプレスのホームページ[29]においても、「カードを利用してチャリティ― Cause-Related Marketing」と題して以下のような説明がなされ、1983年をCRMの起源としている。

「アメリカン・エキスプレスでは、社会貢献型のマーケティング・プログラムを1983年に初めて実施しました。米国で行われた『自由の女神修復プロジェクト』は、カードの発行1枚あたりや、カードの利用1回ごとにアメリカン・エキスプレスが寄付を行い、自由の女神修復基金として、170万ドルを寄付しました。以来、世界各国で社会貢献型のマーケティング・プログラムを実施しています。」

CRMという言葉はアメリカン・エキスプレスによって、1981年にアメリカ特許商標庁でサービス・マークとして登録されている（Barnes 1991, Barnes and Fitzgibbons 1992）[30] ことからも、正確には1981年がCRMの起源である。しかし、1981年から1983年のCRMは地域限定であったため、初めての全国キャンペーンであり、CRMの名を一躍有名にした、1983年のアメリカン・エキスプレスの「自由の女神キャンペーン」がその起源であると誤解が生じているものと思われる。Smith and Higgins (2000)[31] はその起源として1981年のサンフランシスコの美術団体とのプロモーションを紹介し、同年サービス・マークとして登録されたことに言及しつつも、1983年の自由の女神修繕キャンペーンが最も多く最初のCRMとして紹介されているとしている。

アメリカン・エキスプレスがCRMと名付け、それが広まる前のCRMの黎明期には、CRMと同様の行為を行い、異なった名前を命名した事例がいくつか存在した。例えば、1982年には、National Easter Seal Society がペプシ・コーラ社とのCRM活動を、「social responsibility marketing」と登録したのを始め、CRMと同義の言葉としては「charitable sales promotion」「joint venture marketing」等が登場している（Barnes 1991, Barnes and Fitzgibbons 1991）[32]。その後、CRMが市民権を得ると共に、これらの言葉はCRMに統合されていった。なお、最近の文献においても、CRMを批判的に捉え、あえて、CRMの別名として「consumption philanthropy」

と命名している文献が見受けられる (Eikenberry 2009, Nickel and Eikenberry 2009)[33]。

2. コーズ・リレーテッド・マーケティングと「企業と公益に関する周辺概念」

ここでは、CSR (Corporate Social Responsibility, 企業の社会的責任) やソーシャル・マーケティングやソサエタル・マーケティング (societal marketing) やCSV (Creating Social Value, 共通価値の創造) といった「企業と公益に関する周辺概念」においてCRMはどのように位置づけられるかについてみていく。

(1) コーズ・リレーテッド・マーケティングとCSR[34]

CSRは図表3-4のように3層構造で捉えることが出来る。CRMは一番外側の層である社会貢献をコミュニケーションしたものである。CRMとして社会貢献をコミュニケーションすることにより、社会貢献をマーケティング活動へ活用したのと同様に、企業倫理や企業コンプライアンスについても、それをコミュニケーションすることにより、マーケティング効果を生み出す

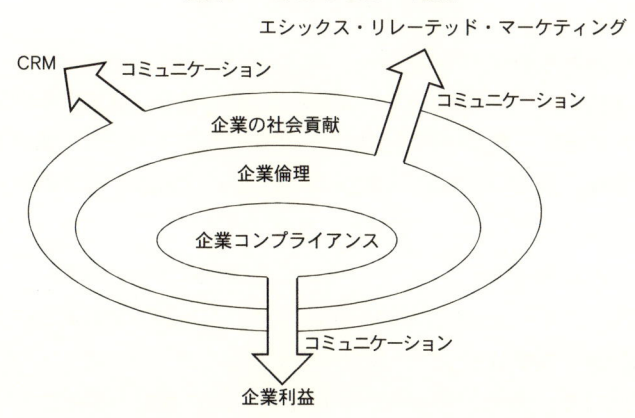

図表 3-4　CRM の CSR への援用

ことが出来るのであろうか。ここでは、その点について論じていく。なお、本章では本業の範囲内で社会に貢献していくことを企業倫理、本業以外の活動で社会に貢献していくことを社会貢献と捉えて話をすすめていく。

函館でハンバーガーチェーンを展開するラッキーピエロでは、企業倫理にあたる活動として、トイレのペーパータオルを再生紙に変えたところ、紙質が変わり、顧客からコスト削減のために紙質を落としたとの誤解を受けたことがあったという。そこで、ペーパータオルのホルダー上に「環境にやさしい宣言、地球をグリーンに環境にやさしく森林にもやさしく、このペーパータオルは再生紙を使用しております」と明記し、コミュニケーションするように変更した。この変更により、再生紙利用をコミュニケーションしないことにより生ずるマイナスの評価を未然に防いだ上で、さらに、それをプラスに変える効果が期待できる。

このように、自らが行っている企業倫理に係る行動をきちんとコミュニケーションし、誤解が生ずるのを未然に防ぐと共に、マーケティング効果を生み出す行為は、社会貢献ばかりでなく企業倫理においても必要であることがわかる。このような活動をCRMに対峙する概念として、筆者は「エシックス・リレーテッド・マーケティング」と呼んでいる。例えば、生産時のCO_2排出量を削減していることをコミュニケーションしたCMもこのエシックス・リレーテッド・マーケティングに係る活動と捉えることが出来る。図表3-4では、CSRとCRMとエシックス・リレーテッド・マーケティングの関係を示している。

図表3-4において、最後に残った層がCSRの中心に位置する企業コンプライアンスである。真ん中の「企業コンプライアンス」とは、法律を遵守することを指す。企業コンプライアンスの徹底は、CSRの第1歩であり、企業が存続していくためには、不可欠な要素といえる。この企業コンプライアンスにあたる活動をコミュニケーションした事例についてみていく。松下電器産業（現パナソニック）は2005年12月に、同社製石油温風機による相次ぐ一酸化炭素中毒事故を受け、緊急対策を実施した。その際、12月10日から12月19日までのすべてのテレビCMを、注意喚起の告知広告に差し替

えた[35]。この時期はちょうどボーナス商戦の期間にあたるため、当初、悪影響が及ぶことが懸念されていた。しかし、その徹底した姿勢が評価され、CM 総合研究所の CM 好感度調査において、2005 年 12 月の CM 好感度 2 位にランクされる好感を獲得した[36]。八巻（2005）[37] および八巻（2006）[38] では、「CM 好感度」と「購買意向」の相関分析を行い、相関係数 0.9914 という極めて高い相関関係を示す結果となっていることから、この期間の高 CM 好感度が売上げ増に寄与していると類推できる。このことから、企業コンプライアンスに係る活動についてもコミュニケーションのやり方によっては、社会貢献や企業倫理と同様にマーケティング効果を生み出すことがわかる。

つまり、コミュニケーションを軸とする CRM の手法は、企業の社会貢献活動のみならず、企業倫理や企業コンプライアンスといった他の CSR 活動全般へも援用可能であるといえよう。

(2) コーズ・リレーテッド・マーケティングとソーシャル・マーケティングとソサエタル・マーケティング

上述のように CRM を通して「企業の社会貢献」から企業利益が生ずることが確認できた。そこで、ここではその企業利益を軸に、マーケティング研究における CRM の位置付けを明確にしていく。そのため、まず、伝統的マーケティング・パラダイムである営利追求型の「マネジリアル・マーケティング」と、「ソーシャル・マーケティング」や「ソサエタル・マーケティング」といった拡張されたマーケティング・パラダイムを区別して考えた場合、CRM はどちらに位置付けられるかを考察していく。

① 「ソーシャル・マーケティング」と「ソサエタル・マーケティング」[39]

ソーシャル・マーケティングには、大きく 2 つの流れがある（荒川 1978、上原 1999 、嶋口 1984）[40]。1 つの流れは、伝統的なマーケティング・パラダイムである営利追求型のマネジリアル・マーケティングの範囲外におかれている社会問題の解決に企業が積極的に取り組むべきであるとの思想のもとに展開される企業の社会貢献活動を指す。もう 1 つの流れは、伝統的なマーケティング・パラダイムを企業以外の非営利組織へ援用していくことを指

す。これらの関係を図示したものが図表 3-5 である。

そして、特に、前者の流れをソサエタル・マーケティングと呼び、区別する場合がある（荒川 1978）[41]。これを図示したものが図表 3-6 である。「企業の社会貢献」をメイン・テーマとする CRM は、このソサエタル・マーケティングと対峙する概念であるので、以下では、ソサエタル・マーケティングに絞って議論を進めていく。

CRM とソサエタル・マーケティングの関係について論じた先行研究としては、Husted and Whitehouse（2002）[42] がある。同稿は Kotler（2000）[43] におけるソサエタル・マーケティングの「組織の役割は標的市場のニーズ、欲求、関心を正しく判断し、顧客と社会の幸福を維持・向上させるやり方

図表 3-5 企業の社会貢献とソーシャル・マーケティングとの関係

（マネジリアル・マーケティング／ソーシャル・マーケティング／企業の社会貢献／非営利組織のマーケティング）

図表 3-6 企業の社会貢献とソサエタル・マーケティングとの関係

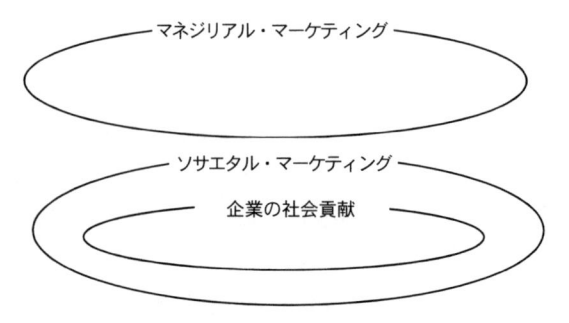

（マネジリアル・マーケティング／ソサエタル・マーケティング／企業の社会貢献）

で、要望に沿う満足を競争相手よりも、より効果的かつ効率的に提供すること」という定義を紹介した上で、CRM とソサエタル・マーケティングは、しばしば同義語として（interchangeably）使われてきたとしている。

Kotler (2000)[44] は、ベン・アンド・ジェリーとザ・ボディーショップの 2 つの CRM の実例をあげた上で「CRM と呼ばれるソサエタル・マーケティング・コンセプトである」と、CRM をソサエタル・マーケティングとして紹介している。

しかし、筆者は、Husted and Whitehouse (2002)[45] や Kotler (2000)[46] が指摘しているように「ソサエタル・マーケティングと CRM を同義」として捉えるのではなく、以下で述べるような理由で、両者を区別して認識する必要があると考える。

② CRM の位置付け[47]

マーケティング概念の拡張について論じた東 (1991)[48] は、「伝統的マーケティング概念のもとでは、その主体は私企業であり、目的も、極大利潤であれ、適正利潤であれ、顧客満足を通した利潤の追求におかれてきた」としている。CRM を通して「企業の社会貢献」を行うことにより、前述のように企業利益が生ずることから、この利潤極大化という目的に資することになる。

したがって、ソーシャル・マーケティングやソサエタル・マーケティングでは、前述のように「企業の社会貢献」の理由を、伝統的マーケティングの外に求めていたのに対し、CRM では「企業の社会貢献」の理由を伝統的マーケティング内に求めることになる。換言すると、「企業の社会貢献」の正当性の理由付けを、伝統的マーケティングからの概念拡張に求めているのがソーシャル・マーケティングやソサエタル・マーケティングであるのに対し、その理由付けを伝統的マーケティングである営利追求を目的とするマネジリアル・マーケティング内に求めているものが CRM ということになる。この関係を図示したものが図表 3-7 である。

また、マーケティング関係の教科書においても、前述の Kotler (2000)[49] のように、CRM をソサエタル・マーケティングやソーシャル・マーケティ

図表3-7　CRMにおけるマネジリアル・マーケティングと企業の社会貢献の関係

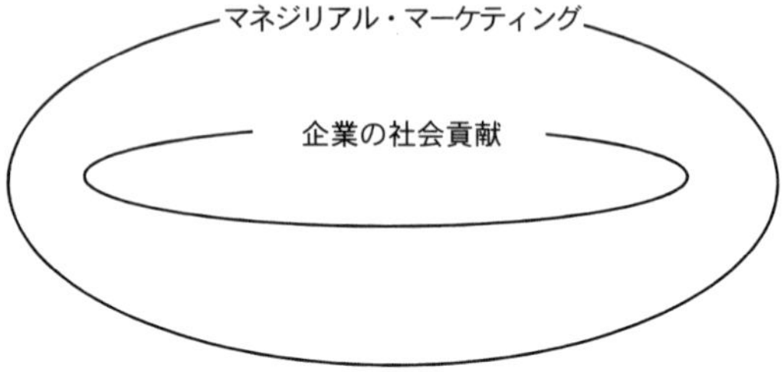

（マネジリアル・マーケティングの楕円の中に企業の社会貢献の楕円が含まれる図）

ングの一手段として伝統的マーケティング・パラダイムであるマネジリアル・マーケティングの範囲外においているものばかりではなく、本章と同様に、CRMを伝統的マーケティング・パラダイムの中で語っているものもある。その例として、Bearden, Ingram and Laforge（2004）[50]とFill（2002）[51]があげられる。前者では、CRMを企業のアドボカシー広告が拡張した広告手段の1つとして紹介している。また、後者では、CRMをパブリック・リレーションズ構築の一手段として紹介している。

(3) コーズ・リレーテッド・マーケティングとCSV

図表3-4における2番目の層にあたる企業倫理の本業を通した社会貢献に焦点を合わせた考え方がポーターが提唱するCSV（Creating Social Value、共通価値の創造）である。ポーターは「共通価値の概念は、企業が事業を営む地域社会の経済条件や社会状況を改善しながら、みずからの競争力を高める方針とその実行と定義できる（ポーター・クラマー 2011）[52]」としている。

企業が共通価値を見いだすことができる課題について、企業が自ら取り組むよりも、公益法人やNPO等の専門家に委ねた方が、換言すればアウトソーシングする方が、より効率的な場合が存在する。その場合は、企業が共通価値を見いだすことができる社会問題においても、CSV理論においてポーターが否定している寄付という手段（ポーター 2011）[53]も共通価値創造の有効な手段となりえよう。また、そのアウトソーシングを政府が請け負

うのであれば、税金がそれをカバーすることになるため、寄付と同様にCSV理論において「偏狭な資本主義観」としてポーターが否定している税金を通した貢献（ポーター・クラマー 2011）[54]も共通価値創造に資することになる。さらに、CSVを通して行う本業を通した社会貢献についても、エシックス・リレーテッド・マーケティングを通してコミュニケーションすることにより、企業利益が増大することになり、後述するように納税を通した社会貢献がなされることになる。

　また、企業が共通価値を見いだすことができる社会的課題は限られている。そのため、当然、企業のCSVを通した活動のみに委ねていては、社会全体の問題を解決することはできない。企業が共通価値を見いだすことができない社会的課題については、政府や公益法人やNPOが担うことになる。そのため、やはり、次節で述べるような税金を通した社会貢献や寄付の存在が欠かせないといえよう。

3. コーズ・リレーテッド・マーケティングと公益

　本節では、陰徳という概念がある日本において、CRMに対する抵抗を軽減するために、税金も含めた俯瞰で「企業と公益の関係」を捉え直すことの必要性について言及する。

(1) コーズ・リレーテッド・マーケティングと陰徳[55]

　筆者が検討委員会の委員長として参加した農林水産省「平成22年度国民参加による農と食品産業との絆づくりのための取組に関する実態調査」（全国15歳〜69歳の男女2,000人に対するwebアンケート調査、2011年1月実施）によると、「寄付付き商品について、企業にどのような情報を公開してほしいと思いますか。」という質問に対し、重複を許して13の選択肢からの回答を求めたところ、「なぜその分野を支援することにしたのか」、「どのような団体に寄付をするのか」、「支援活動によってどのような成果があったのか（現地視察レポートなど）」、「寄付先の団体や支援された人々からどの

ような声・メッセージが届いているのか」等の選択肢がある中で、「どのような目的や狙いで、寄付付き商品を販売しているのか」という選択肢が56.8％と最も高い支持を得た。このことから、消費者は寄付付き商品を販売する本当の目的を知りたがっていることがわかる。

　最近、寄付付き商品を多く見かけるようになった。そして、寄付付き商品であれば、CRMであるとの思い込みがある。しかし、図表3-3をみれば明らかなように、寄付付き商品を通した社会貢献活動であっても、マーケティングと位置付けられていないのであれば、それはフィランソロピーであることがわかる。つまり、すべての寄付付き商品がCRMというわけではない。実際、CRMの代表的な事例として紹介されることの多いボルヴィックの「1リッターフォー10リッターキャンペーン」において、マーケティング目標が設定されていないため、これはCRMと位置づけることはできないことになる[56]。寄付付き商品の場合、寄付額が商品の売れ行きと連動しているため、販売促進効果があるであろうことが消費者からも容易に想像が付く。そこで、「消費者が思い浮かべる企業の販売目標」と「企業が掲げる販売目標」に齟齬が生じたときに、消費者は企業の行為を偽善と受け取ることになる。そのため、寄付付き商品の場合は、よりいっそうマーケティング目標の開示の必要性が出てくる。

　それでは、実際のマーケティング目標の設定状況をみてみよう。筆者がアンケート設計に参画し、国土緑化推進機構が行った調査（『四季報（上場：2010年秋号／未上場：2010年下期）』（東洋経済新報社発行）において、連結従業員数3,000名以上あるいは単独従業員1,000名以上の企業276社に対する郵送アンケート調査、2010年12月実施。）によると、「マーケティング活動を意識した、或いは連動したCSR活動を行っていますか。」という質問に対して、「既に実施している」か「検討している」と回答した企業（他の選択肢は、「興味はあるが具体的に検討していない」と「特に興味はない」である。）に対して、具体的なマーケティング目標を定めているかを尋ねた結果は図表3-8のようになっている。マーケティング目標を定めている企業は15.8％にすぎず、53.3％と多くの企業がマーケティング目標を意識すると

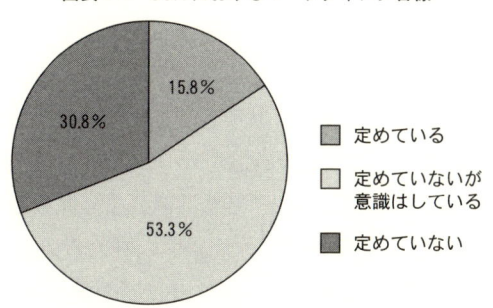

図表 3-8　CSR におけるマーケティング目標

- 15.8%　定めている
- 53.3%　定めていないが意識はしている
- 30.8%　定めていない

（出所）「平成 22 年度林野庁補助事業『森林づくり国民運動推進事業』、『マーケティングと連動した CSR 活動に係るアンケート』～2011 年国連『国際森林年』に向けて～、調査結果」平成 23 年 3 月社団法人国土緑化推進機構、美しい森林づくり全国推進会議。

いうレベルに留まっている。これは、陰徳という概念がある日本においては、マーケティングを意識しながらも、それを顕在化させることに対する抵抗があるためと思われる。

(2) 消費者に必要な俯瞰[57]

消費者が CRM に抵抗を示すのであれば、企業はそのマーケティング目標を開示し難くなる。そこで、消費者に求められるのが、「企業と社会の関係」をミクロの視点で捉え、その企業が倫理的であるかどうかを判断するのではなく、利益からの納税をも含めたマクロの視点で「企業と社会の関係」を捉えることである。消費者がそのような視点で企業を捉えるようになれば、企業は堂々と利益と結びつけた社会貢献を行うことができるようになり、社会全体の公益は増加することになる。ここでは、その仕組みについてみていく。

まずは、「企業と社会の関係」をミクロの視点でみてみよう。その場合、消費者は、マーケティングを考えながら、自らの利益を高めるために、社会貢献を行っている企業よりも、フィランソロピーとして社会のためだけに社会貢献を行っているのであり、マーケティングの成果は全く求めていないと主張している企業の方が、社会にとって良き存在であると捉えることになる

であろう。
　しかし、マクロの視点で捉え直すと、企業がマーケティングを考えずに、社会貢献を行うということは、見返りがないため、その分、利益が減ることになる。利益が減るということは、納税を通した社会貢献額が減少することになる。一方、CRM として、社会貢献をマーケティングと結びつけると、社会貢献を通して企業に利益が生じ、社会貢献により減った利益を補っていくことになる。利益は、納税を通して間接的な社会貢献につながると同時に、Drucker（1954）[58] も指摘しているように「企業は社会の機関であり、その目的は社会にある」限り、その利益を活用し本業を通して直接的に何らかの形で社会に貢献していくことになる。
　石井（1992）[59] では、このフィランソロピーによる税金の減額問題を指摘している。同稿は「メセナ事業として展開する公共性の高い分野をどのようにして見分けるのか」[60] という公共性の問題を提起し、「企業という私人による他の利害関係者を排除したある種独占的意思決定」を行うことが、「公共的分野における歪んだ資源配分をもたらすと考えられる」と指摘している。フィランソロピーとしてコーズ支援を行い、利益が減ずる場合は、石井（1992）[61] が指摘するような問題が発生する。その問題を解決するためにも、コーズ支援を CRM により利益に結びつけて、社会貢献により減じた分の利益を補い、納税額を保っていくことが重要であろう。
　この関係を図示したものが図表 3-9 である。左側の列のように、本業以外の社会貢献を行っていない企業の場合、本業を通した社会貢献に加え、利益が出ていれば納税を通した社会貢献がなされ、公益に寄与することになる。次に、真ん中の列のフィランソロピーを通して社会貢献を行った企業の場合、左の列の社会貢献を行っていない企業と比べ、フィランソロピーを通した社会貢献の分だけ、公益に寄与することになる一方、利益が減ることにより、納税による社会貢献を通した公益に対する寄与は減ずることになる。最後に、右の列のように、CRM を通して社会貢献を行った場合、真ん中の列のフィランソロピーを通して社会貢献を行った場合と比べて、マーケティング効果によって増えた利益が納税に回った分に関しては間接的に、また、本

第 3 章　コーズ・リレーテッド・マーケティングを通した企業と公益のありかた　115

図表 3-9　企業と公益

社会貢献を行わない場合の公益	フィランソロピーとして社会貢献を行った場合の公益	CRMとして社会貢献を行った場合の公益
		CRMから生じた利益からの本業を通した社会貢献
		CRMから生じた利益からの納税による社会貢献
	フィランソロピーによる社会貢献	CRMによる社会貢献
納税による社会貢献	納税による社会貢献／納税額の減少分	納税による社会貢献／納税額の減少分
本業を通した社会貢献	本業を通した社会貢献	本業を通した社会貢献

業に回った分に関しては本業を通して直接的に公益に寄与するため、フィランソロピーを通して社会貢献を行う場合よりも、より公益に寄与することになる。

　また、筆者が行った調査では、CRMを意識せずに、消費者の支持を得ていないコーズを支援した場合、企業が社会貢献を行うことにより、マイナスの効果がでる場合があることが判明している[62]。マイナス効果が出れば、利益は減ずることになり、結果として、納税を通した社会貢献額も減ずることになる。そのような事態を避けるためにも、企業が社会貢献を行う際には、CRMを意識して行うべきといえよう。

　さらに、CRMを通した利益は、PEP効果を考慮すると、より増大することが期待できる[63]。PEP効果とは、Profit equals Price 効果の略であり、寄付を利益と連動させた場合と、価格（すなわち売上げ）と連動させた場合を、消費者が混同してしまう効果である。つまり、売上げの1％の寄付と表記した場合と、利益の1％の寄付と表記した場合の効果が同じであることになり、売上と連動させるよりも利益と連動させた方が、より効果的になる。

また、CRMの仕組みの継続性を鑑みても、寄付を売上げと連動させるよりも、利益と連動させる方が良いといえよう。なぜならば、利益が出ていない時に無理に寄付を行うと、企業に過度の負担が生じ、その仕組みが長続きしないことになるからである。つまり、寄付を利益と連動させることにより、利益が出た時のみ、無理なく寄付を行うことになり、景気の変動による影響を避けることが期待できる。

　「企業と社会の関係」をミクロの視点で捉えた消費者の下では、企業はCRMを通して社会貢献と利益を結びつけることが難しくなる。一方、消費者が「企業と社会の関係」を、納税をも含んだ社会全体の公益を考慮したマクロの視点で捉えれば、企業はそれに呼応し、CRMを通して堂々と社会貢献と利益を結びつけることができる。そして、結果として、社会全体の公益増に寄与できることになる。つまり、CRMを通して社会の公益を増大させるためには、消費者が納税をも含め、広い視野で「企業と社会の関係」を捉えることが重要になる。

おわりに

　日本企業は2012年度から3年間、東日本大震災からの復興財源として、法人税額の10%を「復興特別法人税」として別途負担している[64]。本章でみてきたように、企業はCRMを導入し、社会貢献をコミュニケーションすることにより、利益増を通してより多くの法人税を納めることができることになる。

　特に復興に関する支援活動については、それを通して利益をあげることに抵抗を覚える企業も多かろう。しかし、「企業と公益の関係」を重視し、復興支援についても積極的にCRMを導入することにより、それをコミュニケーションし、利益に結びつけ、直接的な復興支援に加え、復興特別法人税を通した間接的な支援に資することが望まれる。

　　　　　　　　　　　　　　　　　　　　　　　（世良　耕一）

注

1) Hamula, Scott R. (2006), "Sales Promotions as Nontraditional Revenue: A Comparison of Television and Radio," *Journal of Promotion Management*, Vol.12, Iss. 2, pp.19-33.
2) 世良耕一 (2012)「コーズ・リレーテッド・マーケティング受容のために求められる俯瞰」『CEL (Culture, Energy and Life)』(大阪ガスエネルギー・文化研究所) Vol.98、pp.34-37 を加筆修正したもの。
3) MacMillan English Dictionary, 2002.
4) Coomes, Steve (2009), "Cause Marketing Takes KFC's 'Freshness' Message to The Streets," *Nation's Restaurant News*, Vol.43, Iss. 18, pp.84-85.
5) Mescon, Timothy S., Donn J. Tilson, and Robert Desman (1995), "Corporate Philanthropy: A Strategic Approach to the Bottom Line," *Philanthropy and Economic Development* (edited by Richard F. America), Greenwood Pub Group, pp.54-64.
6) Kelley, Bill (1991), "Cause-Related Marketing: Doing Well While Doing Good," *Sales and Marketing Management*, Vol.143, Iss. 3, pp.60-64.
7) Mescon, Timothy S., Donn J. Tilson, and Robert Desman (1995), 前掲書。
8) Josephson, Nancy (1984), "AmEx Raises Corporate Giving to Marketing Art," *Advertising Age*, Jan 23, pp.M10-11, M14.
9) Kelley, Bill (1991), 前掲論文。
10) マセンギル, リード (1999)『アメリカン・エキスプレスの歩み』アメリカン・エキスプレス。
11) Andreasen, Alan R. (1996), "Profits for nonprofits: Find a Corporate," *Harvard Business Review*, Vol.74 Iss.6, pp.47-59.
　　Hunt, Avery (1986), "Strategic Philanthropy," *Across The Board*, Vol.23, Jul-Aug, pp.23-30.
　　Josephson, Nancy (1984), 前掲論文。
　　Lachowetz, Tony and Richard Irwin (2002), "FedEx And The St. Jude Classic: An Application of A Cause-Related Marketing Program (CRMP)," *Sport Marketing Quarterly*, Vol.11, Iss. 2, pp.114-116.
　　Smith, Warren and Matthew Higgins (2000), "Cause-Marketing: Ethics and ecstatic," *Business and Society*, Vol.39, Iss.3, pp304-322.
　　Wall, Wendy L. (1984), "Helping Hands: Companies Change The Ways They Make Charitable Donations ---'Enlightened Self-Interest' Is Used in Selecting Donees; Eyeing Cash Substitutes --- Failure of a Worthy Cause," *Wall Street Journal (Eastern edition)*, Jun 21.
12) Josephson, Nancy (1984), 前掲論文。
13) Mescon, Timothy S., Donn J. Tilson, and Robert Desman (1995), 前掲書。
　　Miller, William H. (1990), "Doing Well by Doing Good; "Cause Related Marketing" Proliferates, Benefiting Both Companies and Charities," *Industry*

Week, Nov 5, pp.54-55.
14) Andreasen, Alan R. (1996), 前掲論文。
 Hunt, Avery (1986), 前掲論文。
 Lachowetz, Tony and Richard Irwin (2002), 前掲論文。
 Medcalf, Graham (2006), "Social Activism," *NZ Marketing Magazine*, Vol.25, Iss. 11, pp.14-19.
 Ptacek, Joseph J. and Gina Salazar (1997), "Enlightened self-interest: Selling business on the benefits of cause-related marketing," *Nonprofit World*, Vol.15 Iss. 4, pp.9-13.
 Wall, Wendy L. (1984), 前掲紙。
15) Caesar, Patricia (1986), "Cause-Related Marketing: The New Face of Corporate Philanthropy," *Business & Society Review*, Vol.59, pp.15-19.
16) Hunt, Avery (1986), 前掲論文。
 Mescon, Timothy S., Donn J. Tilson, and Robert Desman (1995), 前掲書。
 Wall, Wendy L. (1984), 前掲紙。
17) Mescon, Timothy S., Donn J. Tilson, and Robert Desman (1995), 前掲書。
 Wall, Wendy L. (1984), 前掲紙。
18) Hunt, Avery (1986), 前掲論文。
 Lachowetz, Tony and Richard Irwin (2002), 前掲論文。
 Medcalf, Graham (2006), 前掲論文。
19) Josephson, Nancy (1984), 前掲論文。
 Mescon, Timothy S., Donn J. Tilson, and Robert Desman (1995), 前掲書。
20) Lachowetz, Tony and Richard Irwin (2002), 前掲論文。
 Mescon, Timothy S., Donn J. Tilson, and Robert Desman (1995), 前掲書。
 Wall, Wendy L. (1984), 前掲紙。
21) Andreasen, Alan R. (1996), 前掲論文。
 Caesar, Patricia (1986), 前掲論文。
 Hunt, Avery (1986), 前掲論文。
 Ptacek, Joseph J. and Gina Salazar (1997), 前掲論文。
 Miller, William H. (1990), 前掲論文。
22) Miller, William H. (1990), 前掲論文。
23) マセンギル, リード (1999), 前掲書。
24) Mescon, Timothy S., Donn J. Tilson, and Robert Desman (1995), 前掲書。
25) Josephson, Nancy (1984), 前掲論文。
26) マセンギル, リード (1999), 前掲書。
27) Josephson, Nancy (1984), 前掲論文。
 マセンギル, リード (1999), 前掲書。
28) Medcalf, Graham (2006), 前掲論文。
 Miller, William H. (1990), 前掲論文。
29) http://www.americanexpress.com/japan/legal/company/philanthropy.shtml

(2013年1月28日アクセス)。
30) Barnes, Nora Ganim (1991), "Philanthropy, Profits, and Problems: The Emergence of Joint Venture Marketing," *Akron Business and Economic Review*, Vol.22, Iss. 4, pp.78-86.
　　Barnes, Nora Ganim and Dbra A. Fitzgibbons (1992), "Strategic Marketing for Charitable Organizations," *Health Marketing Quarterly*," Vol.9, Iss.3,4, pp.103-114.
31) Smith, Warren and Matthew Higgins (2000), 前掲論文。
32) Barnes, Nora Ganim (1991), 前掲論文。
　　Barnes, Nora Ganim and Dbra A. Fitzgibbons (1991), "Business-Charity Links: Is Cause Related Marketing in Your Future?," *Business Forum*, Vol.16, Iss. 4, pp.20-23.
33) Eikenberry, Angela M. (2009), "The Hidden Costs of Cause Marketing," *Stanford Social Innovation Review*, Vol.7, Iss. 3, pp.51-55.
　　Nickel, Patricia Mooney and Angela M. Eikenberry (2009), "A Critique of the Discourse of Marketized Philanthropy," *American Behavioral Scientist*, Vol.52, Iss. 7, pp.974-989.
34) 世良耕一 (2008a)「コーズ・リレイテッド・マーケティングの概観とCSRへの援用可能性」『月刊フィランソロピー』No.311、8-11頁、および世良耕一 (2009)「コーズ・リレーテッド・マーケティングの位置付けとそのCSR全般への援用について」『日本経営倫理学会誌』第16号、251-258頁を加筆修正したもの。
35) 「広報会議（PRIR）　2006年7月号」宣伝会議、20-25頁。
36) 「CM INDEX 2006年1月号」第21巻第1号、CM総合研究所、59頁。
37) 八巻俊雄 (2005)「量より質　テレビCMの売上効果」『日本広告学会第36回全国大会報告要旨集』104-106頁。
38) 八巻俊雄 (2006)「TVCMの売り上げの効果は量より質」『マーケティング　ホライズン』第571号、14-16頁。
39) 世良耕一 (2009)、前掲論文を加筆修正したもの。
40) 荒川祐吉 (1978)『マーケティング・サイエンスの系譜』千倉書房。
　　上原征彦 (1999)『マーケティング戦略論　実践パラダイムの再構築』有斐閣。
　　嶋口充輝 (1984)『戦略的マーケティングの論理』誠文堂新光社。
41) 荒川祐吉 (1978)、前掲書。
42) Husted, Stewart W. and Francis R. Whitehouse, Jr. (2002), "Cause-Related Marketing via the World Wide Web: A Relationship Marketing Strategy," *Journal of Nonprofit & Public Sector Marketing*, Vol.10, Iss. 1.
43) Kotler, Philip (2000), *Marketing Management, the Millenniumu Edition*, Prentice Hall.
44) Kotler, Philip (2000), 前掲書。
45) Husted, Stewart W. and Francis R. Whitehouse, Jr. (2002), 前掲論文。
46) Kotler, Philip (2000), 前掲書。

47) 世良耕一（2009）、前掲論文。
48) 東徹（1991）「拡張されたマーケティング概念の形成とその意義（2）」『北見大学論集』第24号、63-91頁。
49) Kotler, Philip（2000）、前掲書。
50) Bearden, William O, Thomas N. Ingram、and Raymond W. Laforge（2004）, *Marketing: Principles & Perspectives*, MacGraw-Hill.
51) Fill, Chris（2002）, *Marketing: Communications, Contexts, Strategies, and Applications*, Prentice Hall.
52) ポーター, マイケル E. マーク R. クラマー（2011）「Creating Shared Value：経済的価値と社会的価値を同時実現する共通価値の戦略」『ダイヤモンド Harvard Business Review』June, pp.8-31。
53) ポーター, マイケル（2011）「CSR の呪縛から脱却し、『社会と共有できる価値』の創出をマイケル・ポーター米ハーバード大学教授が提示する新たな枠組み」日経ビジネスオンライン（中野目純一、広野彩子によるインタビュー記事）http://business.nikkeibp.co.jp/article/manage/20110516/219999/?rt＝nocnt。
54) ポーター, マイケル E.・マーク R. クラマー（2011）、前掲論文。
55) 世良耕一（2012）、前掲論文を加筆修正したもの。
56) このボルヴィックのケースについては、世良耕一（2010）「コーズ・リレーテッド・マーケティングにおける『正直なコミュニケーション』の必要性について」『日経広告研究所報』（日経広告研究所）252号、27-34頁に詳しい。
57) 世良耕一（2012）、前掲論文および世良耕一（2010）、前掲論文を加筆修正。
58) Drucker, Peter F.（1954）, *The Practice of Management*, Harper & Row（上田惇生訳『現代の経営（上）』ダイヤモンド社、2006年）。
59) 石井淳蔵（1992）「企業メセナの新しい視点」『マーケティング・ジャーナル』第11巻3号、15-23頁。
60) 石井（1992）ではメセナとフィランソロピーを同義と捉えている。
61) 石井淳蔵（1992）、前掲論文。
62) 「CRM において消費者の支持を得ていないコーズを支援した場合」については、世良耕一（2004）「コーズ・リレイテッド・マーケティング評価に影響を与える要因に関する一考察〜『消費者とコーズの関係』からのアプローチ〜」『広告科学』第45号、90-105頁に詳しい。
63) PEP効果については、世良耕一（2008b）「コーズ・リレイテッド・マーケティングにおける寄付表記がもたらす影響に関する一考察」『広告科学』第49集、46-61頁に詳しい。
64) 日本経済新聞（2013年1月8日）。

column

地域おこしと公益
― 「ハトムギ」から始まった地域おこし

田上　政輝

　氷見市は能登半島付け根の東側、富山湾に面した富山県北西部に位置する。人口5万人程度の漁師町で「寒ブリ」では全国区の知名度を誇る。
　その小さな田舎町が「ハトムギ」での地域おこしで徐々に有名になりつつある。この事業に関わって分かったことは、自分のこと、自分の組織のことを第一に考えていては地域おこしは成功しないということである。営利・自分本位では住民や行政などの支援は得られない。地域第一をうちだして初めて支援の手が方々から寄せられるのである。つくづく地域おこしは、地域・市民みんなのためのものであり、公益に近い事業であると思った。
　8世紀中葉、万葉の歌人、大伴家持が越中の国守として赴任中、氷見市へ舟遊びに出かけた歌が多く残されている。そんな土地は今でも湿田が多く、米の代表的転作作物の小麦や大豆が育たず、昭和60年代からハトムギが栽培されるようになった。
　そのハトムギが注目されだしたのは、平成17年JA氷見市の「氷見はとむぎ茶」ペットボトルタイプ飲料の発売による。ハトムギ生産者からは市場の2倍以上の価格で買い取る、1本販売につき氷見市へ5円の寄付をする（平成24年は1,000万円の寄付）、我々のハトムギ事業の視察に来られる団体には氷見市内での宿泊か昼食の条件をつける等の施策も功を奏した。
　元々、ハトムギは2000年前の中国、江戸時代以降の日本で医学書に登場し、今でも民間薬や化粧品として使われている。その中で肌の活性化を科学的に証明し、もっと付加価値を付け、高機能のエキス化や商品化を図るべく、金沢大学医学部や薬学部の先生方と連携の活動を進めている。
　そうした取り組みが農業振興や地域貢献に大きく寄与し、国が進める「農商工連携」や「6次産業化」のモデルケースとして行政や農業団体等が数少ない成功事例として認めてくれるようになった。
　特に昨年頃からは富山の配置薬老舗メーカー廣貫堂や歯磨きのサンスターがこのエキスを使った美肌商品を開発・発売するに至り、その傾向が

顕著になってきた。
　国内には閉塞感が蔓延する今日、農業には全く縁のないキャリアの私が多様な可能性を秘めた「ハトムギ」で地域活性化の一翼を担えたのは、地域を意識し、地域と共に共創の姿勢で動けたことが大きい。

（㈱アグリリンクテクノロジー　取締役総合企画部長）

第4章

政府系公益法人の不都合な真実

はじめに

　政府系公益法人は、公益法人制度が発足した1898（明治31）年以来、政府御用達の法人として「官益」「省益」に奉仕してきた歴史がある。これを「民益奉仕」に切り替えるには、行政の委託契約を完全な一般競争契約に改めなければならない。

1. 天下りと補助金の相補関係

　「政府系公益法人」と言う場合、通常2つの意味から用いられる。1つは、所管の省庁から役員などに天下りを受け入れている法人、もう1つは所管省庁から補助金等を交付されている法人である。この「天下り」と「補助金等」の2つは、ほとんどの場合、相補関係にあって結び付く。すなわち、所管省庁の翼下に天下り法人が補助金等で事業を賄う構図である。官僚と法人との癒着という意味では、むしろ「行政系公益法人」と呼んだ方がふさわしいであろう。

　実態面から見ると、民間法人を使った事実上の官業を「行政委託事業」の形で補助金等を使って展開し、法人の役員に天下りを送り込んでこれを支配する図である。このような性質から政府系公益法人はこれまで「官の聖域」として扱われ、法人の中にはなるべく目立たないように振る舞うものもあった。

　これら官僚の息がかかった法人の実数は、どのようか。行政から事業を委

託され、実施している、いわゆる「行政委託型法人」が、行政と「天下り・補助金等」の一体関係にあり、官僚の息がかかった法人である。

2008年12月以前の旧公益法人制度時代の総務省統計（調査時点07年10月1日）によると、国所管の行政委託型法人数は410で、全所管法人数6,720の6.1％に相当する。都道府県が所管する行政委託型法人数は1,342。全法人数1万8,056の7.1％に当たる。行政委託型法人は全部で1,752法人に上る。これら行政委託型法人は、08年12月から施行された新制度下で一部は他法人と合併・再編しつつも、その多くが5年間の移行期間に公益財団もしくは公益社団法人に衣替えする見通しだ。

各省庁は、新制度下で従来の行政委託型法人との関係の見直しを余儀なくされることとなる。

行政委託型法人が実施する事務・事業は委託・推薦に大別され、内容は講習研修や国家試験、検査・検定、登録、調査研究など多岐にわたる。

こうした委託型事業を行う963法人に対し、国は補助金や委託金を計3,524億円交付している（06年度決算ベース）。各都道府県からの補助金、委託金等は5,216法人に対し6,534億6,000万円。

一方、天下り状況を見ると国所管法人の理事のうち、国家公務員出身者は全所管法人の半分に当たる3,350法人に9,288人を数える。地方公務員出身者は都道府県所管法人の3割近い4,996法人に1万3,090人に上る。

国・地方公務員の実に2万2,000人超が傘下の公益法人に役員として天下っていることになる。このうち所管官庁OBが理事現在数の3分の1を超えている法人数は、国所管法人で160法人、都道府県所管法人で488法人に上る。

天下りと補助金供給の相補関係は、どのようなカラクリか。手元に興味深い厚生労働省の内部資料がある。いや、かつて内部資料だったものが、筆者が長妻昭厚労大臣（当時）に委員を委嘱され、座長を務めた「厚生労働省独立行政法人・公益法人等整理合理化委員会」で、委員側の要求から同省が委員会に提出して明るみに出たのだ。厚労省と行政委託型法人の〈天下り・補助金交付〉の関係が、ここから浮かび上がる。同様の関係は、他の省庁にも

当てはまる。因みに、厚労省所管公益法人は省庁別所管の中で最も多く、国所管法人全体の約3割を占める。

資料のタイトルは「国等との関係が強い所管公益法人の類型別法人一覧」。提出時期は10年11月。資料にある「国OBの有無」は、役員については10年7月1日時点、職員については10年4月1日時点のものだ。

同資料によると、厚労省との関係が強い所管の公益法人には、次の6つのカテゴリーがある。

① 指定に基づき国からの交付金等を受けて事業を実施しているもの（6法人）
② 指定を受けて国家試験・有資格者登録業務を実施し、受験料・登録料を得ているもの（14法人）
③ 指定を受けて審査業務を実施し、審査に係る収入を得ているもの（1法人）
④ 登録を受けて機械等の検査・検定業務を実施し、検査料等を得ているもの（4法人）
⑤ 指定又は登録により行われる研修、講習業務（39制度　該当する指定制度は全て複数法人指定が可能）
⑥ 国（厚労省）から予算上相手先が特定されている補助金等を受けて事業を実施しているもの（①に該当するものを除く）（39法人）

2. 指定法人で官業を立ち上げ

①の「指定に基づき国からの交付金等を受けて事業を実施している法人」とは、いわゆる「指定法人」のことである。

指定法人に対し、国は法令に基づき指定した法人に特定の事業を実施させることができる。事業資金は国からの交付金で賄うから、行政と完全に一体化した法人だ。厚労省所管の指定法人の6法人の役員には、すべて厚労省OBが天下り「指定席」に座る。

事業規模、国費投入規模で見ると、6法人中最大なのは財団法人「21世

紀職業財団」(ただし交付金は2011年度限り)。09年度の総事業収入は約63億3,600万円、国支出額は約60億4,100万円に上る。事業内容は、パートなど短時間労働者向け雇用管理改善事業関係の給付金の支給や育児・介護を行う労働者の雇用継続のための給付金支給、育児・介護労働者や事業主に対する相談や援助などである。

この事業を実施するよう「21世紀職業財団」に指定している法律が、「短時間労働者の雇用管理の改善等に関する法律第25条第1項」および「育児休業、介護休業等育児又は家族介護を行う労働者の福祉に関する法律第36条第1項」。このように、国は行政の事業として合法的に所管の公益法人に実施させ、自省の天下り公務員OBを送り込んできた。

指定6法人中、高齢化社会の到来に伴い介護関連事業で急成長を続けているのが財団法人「介護労働安定センター」だ。事業内容は、介護労働者の雇用管理の改善、能力の開発・向上、介護労働講習、相談業務、その他の支援事業である。

ホームページを見ると、1992年4月に労働大臣から公益法人の設立許可を得ている。ところが、そのわずか3カ月後には「指定法人」に指定された。指定の根拠法令は、同年7月に施行された「介護労働者の雇用管理の改善等に関する法律」。その後、2000年4月の介護保険法施行、05年4月からの制度改正などを通じ同財団の事業範囲は急拡大していく。

この迅速な指定が意味するものは、何か。当時、労働省(現厚労省)が法令施行に合わせて公益法人を設立することを決め、設立後ただちに指定法人にした、ということだ。つまり、介護需要の高まりを見越した厚労省がこの分野で法令施行と共に「官業」を立ち上げたのである。最初から「政府子会社」として出生した法人といえる。

事業の中に、需要が高まる介護サービス技能を養成する「講習」がある。そのプログラムには、介護福祉士や介護支援専門員向けなどと並んでホームヘルパーの「資格」を与える「講習」もあり、同法人の支部が47都道府県知事の認可の下、「資格」を修了証書の形で交付している。役員体制は当初、理事長をはじめ常勤役員の4分の3が天下りという状態だった。

ここに見られる問題は、①国が天下り法人に独占事業として事実上の「資格」授与につながる講習などを行い、その利益を独り占めしている、②この事業の大部分が国民の税金（交付金）で賄われている（09年度国支出額約30億4,600万円）、③国の優遇措置を受け資金力のある政府系公益法人による民業の圧迫—である。

「指定法人」は、国から法令に基づく指定を受け、交付金を得て事業を実施する点で「官業」に等しい。政府はこれを民法第34条に基づいて設立を許可した公益法人（現在は公益財団法人）に請け負わせた。ここに行政と一体化して実質的に政府の子会社役を担う政府系公益法人の実態を見ることができる。

ほかの指定4法人は、次の通りだ。

社団法人「日本看護協会」が、その1つ。看護師や保健師、助産師など看護職の資格を持つ個人が加入し運営する日本最大の看護職能団体。事業内容は専門看護師や認定看護管理者の認定、研修や学会の開催、看護職員の労働条件などの調査・研究、看護職の環境づくりなどだ。

指定法人とされた根拠法は、「看護師等の人材確保の促進に関する法律第20条」。09年度の総事業収入は約48億6,800万円、国支出額は約2億8,100万円。

このほかに財団法人「全国生活衛生営業指導センター」、同「港湾労働安定協会」、社団法人「全国シルバー人材センター事業協会」が指定法人に名を連ねる。うち事業規模が最も大きい港湾労働安定協会は、港湾労働者の派遣契約のあっせん、派遣元責任者に対する研修、港湾労働者に対する相談援助、技能訓練などを行う。09年度の総事業収入は約33億6,700万円、国支出額は約4億1,900万円。

厚労省所管の指定法人には、これ以外にも財団法人「テクノエイド協会」と同「長寿社会開発センター」がある。テクノエイド協会は、資格認定に係わり、義肢装具士の国家試験を独占的に行う一方、福祉用具の研究開発・普及促進の助成などに対し国から公費を受け取る。

長寿社会開発センターは、老人健康保持事業に関する啓発普及・援助に対

し国から公費を受け取る。双方の助成事業への交付金は09年度で打ち切られた。

　テクノエイド協会が行うような国家試験の問題点は、① 国家資格自体が「参入規制」になり、独占的な国家試験機関として利権を独り占めにする、② 競争性が働かないため、試験や資格手続きが高価格となりやすく受験生に不利、③ 当国家試験が時代の流れから必要でなくなっても既得権益を守るため温存される恐れ、④ 国の公的資金で支援が続くため、経営が放漫になりがちで、合理化・コストダウンが十分なされずに国民負担が重くなりやすい、などである。

3. 規律なき指定法人

　法令を根拠に行政代行の機能を担う「指定法人」について旧総務庁は1996年8月から11月にかけ初の実態調査に入ったことがある。主務官庁もしくは都道府県所管の720の指定法人が調査対象となった。公益法人の天下り状況や情報公開が曲がりなりにも改善されるのは、「公益法人の設立許可及び指導監督基準」が閣議決定された96年9月以降だから、当時の総務庁調査は野放しにされていた公益法人の実像を明らかにした。

　この調査結果から、次の驚くべき事実が浮かび上がった。
　①　委託された事業を全然やっていない
　②　制度的に不要になったのに委託指定事業として残っている
　③　委託された事業を他の公益法人に"丸投げ"して儲けている
　④　「認定」の推薦事業を利用して会員を増やし利益を図った
　⑤　委託された助成金の交付を特定の団体に優先的に決めていた
—などである。

　このことは、「指定法人」が規律を失って勝手な利益追求に走り、腐敗したことを物語る。

　次の公益法人タイプ②に移ろう。
　「指定を受けて国家試験・有資格者登録業務を実施し、受験料・登録料を

受けているもの」である。厚労省所管下に全部で14ある。前出の「指定に基づく」指定法人と違い「指定基準があり、これに合致していると判断された法人」と役所は説明するが、指定法人との実質的な違いはない。指定法人が法令に基づき「この事業をやれ」と役所に命じられてやるのに対し、「法令に示された指定基準でできると判断されたからやる」との差である。

　タイプ②の事業内容は、国家試験と資格登録業務である。たとえば財団法人「柔道整復研修試験財団」は、骨つぎなどを行う柔道整復師の国家試験を行い、合格者を登録する。指定根拠法は「柔道整復師法第13条と第8条」である。

　財団法人「理容師美容師試験研修センター」は美容師、理容師の国家試験と資格登録の機関。同「社会福祉振興・試験センター」は、社会福祉士や介護福祉士の試験・登録機関である。

　理容師の実技試験課題を見ると、カッティング、シェービング、顔面処置及び整髪とある。美容師はカッティングとオールウェーブセッティングが実技課題だ。

　臨床工学技士の国家試験を独占的に行う財団法人「医療機器センター」も、タイプ②だ。臨床工学技士とは、人工透析の際の生命維持装置を保守点検する技術者のことである。

　根拠法令の「臨床工学技士法第17条」の施行時（1988年4月）には同財団はすでに指定を受けていたから、この国家試験を実施させる公益法人として同財団がはじめから考えられていたことは疑いない。

　臨床工学技士法は、指定試験機関の申請者が公益法人以外の者である場合は「指定をしてはならない」としている。どう転んでも同財団が指定法人になるように法律で固められているわけだ。

　同財団の場合、前出の介護労働安定センターと同様、所管官庁（現厚労省）が臨床工学技士の国家試験を実施させるシナリオづくりを進めたのである。同技士養成所などで受験資格を得た者が国家試験の対象となる。受験手数料の額は政令で定めることになっている。過去に約2割（01年3月）も一挙に上げるなど、デフレ不況下では考えられない引き上げもあったが、受

験者側にその理由を十分に説明した形跡はない。

　タイプ②はこのほかに財団法人「東洋療法研修試験財団」、同「日本救急医療財団」、同「医療研修推進財団」、同「歯科医療研修振興財団」、同「給水工事技術振興財団」、同「安全衛生技術試験協会」、同「テクノエイド協会」、社団法人「日本作業環境測定協会」、同「日本労働安全衛生コンサルタント会」がある。

　タイプ③の「指定を受けて審査業務を実施し、審査に係る収入を得ているもの」は1法人のみである。社団法人「国民健康保険中央会」がそれだ。

　事業内容は、原爆被爆者の援護や感染症の予防医療、障害者や母子、戦傷病者、石綿健康被害などにわたる公費負担医療を巡る診療報酬請求書の審査及び、国民健康保険団体連合会の委託を受けて行う高額診療報酬明細書の審査がある。公費は投入されていないが、独占的な審査による収入を得る。ここにも厚労省OBが天下る。

　09年度の総事業収入は約5,263億3,100万円。うち審査収入は約3億9,300万円。

4. 検査・検定の甘い蜜

　次のタイプ④は、「登録を受けて機械等の検査・検定業務を実施し、検査料等を得ている」検査・検定法人だ。4法人あり、いずれも労働安全衛生法を根拠法令とする。

　このうち最も知られる社団法人「日本ボイラ協会」は、ボイラーなど特定機械の製造時検査や性能検査及び各種機械の個別検定（検査に基づき合否、資格を決定）の代行業務を行う。むろん幹部・職員に厚労省OBが天下る。

　09年度総事業収入は約40億2,800万円。補助金など公費の投入はないが、独占的な検査・検定で収益を上げる。09年度の検査・検定の収入は約24億4,300万円。

　ほかの検査・検定法人に、いずれも社団法人の「ボイラ・クレーン安全協会」、「日本クレーン協会」、「産業安全技術協会」がある。

タイプ⑤は、「指定又は登録により行われる研修、講習業務」。該当する指定制度は全て複数法人指定ができる。

たとえば労働安全衛生規則を根拠法令に研修・講習を行うケースでは、産業医の選任要件となる研修を実施する指定産業医研修機関は社団法人「日本医師会」が指定され、研修を行う。

クリーニング師研修では、クリーニング業法により財団法人「全国生活衛生営業指導センター」が研修を行う。精神保健判定医に対する養成研修は、心神喪失等の状態で重大な他害行為を行った者の医療及び観察などに関する法律を根拠に社団法人「日本精神科病院協会」が研修を実施する。

行政が指定する研修・講習の範囲は広いため、どの分野でもおなじみの行政委託型法人、すなわち補助金等を受け取り事業を実施する天下り法人が顔を出す。たとえば、医療機器メーカーや医療機器修理業者の責任技術者の資格要件。この講習会は前出の「医療機器センター」が担当する。管理美容師や理容師の資格認定講習会は、前出の「理容師美容師試験研究センター」が担う。

建築物の衛生的環境の確保についての講習は、社団法人「全国ビルメンテナンス協会」、財団法人「ビル管理教育センター」などが引き受ける。講習内容は「清掃作業従事者研修」、「空気環境測定実施者講習」、「空調給排水管理監督者講習」など。

調理技術のような「労働者の有する技術検定」というものもある。職業能力開発促進法に基づき、社団法人「調理技術技能センター」など4法人が実施する。

指名・登録制度の中で最も多くの法人が関与するのが、労働安全衛生法に基づく技能研修だ。日本クレーン協会など113法人が、それぞれの分野で実施する。

このように法に基づく制度を"横串"に、多くの産業分野にある行政委託型公益法人が研修・講習に関与する。

次のタイプ⑥は、「国から予算上相手先が特定されている補助金等を受けて事業を実施しているもの」だ。行政がはじめから予算の支出先を決めてい

る特別優遇法人である。タイプ①の「指定法人」を除いて39法人ある。

これは「名宛て補助金」と呼ばれるものだ。受け取り先法人は、指定法人と並び「国との関係が最も強い」と言える。問題は、予算の支出先がこれらの法人に特定される理由が明示されていないことだ。なぜ自由契約にできないのか、その理由が不明なら一般競争入札に改めなければならない。

この種の法人は毎年、事業用に自動的に予算を受け取る。補助金の額が最も大きい社団法人「日本労働者信用基金協会」の場合、2010年度予算で約139億800万円の補助金を交付されている。うち137億円超が「雇用開発支援事業」向けだ。総事業収入約313億6,600万円のうち、補助金収入が44％を占める。

自動収入式予算はムダ遣いをもたらしやすい。果たして有効活用されているか、精査する必要がある。

タイプ⑥の39法人の1つ、財団法人「産業医学振興財団」を取り上げてみよう。同財団はいわゆる「トンネル法人」。交付された研究用補助金を自らは仲介するだけで、産業医科大学や日本医師会などに再交付してきた。筆者が取材・調査した2000年5月当時、同財団総務部は「トンネル法人といわれるのは心外。目的を持った事業をやっている」とコメントしたが、同財団の役員・職員の給与と手当のすべて、法定福利費や役員・職員の退職手当積立金のほとんどを国からの補助金、つまり国民の税金で賄っていた内情については口を閉ざした。

同財団は10年度予算で補助金額約53億1,700万円を「産業医学振興財団等運営費」の名目で受け取り、総事業収入は10年度約66億1,000万円。収入の8割を補助金に依存している、いわゆる国の「丸抱え法人」の典型でもある。

もう一つ、財団法人「こども未来財団」を取り上げてみよう。

同財団の補助金名は「子育て支援事業助成等事業費」。10年度予算額は約10億8,300万円に上る。総事業収入は11億5,900万円だから、収入の9割強を補助金に依存する「丸抱え法人」の代表例の1つだ。しかも児童関連サービスの調査研究費8,699万円（09年度）の支出中、みずほ情報総研ほか

外部32機関に96％相当の8,351万円を再委託している「トンネル法人」でもある。

同財団はホームページで目的を次のように謳う。「こども未来財団は、平成6年、当時進行しつつあった少子高齢化現象を背景に、子どもを産み育てやすい環境づくりを進めることにより、児童の健全育成に寄与し、活力ある社会の維持・発展に資することを目的として、設立されました」

財団のネーミングと設立目的は立派だが、10年5月に実施された行政刷新会議の「事業仕分け」で、仕分け人から「財団の性格が問題であり、典型的な天下り不適切財団」、「基本的に財団が不要と考えられる」、「天下りの人件費のために国の補助金を使う必要なし」などと指摘された。

評決結果は、評価者12人全員が同財団について「見直しを行う」とし、取りまとめコメントでは同財団が蓄えた基金300億円を全額国庫に返納するよう求めると共に「典型的な天下り財団の例」と断じた。厚労省は指導・監督する立場にありながら見て見ぬふりをしてきたのだ。

5. 解決への道

「国との関係が強い」政府系公益法人は、以上のように6つの類型に分けられる。そこに共通して見られるのは「天下り」と「補助金等」で結ばれた関係である。それは公益法人の設立を許可し、指導・監督する権限を持つ所管省庁が、補助金・委託費などを交付する見返りに法人側が天下りを受け入れるというタテの支配・被支配の関係である。

この「天下り―補助金」のタテ関係は、政府のいずれの省庁に見られるばかりでない。国の下部機関といえる独立行政法人（独法）と公益法人との関係にも見られる。さらに国のやり方をモデルとした都道府県と所管公益法人の関係にも、同様に見られる。

すなわち、国と政府系公益法人の関係が、独法や地方自治体に移転していったのだ。官製の閉鎖的な行政事業ネットワークが、いつしか全国に種が蒔かれ、根を広げていったのである。

政府系公益法人の弊害を解消する道はないのか。筆者は前出の整理合理化委員会で政府系公益法人が持つ制度・慣行・契約上の問題に対し"横串"する形で、次のように整理合理化案をまとめ、報告書を10年12月に厚労大臣宛に提出した。

その内容は―

① 全指定法人は、指定根拠法令の検討を通して、その在り方を全面的に見直す。その検討は、関係する審議会等で行うこととする。指定根拠法令を存置する場合には、その指定先選定理由の情報公開、プロポーザル方式を含む参入要件、新たな指定基準など「新ルール」を制定する。

② 国家試験、国家資格等の試験料、登録料等については、指定を受けた法人が効率的に事業を行うのに必要な費用を賄うに足りる適正な料金となるよう見直す。

③ 機械等の検査・検定等の登録制度の運用については、民間参入を促進するため登録要件の緩和・見直し等を行い、登録法人数の拡大を図る。

④ 「特定の補助金等を特定の法人に毎年度交付する」いわゆる名宛て補助金は原則廃止する。当該補助金の政策的必要性が高い場合については、可能な限り競争的な選定となるよう検討する。また、予算上相手先を特定せざるを得ない場合には、情報公開を徹底し、透明性を確保する。

⑤ 委託事業を他法人に丸投げするなどにより、受け取った補助金等を第三者に再交付する公益法人に関しては、補助金等を国から直接事業実施法人に交付する仕組みに改める。また、高い専門性に基づき資金を配分する事業を行う法人については必要性が認められ得るが、その専門性を十分に検証する。

6. "横串"改革

　政府系の法人6タイプに対し委員の関心の高い一部の法人をヒアリングした上で、以上のような結論を引き出したのである。
　委員会はまた、この6タイプとは別に、需要がますます高まる介護ケアについて運営の委託のあり方を改めるべきとの提言も行った。これは介護施設入所者の高齢化と多様化する利用者のニーズに、行政が十分対応していないと認識したからだった。
　委員会は公益法人の前に独立行政法人の問題について協議していた。介護関連では、独法の国立重度知的障害者総合施設「のぞみの園」を取り上げ、次のように提言した。
　「独立行政法人直営によるサービス提供形態にとどまらず、特別養護老人ホームや社会福祉施設等を有する法人の運営手法を広く活用していくべきである。なお、その際は、入所者及び家族の意向に十分に配慮すべきである」
　のぞみの園も高齢者ケアを専門に行う特別養護老人ホームや老人保健施設を有する法人の活用が求められる、という趣旨である。
　こうした認識に立ち、国から労災特別介護施設の運営を委託された公益法人「労災サポートセンター」についてもヒアリングを行い、障害者や介護等の福祉施設の運営委託に関しては、次のように提言した。
　⑥　障害者や介護等の福祉施設事業の委託においては、特別養護老人ホームその他の社会福祉施設などを有する法人の活用を検討する。なお、その際は、利用者及び家族の意向に十分に配慮すべきである。

　労災サポートセンターは、被災労働者のうち在宅介護が困難となっている者（原則として60歳以上）に対し専門的な介護サービスを実施する労災特別介護施設を全国8カ所に持つ。委員会のヒアリングに対し、同センターは提出した資料の中で次のように述べた。
　「介護保険制度や障害者支援施策の充実に伴い、民間の事業者の中にも介

護に関し専門的なノウハウを有する事業者が多くなってきていることから（中略）実際に看護・介護の体制を構築でき得る事業者であれば運営することは可能である」

　これは、一括委託としていわば独占的に手掛けた事業に社会福祉法人を含む他の事業主体を参入させる可能性について語ったものだ。

　委員会はこの動きを踏まえ、介護サービスの向上や、コストダウンを実現するため、他事業者の活用を提言したのである。

7. 改革のマスターキー

　以上のような政府系公益法人の様々な問題を横串にして、共通の改革はできないか—。

　筆者はこの観点から「改革のマスターキー」を探求し、ついにこれを見つけるに至った。問題の扉を開けるカギは、予算の使途を巡る「情報公開」と「法律の遵守」であると見た。この問題解決の基本を法人に実行させることである。

　したがって、改革提言⑦は次のようになった。

　⑦　国の助成事業や委託研究事業などの主な契約内容および事業成果に関し、情報公開を徹底するため、インターネット上のホームページでの情報公開について共通の必要条件を明示したガイドラインを設ける。

　まずは情報公開である。国が公益法人を相手方とする委託契約を行う際、相手方は多くの場合はじめから契約が特定されている随意契約かこれに近い指名競争入札である。相手方が競争環境に置かれていないため、コスト高になるなど効率的に事業を実施できていない場合が見受けられる。企画競争方式を含め一般競争入札以外の場合には、特に情報公開を徹底し、契約相手先の選定理由などについて「どうしてそうしたのか」納得のいく十分な説明責任が果たされるべきだ。

　このように、はじめに情報公開がなされなければならないのだ。

次に、行政事業の契約の方法を考えてみる。

会計法第29条の3によれば、委託や売買などの国の契約は「一般競争が原則」なのである。随意契約は道路の陥没や橋の決壊のような緊急事態などに例外的に認められているにすぎない。

したがって──

⑧ 国は、公益法人に対して委託事業の契約を行う際に会計法第29条の3の規定（［契約方法・一般競争・指名競争・随意契約］）を遵守し、一般競争を原則とし、競争性及び公平性を確保した運用を徹底する。また、企画競争方式を含め、随意契約による場合には、特に情報公開を徹底する。

会計法を遵守し、一般競争契約を徹底するよう促したのだ。

この法令遵守を厚労省ばかりでなく全省庁に適用すれば、一般競争契約を普及させることができる。さらに委員会の提言には盛られなかったが、この会計法29条違反に罰則規定を設け、実効性を高めることが重要だ。

コンプライアンスの確立を図るため、違反には厳正に対処する姿勢を明確に打ち出さなければならない。提言では、コンプライアンス違反に対し処分の厳格化と情報公開の徹底を訴えた。

⑨ 法令に違反した法人に対し、法令に基づく行政処分や入札における指名停止などの厳格化を図るとともに、情報公開を通じて透明性を確保する。

公益法人問題は主務官庁の設立許可・指導監督の権限をバックに、補助金等の交付と見返りに天下り公務員OBを大量に送り込む慣行から成る。提言⑦～⑨は全省庁を対象に、例外なく不法な随意契約を自由競争となる一般競争契約に代える手続きを指す。情報公開・法律遵守・罰則厳格化がその一連の手続きを示すキーワードである。

この改革で、官庁と公益法人とを結ぶ随意契約のカネは断ち切られる。

契約の一般競争化に伴い、天下りの慣行も「根拠」を失う格好となる。こ

うして「官の聖域」は公費の供給が途切れることで、もはや生き延びることは難しい。官益法人が生き延びるには、その道のプロとなり、一般競争入札で勝たなければならない。

提言⑦～⑨はこのように"官製契約"に穴をあけ、正常な自由競争契約にするための手続きだ。それは契約の側から「一点突破」して官の聖域に侵入し、これを自由の園に変える試みである。

政府系公益法人は政府に密着して行政事業を実施しつつ、天下りの受け皿となって事実上の「官業」を担ってきた。この官業を普通の民業に戻すには、契約のあり方を抜本的に見直す―。

おわりに

厚生労働省独立行政法人・公益法人等整理合理化委員会の以上の改革提言を受け、厚労省は12年7月、対応状況をまとめ発表した。これを見ると、提言は全体として一定の成果を得たと評価できよう。

たとえばタイプ⑥のいわゆる「名宛て補助金」の問題。「国から予算上相手先が特定されている補助金等を受けて事業を実施している法人」がある。提言は「名宛て補助金は原則廃止」とした。

これに対し、厚労省は「対応中」とし、「12年度予算で対応可能なものから廃止した。13年度予算においても8月末の概算要求までに引き続き精査を行い、その結果を踏まえ必要な対応を検討する」と応じた。

12年度概算要求で廃止した法人は、6法人ある。「21世紀職業財団」「日本介護福祉士会」「日本介護福祉士養成施設協会」「日本社会福祉士会」「日本社会福祉士養成校協会」「シルバーサービス振興会」である。

これら6法人はそれぞれの事業に対し、これまで無条件で補助金を受け取ってきたわけだ。6法人の「名宛て補助金」の総額は約21億6,500万円（11年度）。

うち最も額の大きい「21世紀職業財団」の場合、育児休業労働者等支援交付金として約13億6,600万円、短時間労働者雇用管理改善等事業交付金

として雇用勘定に約4億8,100万円、同じ名目で労災勘定に約1億8,100万円の計約20億2,800万円を交付されていた。

同様の「名宛て補助金」は他省庁においても存在しているため、内閣として厚労省以外の全省庁に対し見直し・廃止を指示すべきと考える。

もう一つ、大きな成果として「第3者分配型補助金の解消」が挙げられる。これは「委託事業を他法人に丸投げするなどにより、受け取った補助金等を第3者に再交付する公益法人に関しては、補助金等を国から直接事業実施法人に交付する仕組みに改める」などとした整理合理化委員会の提言に対応したものだ。

受け取った補助金を委託事業を丸投げしている第3者に分配する、という「トンネル法人」への補助金のうち、解消分は8補助金・交付金に上る。厚労省がトンネル法人に対してではなく直接、委託事業を実施する法人に補助金を交付する当たり前の仕方に改めたのである。

以上の整理合理化委員会の「改革への提案」と厚労省の「対応状況」は、厚労省のホームページで見られるほか、筆者のホームページ www.the-naguri.com からも見ることができる。

公益法人は新制度施行以前、民法第34条に基づき主務官庁が「非営利で公益事業」と判断さえすれば、設立が許可されてきた（主務官庁制）。官僚はこの裁量権に目を付け、自らの「官益」追求に公益法人を利用したのである。ここに問題の淵源があった。

公益法人問題が行政改革の要とされるのも、全体で約2万4,000に上った法人の中で、民間法人の覆面を被って様々な仕組みを利用して官益を貪る政府系法人が広汎に存在しているからである。

その実態は「見えない政府」というべきもので、すでに見たように「天下り」と「補助金等」で主務官庁と結び付いている。新公益法人制度下においても、問題の基本構造は温存されている。政府、議会、ジャーナリスト、民間の改革派は粘り強く監視し、横串改革をさらに力強く進める必要がある。

（北沢　栄）

column

音楽と公益
―人の『死』と音楽

中村　政行

　音楽と公益について考えてみた。音楽でも、作曲や演奏は専門家の領域なので、すべての人が関わる聴き、楽しむ活動を考えてみると、それは精神的・文化的営為である。

　音楽は人を鼓舞し、慰め、また記憶に留まって人々の精神を豊かにする。それは物質的な貢献にひけを取らず、いやむしろより深く、長く人々を支える力を持っている。それを音楽の持つ公益的な側面と言っても過言ではないだろう。

　この音楽と公益に関する原稿の依頼を頂いた後、相前後して私の『音楽友だち』二人が急逝した。一人は現役の神主で、今年喜寿を迎えたばかり。ずっとお元気だったが、昨年食道癌に罹った。一度入院して少し恢復したものの、再入院後、正月七日に亡くなった。

　彼は、私が会長をしている音楽団体のレクチャー・コンサートに必ず出席して、共にフルトヴェングラーの音楽を聴き、語り合った仲であった。彼はその会に出席することが無常の楽しみと周囲に語っており、二月の例会にも参加するのを楽しみにしていた。しかし叶わなかったのである。

　再入院後はずっとラジオのイヤホンで音楽を聴いていたというが、死期が迫る最後の日々、彼はどのような音楽をどのような感興で聴いていたのだろうか？音楽は死に臨む彼の魂を慰めることができたのだろうか？

　そんなことを考えていたところに、二人目の友人急逝の報せが届いた。２月９日に別の友人が彼とある会合で会った、ひどく顔色が悪くて心配だ、とメールがあった。ところが、その翌々日の朝、本当にあっけなく逝ってしまったのである。まだ六十二歳で私より一歳年下。上述した音楽団体の創立からその後の運営についてずっとサポートしてくれた大恩人だった。

　彼が最後に聴いた音楽は、フルトヴェングラーが演奏したR. シュトラウスの『四つの最後の歌』から《夕映えの中で》で、人生の最期のやすらぎを歌った美しい曲である。一方我々の二月例会のテーマがやはりシュトラウスの《死と浄化》だったので、こんな偶然があるのかと関係者全員が

慄然とせざるを得なかった。

　公益叢書のスタートに、こんな風に『死』を扱った散文を入れることになったのをお許し戴きたい。これまで人の『死』と音楽の関わりにさほど実感のなかった63歳の私だが、さあ私は最期に臨んだら何を聴きたいと思うか？音楽はそこでどんな意味を持つのだろうか？

　音楽と公益について考え始めたら、そんな方向に思考が展開してしまった。これからはもっと音楽と公益のことを考えてみたい。

（フルトヴェングラー・センター　会長）

第Ⅱ部
東日本大震災後の公益・共創・まちづくりの課題

第5章

東日本大震災被災地支援をどう進めるか
―地域包括ケアと公益学の観点から―

はじめに

　東日本大震災がもたらした未曾有の被害に私たちはどうかかわるべきか。研究と教育の場である大学にも、研究者にもそれが問われた。
　私は2010年11月の結成に参画した「NPO福祉フォーラムジャパン」[1]の一員として、陸前高田市、石巻市を中心に調査と支援活動に関わってきた。
　本章は被災地での支援の経過を報告すると同時に、被災地支援のあり方について、近年の筆者の研究テーマである「地域包括ケア」、及び公益学の観点からまとめたものである。

1. 地域包括ケアと公益性

　東日本大震災の被災地の現状を見た時、高齢者、子ども、障害者にも大きな被害がもたらされたことを改めて実感させられた。とくに高齢者は、1万8,000人あまりの犠牲者のうち60％以上を占めた。医療、介護、福祉の機能が破壊され、行政も医療機関も機能不全の状態に陥った結果、十分なケアが受けられず、状態が悪化した高齢者を避難所で見た。
　被災直後は急性期医療中心となったが、その後は介護、さらに見守りも含めた福祉、そして住まいの順で次第に医療→介護→福祉→住まいと優先度が変化してきた。被災から2年半を迎えた現在、家を失った被災者の多くは仮設住宅に移転、新たに新築する住宅に移転する被災者も出てきた。住み慣れ

た家を失い、大都市部より強かった地域の絆も崩れた。新たなコミュニティづくりもようやく始まったというべきだろう。

被災を受けた三陸沿岸はもともと少子高齢化と過疎化が進む。高齢化率が30％を超える地域も多い。

被災地の現状は20年〜30年後の東京をはじめとした大都市部の日本の縮図でもある。

すなわち高齢化が進み、絆が崩壊した大都市部と同様に医療、介護、福祉、住まいを含めた地域包括ケア体制作りが、復興が本格化してきた現在、被災地でも求められているのである。

その意味では被災地の現状と課題を考え、その支援に取り組むことは、日本全体がこれから抱える課題の解決にもつながる。

その解決のための方向は、厚生労働省が2012年度からの介護保険改正の柱に介護だけでなく、医療、福祉や住まいを含めた「地域包括ケア体制の構築」[2]である。

しかしながら、そのための具体策はまだ緒に就いたばかりで、きわめて不十分であると言わざるを得ない。タテ割りの法制度を超え、さまざまな地域資源を結びつけて、地域で、在宅で暮らし続けたいという高齢者をはじめとした被災者を生活全体としてとらえ、住み慣れた所で安心して暮らせるよう支援していく取り組みをどう作り上げるのか、担う人材をどう確保するのかが、日本にとって、地域社会にとって、そして東日本大震災による被災地にとっての喫緊の課題である。

東京を中心とした大都市部の状況をみてみよう。

東京をはじめとした三大都市圏といわれる大都市部の高齢化は、これから本格化する。東京都内在住の65歳以上の高齢者は2011年9月15日現在で262万人、高齢化率は20.7％と全国平均より約2ポイント強低いが、今後、地方よりも高齢化の速度は加速し、2015年には316万人、2025年には343万人に膨れ上がる。とくに75歳以上の後期高齢者は124万5,000人から2025年に2倍近くに増える見通しだ。

団塊の世代を中心とした勤め人の多くが大都市部で高齢期を迎えるためで

ある。2025年の後期高齢者の人口は大都市部では2008年と比較すると、埼玉県129.1％、千葉県112.2％、神奈川県104.8％、東京都77.8％もの増加が見込まれる「日本の都道府県別将来推計人口——2007年5月推計」(国立社会保障・人口問題研究所)。

　介護保険が始まった2000年に全国で218万人だった要介護認定者は2025年には755万人に増える（厚生労働省推計）。高齢者とりわけ後期高齢者が増えると、医療・介護のニーズも平均的にみると、前期高齢者に比べ跳ね上がる。

　さらに一人暮らしや高齢者夫婦のみの世帯も増え続け、全国で見ると、2005年には851万世帯だったのが2025年には1,267万世帯になる。さらに後期高齢者の単独世帯は2025年には2倍に増えると推計される。

　とりわけ深刻なのは認知症高齢者の増加である。認知症の「日常生活自立度」Ⅱ以上は2010年に208万人、2025年には高齢者人口の1割にあたる323万人に増える。

　在宅で住み続ける認知症高齢者を地域でどう支えていくのか。ますます重要になってくるが、その対応策はそれぞれの地域で総力を挙げて取り組んでいかねばならない。従来の法律や制度の限界がはっきりと見え、国まかせにしていては、地域の高齢者を支えきれないからである。

　介護保険制度は「介護の社会化」を旗印に掲げたものの、高齢化の加速に財源や支える人材が追いつかない。病院や施設から出て、住み慣れた地域で在宅で安心して住み続けるためには、医療とりわけ在宅医療が不可欠だが、それを担う医師はまだまだ少ない。2006年度からスタートした、24時間いつでも往診、対応できるはずの在宅療養支援診療所は全国で1万を超える診療所が名乗りを上げたが、機能しているとは到底言い難い。

　医療、介護、福祉、高齢者が安心して住める住まいの整備ということをセットにした「地域包括ケア体制」の構築のためには、これまでのやり方、意識、仕組みの思い切った転換が迫られている。

　これを進めていくには、国、自治体による法制度の整備と運営体制の強化はもとより、医療や介護、福祉に携わる医師会、社会福祉事業団体などの関

係団体、専門職の協力、一人ひとりの住民の理解と協力なくして地域のニーズに対応できる取り組みが不可欠なのはいうまでもない。

その根底で求められるのは「人間の生命や心身の健康に関わる医療活動が人間尊重の視点や倫理観なしにあってはならない」[3]と小松隆二が強調するように、公益の理念やその原理に沿う活動の重要性であろう。

人間の命や健康に関わる活動は医療活動だけでなく、介護や福祉も当然含まれる。

「要保護者の実際の自立やリハビリテーションはそれぞれの地域でなされるのが通例であり、その地域の住民の理解や協力なしには良好な形では遂行できない。その意味で、住民・国民の社会福祉的な活動への理解や協力こそ、社会福祉を人間的なもの、真に定着・安定したものとする」(同上書161頁)である。

高齢者や障害者、子どもら自立困難な人々が安心して住み続けられるようにするには、公益の思想に基づいた地域包括ケア体制作りを進めなければならない時代を迎えた。

ところが各自治体での地域包括ケア体制作りは始まったばかりであり、後述するように自治体の多くはまだまだ切実な課題としてとらえられていない。

2. 立ち遅れた要介護高齢者らへの支援

東日本大震災は医療と介護にも甚大な被害をもたらし、被災地は要介護度を悪化させた高齢者の対応にも否応なく迫られた。

東日本大震災により行政も医療機関も機能不全の状態に陥った。

「2011年版厚生労働白書」によると、岩手、宮城、福島3県の医療機関は、2011年5月25日の時点で、380病院のうち300病院が被害を受け、うち11病院が全壊した。震災直後は外来の「不可」が45、「制限」が150、入院の「不可」が84、「制限」が107で、被害に対応できない状態に陥った。

「トリアージ」という言葉が飛び交い、優先順位の高い患者から先に手当

をし、被災地外の拠点病院に送りこんだ。全国各地から医師、看護師らの専門職も支援に駆けつけたが、当初中心となったのは「災害派遣医師チーム」だった。

このチームは阪神・淡路大震災の教訓から、災害直後に派遣、急性期の救急医療にあたるため2005年4月に設立された。DMAT（Disaster Medical Asistance Team）と呼ばれた。東日本大震災で、厚生労働省と県の依頼で震災直後から入りピーク時には193チームが支援にあたった。このDMATは3月22日には活動を終えたが、被災地からの要請を受け、日本医師会や日本看護協会、各病院団体も続々医療チームを送り込み、1日で最大156チーム累計2,438チーム（同年7月12日時点）の医療チームが被災地に入った。

日本医師会は「日本医師会災害医療チーム」（JMAT）を派遣、急性期対応以降の長引く避難生活で、悪化した慢性期疾病や健康状態に対応しようという狙いで支援活動に取り組んだが、このチームも同年7月に一応終止符を打った。

以上が災害発生時からの医療チームによる急性期対応を中心とした主な取り組みだが、急性期医療の役割が終わった後、介護度が悪化した高齢者や障害者、子どもらの弱者をどう支えていくのか、包括的ケアをどう築いていくのか、という重い課題が残された。

(1) 福祉フォーラム東北を設立

今回の東日本大震災は、多職種が連携して、要介護状態にある高齢者や障害者を支援することが求められており、多職種が集まる「NPO福祉フォーラムジャパン」の役割もある、と考えた。そのためにどう支援していくべきか。それを知るためにまず現地を見た。

福祉フォーラムジャパンのメンバーでもある新田國夫医師（全国在宅療養支援診療所連絡会会長）やケアーズ白十字訪問看護ステーション代表の秋山正子さんら専門職が中心となり現地調査をし、実際に個別の治療や医療・介護のアドバイスにあたるとともに、今後の支援のあり方を検討した。

5月はじめ、筆者も彼らと同行、陸前高田市や石巻市の現地を見た。大震災からまだ2カ月足らずで、復旧もままならず混乱の渦中にあった。

　隣接する一関市から山を越え、陸前高田市内に入った途端、息をのんだ。中心部全体がじゅうたん爆撃を受けたかのように、住宅がほとんど津波にさらわれ、がれきの山と沼地に変わり果てていた。

　人口2万4,000人のうち1,548人が死亡、8,068世帯のうち全壊3,803世帯を含む4,465世帯が被災した。市の半数強が壊滅的な被害を受けた。今回の東日本大震災で最も被害の大きかった地区の1つである。

　私たちが訪れた災害対策本部は津波を免れた市立高田一中の中に置かれていたが、支援の中核的な役割を果たすはずの市の保健師7人のうち5人が死亡、1人は被災のショックから仕事に戻れず、わずか1人だけが勤務していた。隣の大船渡市から派遣されてきた災害対策本部の責任者の保健師は自宅が津波に流されたという。県立高田病院及び市内の診療所も被災、避難所に身を寄せた高齢者への医療や介護のケアもきわめて不十分な状態にあった。

　いくつかの避難所を見て、痛感させられたのは、避難所に身を寄せた高齢者たちのうち、要介護の状態に陥ったり、それまでの状態をさらに悪化させている高齢者の姿が目立ったことだった。一人当たり畳2畳足らずの狭いスペースに身を寄せ合っていると、体を動かすこともままならないうちに身体機能が低下、いわゆる廃用症候群といわれる状態にまで陥る危険性がみられた。

　被災直後と急性期医療の必要な時期が過ぎると、介護とくに体を動かし、機能を回復させるリハビリのようなケアが必要となっているのに、ほとんど手が差し伸べられていなかった。緊急にデイサービスやリハビリの必要が高まっていた。

　個別のケアも手が回らない状況にあった。

　避難所となった石巻市湊小学校の一角に、重度の脳性まひで、寝たきりの14歳の少女と母親がいた。同行の新田医師らが診察、マットレスもない狭い部屋で、胃ろうに頼りながら寝たきりで生活を続けると床ずれの危険が

あった。胃ろう用の PEG カテーテルも手に入り難い状態にあったため、マットレスとカテーテルを差し入れることにした。

(2) NPO 福祉フォーラムジャパンの取り組み

そうした調査を通じて、私たち「NPO 福祉フォーラムジャパン」が取り組むことにした支援活動の柱は子どもと高齢者、それに福祉用具の提供という3つに据えた。

まず子どもたちへは「ワンコイン運動」を始めた。

家も学校や図書館も流された被災地の子どもたちにとって、読書の機会が失われた。その子どもたちに本を送る募金活動を次のような呼び掛け文を作り、子どもたちへの支援をスタートした。

子どもたちへ本を送る「ワンコイン募金」の呼びかけ

大震災・大津波・原発事故の被災地は目を覆う惨状です。支援活動と復興作業は本格化しつつありますが、被災者にとって長く辛い旅の始まりでもあります。

小さな NPO として何ができるのか、を考えた末、被災地の子どもたちへ（高校生まで）、皆さまが読んでほしい本や絵本を送る一口 500 円（図書券）の募金を始めます。もちろん書店もコンビニも壊滅した地域が目立ちますが、まず集団移転した自治体宛てなどへ 100 口（5万円）を単位に贈り、その配布方法は自由に考えてもらいます（入学、卒業、運動会、学芸会等での表彰、激励用など）。

緊急の支援は行政や組織力のある各種団体が全力で取り組んでいます。私たちはその後の地域再建へ、ささやかな支援を息長く続けたい、と思います。

できれば周りの方にも呼び掛けて頂き、6 口（3000 円）以上にまとめていただけると助かります。また賛同して募金に応じてくださる方々は、こちらのメールアドレス FFJinfo@ff-japan.org あるいはファクシミリ 03-5388-7210 で「こんな本を読んでほしい」「こんな絵本を読んであげてほしい」

と、メッセージ（推薦書）をぜひ託してください。

　思い出の本、勇気づけられた本、楽しかった絵本、人生や社会の在り方を教わった本など、さまざまな思いをホームページで紹介し、立ち上がり、成長していく子どもたちへ伝えたい、と願ってやみません。（匿名も可、メッセージなしも可）

　　2011年4月12日　　　　　NPO法人　福祉フォーラム・ジャパン

　福祉フォーラムジャパンのホームページを通じての呼びかけだけだったが、100万円近い募金が同年10月末までに寄せられた。

　東北での支援活動は「NPO福祉フォーラムジャパン」の主要メンバーである、福祉機器を扱う「NPO日本アビリティーズ協会」の仙台支店を拠点に、同支店員が「支援隊」を結成、岩手県陸前高田市、宮城県石巻市などの避難所を回り、不足している福祉用具を寄贈、「ワンコイン募金」の寄贈先もそうした活動の中で探し、贈った。

　石巻市大橋地区「NPO法人夢みの里」にも募金した。「NPO法人夢みの里」は、保育園「ピノッチオ」と障がいがある子どもを預かる「学童クラブぴのっちお」を運営しているが、津波で床上50センチメートルまで浸水した。

　スタッフ総出で瓦礫が少しずつ片付けられ、ライフラインが少しずつ復旧してくると、仕事へ復帰する人々が出てきた。保育所の閉鎖によって、働くお母さんたちが困らないよう、理事長の菅原桂子さんは、復旧させた保育園で無料で子供たちを預かることにし、絵本の読み聞かせをはじめ様々なボランティアの支援とスタッフの尽力によって、楽しく遊ぶ子供たちの声が地域に戻ってきた。

　子供たちが新たな絵本を手にすることによって、元気を地域へ届けて欲しい、との願いを込めて、図書カードを寄付した。

　さらに石巻市渡波地区にある私設文庫「ぐるんぱ文庫」にも寄贈した。

　「ぐるんぱ文庫」は床上1.5メートル近くまで押し寄せた津波によって、沢山の絵本、楽器、写真などが土砂に浸かり、およそ2,000冊の絵本はカビ

や汚れが付着して修復が不可能な状態になった。

　同文庫を6年前から運営してきた末永榮子さんらは「子供達には津波の被害を語り継いで欲しい。しかし、子供達に夢を与える絵本に津波の痕跡を残してはいけない」と津波の被害を受けた絵本を処分する一方、ぐるんぱ文庫再建に取り組む。

　私たちの寄贈に対し、末永さんからは「この支援によって大変勇気づけられました。この図書カードを利用して、ぐるんぱ文庫を支えてくれたお母さんと絵本を購入します。ぐるんぱ再開だけでなく、地域の子育て支援にもつなげていきたい」とお礼の言葉を寄せて頂いた。

　福祉用具については、宮城県登米市に支援拠点を設け、国内外の有力メーカーから寄せられた数千点の福祉用具を管理、支援隊の中心となった「NPO日本アビリティーズ協会」のメンバーが個別ニーズを各地に出向き把握したうえで、福祉用具の個別支援活動をした。例えば排泄時に立ち座りの負担や危険を減少させる福祉用具や、硬い床に寝ている高齢者の床ずれを防止する高性能のマットレスを贈った。ある避難所で知り合った高齢者は避難所での生活が長期化したため生活不活発病により立ち上がりや歩行が困難となっていたため、床からの立ち上がりを補助する手すりとシルバーカーを提供した。

　支援活動を軌道に乗せるために福祉フォーラムジャパンが母体となり、現地に「NPO福祉フォーラム・東北」（会長・新田國夫）を設立することにし、2012年12月に法人認可された。

　最大の柱としたのは高齢者支援である。

　3・11後、仮設住宅の建設が進み、避難所からへの移住が進んだ。高齢者らの置かれた状況は避難所よりは改善したが、医療と介護を中心にしたサービス基盤の整備は立ち遅れている。

　一方で、包括的ケアへのニーズはますます高まる。

　具体的には

　① 戸別訪問による相談事業、それを担うボランティアの派遣及び人材の育成

② 保健医療活動における創造的復興に資する事項の立案の支援
③ 通所介護施設で、健康チェック、入浴、食事、リハビリの提供等の日常生活の世話、機能訓練をする

——の3つを活動の柱に据え、2013年4月の事業開始に向け準備に入った。

震災直後からの支援の輪は、2年経つと徐々に潮が引くように薄れつつある。陸前高田市は県立病院も再建され、診療所も徐々に開業されてはいるが、地域で安心して暮らすには介護も、見守りも含めた福祉のネットワークづくりが求められる。

とりわけ在宅での保健・医療・介護ニーズの高い高齢者から子どもまで幅広く支えられる多機能な拠点づくりが必要とされているのではないか。

私たち福祉フォーラムジャパンとして医療・介護の一体的なサービス提供は無理にしても、仮設住宅での不便な生活を強いられている人々に安心してくつろげる居場所を提供できないか。現地の医師、訪問看護ステーション、介護事業所、スタッフの協力、参加により進められる見通しもついた。資金については朝日新聞厚生文化事業団からの寄付を受けられることになり、運営の目途もついたことから、2013年2月「朝日のあたる家」を陸前高田市にオープンした。

「朝日のあたる家」は陸前高田市内が見渡せるやや高台の約2,000㎡の敷地に総床面積240㎡の木造平屋建てで、メインはコミュニティスペースとして、市民が居場所としてくつろげるようにする。大型画面も設置、映画も楽しめ、仮設住宅の狭い浴場ではなく、3人は優に入れる広さの浴場も設けた。かつての宅老所のイメージではあるが、もちろん高齢者以外の誰でもいつでも利用できるようにし、3人の専従のスタッフが対応する。利用の仕方は基本的に利用者である市民が決める。

2013年2月17日の開所式には戸羽太・陸前高田市長や県立高田病院の石木幹人院長ら市民70人が出席したほか、グランドピアノを寄贈したイラストレーターの和田誠さんらも東京から駆け付けた。校舎を流され大船渡市の仮設校舎に通う県立高田高校合唱部員の歌が流れると、出席者からは大きな拍手が起き、開所を祝った。

第5章　東日本大震災被災地支援をどう進めるか　155

震災直後の2011年5月、災害対策本部（高田一中）を訪れ、現地調査（左端は筆者）

「朝日のあたる家」開所式で歌う県立高田高校合唱部の生徒たち

　「朝日のあたる家」はできたが、それは全体の取り組みのわずか1つに過ぎない。陸前高田市を中心とした被災地支援を通して、改めてわかったことは、居場所づくりを含めた包括的なケアの必要性である。
　その壁となったのが、タテ割りの法制度、その下でケアを提供してきた行政や事業所、専門職の意識である。
　3・11直後から秋田赤十字病院で結成された救護班に加わり陸前高田市の支援に関わってきた中村順子・秋田大学医学部教授（地域看護学、「NPO福祉フォーラム東北」副会長）によると[4]、被災者の状況について医師は「医療はすでに充実している」という認識を示したが、医師のいう医療とは「急性期の症状に対する治療」「慢性期疾患に対する必要な薬の手当て」を指していたのに対し、「医療は足りたにしても、ケアが必要な方はどうなっているのだろう。その人たちはどういう支援を受ければいいのか」という「生活を支える医療・ケア」の意識が不足していたのではないか、と指摘する。
　そうした陸前高田市で中村氏は被災者の「ケアニーズ」の把握に現地の保健師らと取り組んだが、さらに壁となったのが、介護保険制度の制約だった。介護保険制度の枠組みにとらわれず、ニーズに沿った支援をしようとしても制度の壁、行政の壁にぶつかった。陸前高田市を含めた被災地の現地で

はしばしば多職種による「包括ケア会議」がたびたび開かれた結果、現地のニーズから中村は「医療・保健・福祉の壁をなくした包括ケア」の必要性、重要性を痛感したという。

3. 地域包括ケア体制をどう構築するか

　被災地での「包括会議」での取り組みは制度の壁もあって十分な成果を上げられなかった。それは地域包括ケア体制づくりに取り組む日本の各地域での課題でもある。

　介護だけでなく、医療、福祉や住まいを含めた生活全体の支援という地域包括ケア体制について、日本にはまだモデルがほとんどない。

　筆者が地域包括ケア体制作りに関わってきた東京都国立市と東村山市の取り組み状況について、地域包括ケア体制についての現状から見る課題を以下のようにまとめた。くわしくは拙稿[5]を参照されたい。

　2つの自治体を取り上げたのは、先進的な取り組みをしている国立市と、おそらくは全国の平均的な自治体である東村山市を比較することで課題を浮き彫りにできるのではないかと考えたからである。

　国立市の場合は、東京都内はもとより、全国的にも先進的に地域包括ケア体制づくりに取り組む自治体の1つではないかと思われる。

　同市の場合、全国に先駆けて2008年11月、東京都の「在宅医療ネットワーク推進事業」での3つのモデル地区（墨田区、豊島区）の1つとなり、東京都からの補助金を受け「国立市在宅医療推進連絡会議」（代表・新田國夫医師）が設立された。医師、歯科医師、薬剤師、看護師、地域中核病院の医師、同地域連携室、介護職、行政、介護を抱える家族会の代表、学者らによる多職種を集め、事務局を含め18人のメンバーで、住民が住み慣れた地域で安心して療養生活をできるよう、医療機関、訪問看護ステーション、ケア・マネジャーらによる在宅医療ネットワークを作り上げる。それを目的としたものだった。

　国立市がモデル地区とされたのは、在宅医療を20年近く担ってきた新田

國夫医師を中心とした在宅医療が定着していること、ケアマネがかかりつけ医の医師らに連絡をとりやすくするために週のうち「ケアマネタイム」を設け、国立市医師会が当番制で対応してきた実績もあったこと、国立市役所も職員に認知症サポーターとなる研修を実施、認知症対応について熱心に取り組んできた実績があったことに加え、介護保険事業計画での日常生活圏域も1つだけという小さな市（人口約7,500人）だけに、まとまりのある取り組みがしやすいという特徴を持っていたためである。

　2010年度末までの6回にわたる協議会で、まず多職種の意見交換と連携のあり方の課題を出し合い議論を深めた。そのうえで1つは研修、さらに相談事業、そして在宅医療についての市民アンケートを実施した。研修は医療関係者、介護家族、介護事業者らを対象に実施、いまなぜ在宅医療なのか、その現状と課題を学んだあと、実践報告（家族を在宅医と看取った介護家族の経験から）、地域包括センター職員から見た在宅介護の現状報告という柱で2回にわたる研修を実施。さらに50歳以上の市民300人を対象にした「市民アンケート」では在宅医療の現状とニーズ調査、医療と介護についての情報の入手のあり方、その問題点などを調べた。

　「病院から退院を迫られた場合、在宅医療を受けながら家で過ごしたい」との問いに「はい」と答えた市民は57％に上ったが、一方で「いいえ」「わからない」という人は39％いた。その理由として「在宅医療についての情報がない」「病院と在宅医との連携がどうなっているかわからないので」「急変時に困る」といった理由を挙げた。在宅医療についてのニーズ、関心は高いが、何より情報を入手できる窓口がない、在宅医療がまだ不十分であることが改めてわかった。

　2年間で一応いったん休止されたが、この協議会で多職種により在宅ケアについてともに議論し、問題点、課題を整理した。2011年4月から、休止していた「国立市在宅医療推進連絡会議」を受け継ぐ形で改めて「在宅療養推進連絡協議会」（会長・新田國夫、副会長兼座長・山路憲夫）を立ち上げ、メンバーも診療所医師、訪問看護ステーション責任者らを加えた20人に増やし、在宅ケアをさらに具体的に進めるための取り組みを強化することと

し、そのために
① 医療と介護の連携、地域中核病院（多摩総合医療センター、国家公務員共済立川病院など）と診療所などとの医療連携パス、ネットワークの構築
② 研修会や困難事例検討会などによる多職種連携
③ 在宅での一人暮らしの認知症高齢者への対応
④ 24時間対応できる仕組み作り
⑤ 在宅医療の相談窓口

を柱に、さらに「認知症ワークショップ」の開催によるまちづくりや災害時防災体制づくりなど、さらに具体的な取り組みを展開して来た。

　これに対して、東村山市の場合は周辺の自治体にはほとんど見られない「見守りネットワーク」づくりを進めるなど、一部には先進的な取り組みも育ちつつあるものの、医療と介護の連携不足、地域のニーズは高いにもかかわらず在宅医療に取り組む医師がほとんどいないこと等、全国の多くの自治体に共通する特徴がみられる。

　その特徴とは以下のような課題である。

　その1つは医療と介護の連携だ。

　地域包括ケアの大きな柱である在宅医療を担う医師が少ない。在宅医療のニーズは数値化しにくいものだが、東村山市や国立市での在宅医療に関する調査を見ても潜在的に相当ある。病院や施設から在宅に戻りたいと思っても「受け皿」がないために、施設や病院にとどまる。在宅に戻っても、往診してくれないために外来に通うか、受診しない場合もある。

　「24時間365日訪問看護と連携し、対応する診療所」として2006年始まった在宅療養支援診療所は全国で1万3,000を超えたが、国立市や東村山市で見たように実質的に24時間機能している在宅療養支援診療所は多いとはいえない。厚生労働省は診療報酬で1回10万円の「看取り加算」をはじめとして在宅医療に誘導する政策に力をいれてはいるが、実際にはなかなか広がらない。

　病院から退院する場合、地域の「かかりつけ医」につなぐクリティカル・

パスは広がりつつはあるが、病院によっては患者の状況をきちんと伝える引き継ぎは定着しているとは言い難い。医療と介護の連携とはいっても、医療側にばらつきがあり、しかも受け皿としての在宅医療が地域によって不足している現実がある。

　介護保険制度では、ケア・マネジャー（介護支援専門員）が、多職種連携の要となるよう位置づけられてはいる。2006年度介護保険改正で、各市町村に設立された地域包括支援センターの役割として、虐待防止や権利擁護、介護保険給付の適正化とともに「医療と介護の連携」が掲げられてはいるが、国立市や東村山市での地域包括支援センターの活動を見ると、介護予防のケアプラン作りに追われ、医療と介護の連携にまで手が回らない。

　それだけではなく医療との連携については、「かかりつけ医」が積極的な役割を果たさないと、医師の父権主義の色彩が強い日本の在宅ケアの現場ではなかなか進まない。

　診療所医師は「独立自営業者」ではあるが、医療が公的保険で運営され、医師には診療拒否はできない義務が課されている。否応なく在宅ケアを必要とする高齢者が今後増え続けることを考えると、地域の病院、診療所医師にも在宅で医療・介護を必要とする高齢者を支える応分の役割を果たすことをある程度義務づける法制度、仕組みづくりが求められよう。

　同時に医療と介護の連携をするコーディネート役として、地域包括支援センターの役割をさらに明確化、強化させる必要がある。

　今回の介護保険改正のもう一つの柱として打ち出された介護予防・日常生活支援事業は、地域支援事業として、それぞれの市町村の取り組みにゆだねられることとなるが、認知症や一人暮らしの要介護高齢者が増えるにつれ、配食サービスや見守り事業はますます重要になってくる。

　配食サービスは1980年代から90年代にかけて多くの市町村で実施され、現在も続けられてはいるが、介護保険前の基準で今も実施されている市町村が多い。国立市や東村山市でも実際に必要な高齢者のアセスメントや事後評価がきちんとなされていない。配食も週1回〜5回とまちまち。補助のあり方も含めて、高齢者を支える基準づくり、仕組みづくりが求められる。

見守りネットワークも遅々として進まない。ようやく東村山市では11町のうち1町で動き出してはいるが、他地区になかなか広がらない。地域の自主性、ボランティア精神の高まりに待つだけではなく、市町村をはじめ社会福祉協議会、民生委員といった既存の制度や組織が中心となり組織的にネットワークづくりをしていくことが求められる。

国が地域包括ケア体制作りを進めるための市町村での法制化をしたうえで、それに基づき、市町村長が関係団体、例えば医師会、薬剤師会、歯科医師会など三師会や関係団体代表の出席を義務付ける。市町村だけに任せていては、なかなか進まない。

日本での地域包括ケア体制作りは緒に就いたばかりだが、医療、介護、福祉の分野で、公益性が求められるにもかかわらず、在宅医療の現状を見ても宮島俊彦・前厚生労働省老健局長がいう「保険あって在宅医療なし」[6]の現実がある。

4. デンマークの高齢者ケア

日本の中で先進的な自治体として国立市の取り組みを紹介したが、さらにそれよりも進んだ取り組みをしているのはデンマークでの高齢者ケアである。

日本よりはるかに早く充実した在宅ケアを確立、この20年余りで、プライエムと呼ばれる特別養護老人ホームを徐々に廃止、地域包括ケアを確立しているからである。

デンマーク・ネストヴェズ市は2009年夏にすべてのプライエムを廃止、在宅や高齢者住宅などに移行させたデンマークのコムーネ（市町村）の一つである。同市の高齢者ケアの調査、研修プログラムに筆者は2010年3月に参加、1週間にわたり介護の現場を見、関係者にヒアリング調査をした。詳細は筆者の拙稿[7]を参照されたい。

デンマークと日本の高齢者ケアの比較した結果のまとめとして、以下のようなことが挙げられる。

1つは医療と介護・福祉との関係、そのあり方である。

福祉について、予算や人材の投入は日本に比べると、突出して高い。

社会保障給付費の内訳をみると、日本の場合「医療費」が「福祉その他」の給付費の倍だが、スウェーデンやデンマークの場合、「福祉その他」が医療費の倍、つまり日本とは逆の予算の使い方となっている。

対GDP比での公的医療関連支出費の推移（1990〜2001年）をみると、日本は1990年の4.6％から6.0％と1.4ポイント増加したのに対して、デンマーク7.0％→7.1％とわずか0.1ポイント増えたのに過ぎない[8]。

高齢化の推移や他の制度との関連など、この点はさらに詳細な分析が必要だが、日本の高齢者ケアが医療に頼りがちなのに比べ、デンマークは医療費の抑制という理由だけでなく、生活の質を第一に考えるという高齢者ケアの本来的なあり方から考え、医療の関与をできるだけ抑え、介護福祉を中心に財政も人材もつぎ込んできたといえよう。

日本の医療費は2010年度の予算ベースで約32兆円。一人当たりの生涯医療費約2,300円のうち70歳以上で半分を使う。一人平均の外来患者の年間受診件数を国際比較で見ると、日本は16回に対し、アメリカ5.8回、イギリス6.1回、スウェーデン2.9回である。しかも70歳以上の受診回数は41.8回にも上る。慢性期の高齢者の社会的入院が多いために、平均在院日数も国際的にも突出して高い[9]。

2000年に介護保険がスタートしたことで、介護給付が増えつつあるが、国際的にはまだまだ介護費の比率は低い。

2つ目には「家庭医制度」の導入である。

デンマークは第二次医療圏へのアクセスは日本に比べ良くない。その点では「家庭医」制度をとるスウェーデンやイギリスと共通する弱点でもある。

しかし「家庭医」という制度が、在宅ケアの中にがっちり組み込まれ、必要な時には往診にも来てもらえる。

日本では、診療科ごとに分かれ、出来高払い制の下で、高齢者の受診率は現役世代に比べ、世界の中でも突出して高い。しかも、安心して在宅で医療を受けられる在宅医療はきわめて不十分な実態にある。

日本の医療機関へのフリーアクセスは、高齢者にとってはいいことのように思えるが、それが現役世代に比べ国際的には突出した高齢者医療費の比率の高さを生み、さらに地域の「かかりつけ医」がなかなか機能せず、在宅医療も進まない。国民健康保険中央会は「家庭医制度」の導入を提言している。すべての患者に登録制度をとるデンマークの「家庭医制度」を一挙に実現はできないまでも、早急に検討すべき課題である。

 3つ目には、終末期、看取りの在り方である。

 日本の場合高齢者の死亡場所は、病院・診療所が82.6％、自宅は11.7％である[10]。ネストヴェズ市では自宅が80％を超え、病院死10％と日本とは正に逆である。現在、110万人に上る年間死亡者は2025年には160万人に増える。病床数が今後削減される中で地域で安心して看取りを迎えられる終末期、看取りの体制を日本として構築しなければならない。

 そのためには死生観、看取りの在り方も含めて議論する必要があろう。

 すでに述べたようにデンマークの場合、終末期、看取りでの場を迎えた場合、医療の関与が少ない。日本で急速に広がる胃ろうなどの経管栄養などによる延命治療はほとんど見られない。

 4点目には、市場原理にすべてをゆだねることの問題点である。

 デンマークはまぎれもなく「官」中心の社会である。

 ネストヴェズ市とほぼ人口が同規模の東京都国立市との市職員数を比べると20倍近い。教育や福祉、さまざまな現業職もすべて公務員としているためである。民間企業は医療や福祉の分野にも入り始めたが、それほどの広がりはない。民間より「官」のサービスが選ばれているからである。

 いわゆる「小泉改革」以降、「民間でできることは民間へ」という市場原理の流れが日本は急速に進んだ。しかし、高齢者福祉の分野で見る限り、「官」の果たす役割は明確にあるのではないか。

 その一つが高齢者ケアのニーズ判定をし、ケアプランを決定する「ビジテーター」である。日本の場合、介護保険導入の際、そうした役割を担う職種として新たにケア・マネジャー（介護支援専門員）が導入された。しかし、それは市町村職員ではなく、実際にはほとんどが民間居宅事業所の職員

となった。本来、自立支援のために利用者に必要なケアプラン作りをすべきなのが、事業所に属しているために中立的なケアプランを立てているとは言い難い現実がある。

　民間参入という名の下に、日本の介護保険には大小の民間事業者、NPOも参入したが、「コムスン」事件の例をみるまでもなく、利潤追求を優先せざるを得ない民間の問題、市場にまかせるだけでは解決しにくい問題が福祉の現場にはある。ネストヴェズ市が高齢者ケアで採用しているIT化は小さな事業所では難しい。ネストヴェズ市の福祉の現場をみると「官」だからといって効率性が悪いとはいえない。職員は効率性を追求する意識も強く、モラルも高い。

　5点目に最大の問題は高齢者ケアを支える負担、財源の問題である。

　消費税25％で、高福祉高負担のデンマークに対し、消費税5％の日本はようやく2014年度から10％に引き上げることとしたが、日本は国際的にみても、中福祉低負担の国であろう。

　国民所得に占める国民負担率をみると、デンマークは2006年度で租税負担率68.1％、社会保険負担率は2.7％、合計で70.8％と世界で最も高い。日本は、租税負担率23.0％、社会保険負担率15.9％、合計で38.9％で、世界の主要国では下位にある。OECD加盟国の中で日本より国民負担率が低いのは、韓国、アメリカ、スイスである[11]。

　国民間の格差で見ると、OECD加盟国30カ国の相対的貧困率国際比較のデータで見ると、デンマークは最低、日本は26位である[12]。

　のっぴきならない財政事情を避けていては、加速する高齢社会を乗り切れないのは、いうまでもない。デンマークをモデルとしたい最大の理由は国民の負担をいたずらに恐れない政治と国民意識である。それを可能にするのは、最後の6点目として、デンマーク、北欧の風土と結びついて「支え合いの思想」が分かちがたくある、という点を挙げたい。

　つまりは「公益の思想」が国、国民の中に定着していることである。

　デンマークは日本と同様に資本主義の国であり、「競争社会」でもある。しかし、貧富の差が最も少ない、レクター大学の調査などでも幸福度世界一

の国ともいわれる。

　どんな障害や貧困を抱えていても、そうした人に手を差し伸べ、貧富の差を結果としてなくする社会を実現させているデンマークと、格差をますます増大させている日本との差はなんなのか。それをもたらしたのは、長年培われてきた国民の考え方の違い、国民性に帰着する。

　デンマークが福祉国家としての出発点となったのは1891年無拠出年金制度の創設であるといわれる。ほぼ同時期にドイツのビスマルクは社会保険制度を創設した。現代の社会保障の2つの潮流（社会保険と社会扶助）の起源は、ドイツとデンマークにあると橘木は指摘する[13]。ドイツのビスマルクが社会保険の対象としたのは労働者だけだったのに対し、デンマークは全国民を対象とした社会保障制度を採用したのである。

　デンマークに定着してきた民主主義の特徴は、自由と平等に加えて「共同・共生」である[14]。

　哲学者のキルケゴールとともに国民的詩人として今もデンマークの精神的支柱であるニコライ・F・S・グルントヴィ（1783〜1872年）は国王もあばら家に住む庶民も平等であり、すべての人が質素に暮らす生活の楽しさがよい、とする詩を書き続けた。

　アンデルセンの童話「マッチ売りの少女」が書かれた19世紀当時のデンマークは貧しかった。寒い北国の人々は肩を寄せ合い、いたわり合いながら生きていくしかなかったのだろう。そこにグルントヴィの詩が生まれた。

　デンマークの市にあたるコムーネは共同体を意味する。ネストヴェズ市は合併により人口8万余りの市となったが、前述したように市を4ブロックに分け、高齢者や障害者をケアする圏域を作り上げている。

　コムーネの原点というべきグルントヴィの思想、すなわち「支え合い」の思想がそこには明確に根付いているように思える。

　これはまさしく小松の言う「公益の思想」にも通じるものがある。ひるがえって日本の地域社会はどうだろうか。

　1960年代から本格化した高度経済成長で地方から大都市への民族大移動が起き、地域にあった共同体は崩れ、人口が集中した大都市部で、新たな共

同体は構築されないままに本格的な高齢社会を迎えた。

　地域包括ケア体制作りに関わる国立市や東村山市の取り組みの現状をみるとあまりにも多くの課題を抱える。東日本大震災による被災地の現状をみても、緊急に包括ケアの構築が急がれているにもかかわらず、遅々として進まないのは、すでにみたとおりである。

　医療保険や介護保険といった既存の制度だけではなく、地域の絆に支えられた福祉のネットワークづくりはなかなか進まない。

　1995年に起きた阪神・淡路大震災を振り返ると、全国から1,800億円もの寄付金が集まり、全国から多くのボランティアも駆け付けた。が、発生から1年過ぎると、寄付金もボランティアも少なくなった。

　東日本大震災での被災地の深刻な状況は、長期化せざるを得ない。支援も息長く続けていくしかない。

　日本の場合、寄付の文化は欧米に比べ明らかに希薄だ。日本の年間（2009年）の個人寄付額は5,455億円、アメリカの約40分1。名目GDP比でみると、日本0.12％に対し、アメリカ1.60％、イギリス0.68％という。宗教をバックボーンにした価値観の違いではあろうが、それにしても少ない。

　阪神・淡路大震災をきっかけにできた特定非営利活動促進法（NPO法）により、NPOは全国に広がり、4万を超えたが、2006年以降新規の設立数が減り続けている。

　総額20兆円近くにも達するともいわれる震災復興に必要な費用は寄付だけでは到底まかなえない。今回の震災だけではなく、加速する少子高齢社会を乗り切るためにも、この支援のうねりをさらに高め、「公益の思想」を持てる社会にしていかねばならない。

（山路　憲夫）

注

1）「福祉フォーラム・ジャパン」は、出産・育児から介護・看取りに至るまで、ライフステージの各段階で、それぞれが「取り組みたい」と考える課題を持ち寄り、共に行動する相手を見つける広場として設立したものである。たとえば、地域医療・介護の講演会、障害者福祉の研修会、福祉事業の運営・職員研修、福祉用具の研究・開発な

どの活動に幅広く取り組んできた。幸い、在宅医療に長年取り組む医師や看護師、介護職、ケア・マネジャー、OT、pTといった医療や介護の専門職もメンバーに加わり、地域ケアを支える多職種交流の役割も果たしつつある。
2）　地域包括ケア検討会報告書（厚生労働省、2010年3月）でまとめた考えによると、医療、介護、福祉、住宅を四本柱にネットワークを作り「ニーズに応じた住宅が提供されることを基本とした上で、生活上の安全・安心・健康を確保するために、医療や介護のみならず、福祉サービスを含めた様々な生活支援サービスが日常生活の場（日常生活圏域）で適切に提供できるような地域での体制を作る」というもので、「30分以内に駆け付けられる」という圏域が想定されている。そうした地域包括ケアを2025年頃までに築きたいとしている。
3）　小松隆二『公益学のすすめ』慶応義塾大学出版会、2000年。
4）　中村順子「私たちは一方的に支援するのではない――『治す治療』から『地域包括ケア』へ」『3・11以後を生きるヒント』新評論、2012年11月。
5）　山路憲夫「地域包括ケアをどう構築するか――東京都国立市と東村山市の事例から」『介護保険情報』2012年5月号、社会保険研究所。
6）　宮島俊彦「地域包括ケアの展望」『社会保険旬報』2510号、2012年10月。
7）　山路憲夫「特別養護老人ホームを廃止したデンマークの高齢者ケア」『社会保険旬報』2427号、社会保険研究所、2010年6月21日、同「地域包括ケア体制をどう構築するのか――デンマークと日本の比較」『白梅学園大学短期大学教育・福祉研究センター研究年報』NO17、2012年10月。
8）　「OECDヘルスデータ2003」『世界の医療制度改革』明石書店、2005年。
9）　入院患者の平均在院日数はアメリカ6.5日、イギリス7.0、ドイツ10.2日に対し、日本は35.7日（2007年版『厚生労働白書』）。
10）　2007年版『厚生労働白書』（医療構造改革の目指すもの）第2章のデータ。
11）　同上書93頁及び105頁掲載のOECD及びデンマーク政府の統計から。
12）　ケンジ・ステファン・スズキ『デンマークが超福祉大国になったこれだけの理由』合同出版、2010年4月、29頁。
13）　橘木俊詔『安心の社会保障改革』東洋経済新報社、2010年9月、99頁。
14）　小池直人・西英子『福祉国家デンマークのまちづくり』かもがわ出版、2007年。

参考文献
東京都福祉保健局医療政策部「東京都における在宅医療推進の取り組み」2008年12月。
東京都東村山市健康福祉部高齢介護課「東京都東村山市第五期高齢者保健福祉計画・介護保険事業計画」2012年。
東京都国立市介護保険運営協議会答申「第五期国立市介護保険事業計画」2012年2月。
太田秀樹「日本の在宅医療の課題と展望」共済総研レポート、2010年10月。
外岡秀俊『3・11複合被災』岩波新書、2012年3月。
石巻赤十字病院『石巻赤十字病院の100日間』小学館、2011年10月。
『ナース発東日本大震災レポート』日本看護協会出版会、2011年9月。

---- column ----

福島からの公益・共創力
―放射能除染からエネルギー転換に向かう長い再生への道

半田　節彦

■福島の現場から

　放射能に汚染された福島県では、一月末時点で県外避難者5万7,377人、仮設・借上げ住宅入居者3万2,188人となっている。未来が見えない現状に悲しみや怒りを押さえ、再生に向けた「りんごの木」を植える挑戦が、全県の各分野で試行されている。

　私は福島県北地方を拠点に、市民活動の相談や情報提供、行政施設の受託運営を担っている中間支援NPO法人に従事している。大震災以降は、市民団体のネットワーク・ふくしま復興プロジェクト会議の運営や県内地域団体の活動基盤強化支援事業、さらに福島市街地で絆づくりの拠点施設運営、就労と起業希望者に研修や資金調達支援の直接同伴をしている。

　頑張る女性たちの活躍ぶりに驚嘆する一方、自らの協働力不足を痛感している。官民協働システムの齟齬と無駄が、足枷になっているのも顕在化した課題である。

　福島県再生は①放射線量減少作業と除染技術の開発、②県産品と観光地の安心安全広報と販路拡大、③効果的な復興予算の執行、④国と自治体と市民の協働・共創…等が如何に早く組み合わせ遂行させるかである。

■見落としがちな新境地と協働力・共創力の開拓努力

　しばしば事業遂行に、人材と資金の不足が挙げられる。ヒトとカネが豊富にあれば、国から家庭にいたるまで試練や危機が乗り越えられ、より良い暮らし・より良いまちづくりが進展するかといえば、歴史的事実は決してそうではない。

　直面する試練や危機を超えるには、これまでの心境や絆のレベルでは経験・蓄積不足であり、新たな境地への立脚と協働力・共創力の成長こそが基本的課題といえる。超えるべき願いのテーマ・目標を共有して、自分を超える心の境地と絆のエネルギーを集約させる人間力鍛錬こそ、復興再生への鍵であり必須の課題である。

（ふくしまNPOネットワークセンター）

第6章

東日本大震災からの回復・新生をはかる
公益・共創のまちづくり
―東北に理想の「山林文化都市」づくりの夢―

はじめに―まちづくりの理念や方法の転換と大胆な挑戦を

　東日本大震災勃発直後の3月末からの僅か1週間ほどではあったが、私は石巻の好文館高校周辺などで瓦礫の撤去、物資の補給、学校の整備に従事した。そこでの惨状は、これまで見なれていた日本のまちや光景とはあまりにかけ離れており、とても信じられない現実であった。

　それから2年が経過したが、被災地・被災民の回復・保障などは思うほどには進んでいない。市街地からの瓦礫の撤去は終えられたが、その瓦礫の最終的な行く先も処理方法も、それらを含む全体のまちづくりも、その先が見えないのである。被災・崩壊した高校など公共施設の再建も、まだこれからという例が多い状態である。東京電力の被災・被害に対する補償の姿勢が後退していることが報道されているが、実際に放射能被害・風評被害に対する東京電力の補償姿勢などは大きく後退している。そんな状態では、ただ巨額の資金を投下すれば片付くという問題ではないのである。

　政府から復興緊急予算が出た折には、どの省庁も被災地・被災民に直接関係なく、しかも緊急性のないものにまで多額な資金をまわすといった被災地・被災民軽視、公益軽視の対応をとったことは、マスコミからも厳しく批判されたとおりである。実は多額の資金が被災地に投下されても、まちづくり・住宅建設など費消する政策・方策ができておらず、資金の使途先が整えられていなかったのである。バブルのように膨れ上がった今回の補正予算でも、多額の資金が被災地・被災民に向けられたと思っているのに、実はその

ある部分は被災地・被災民には直接かかわりのないところに振り向けられ、消えてしまう危険性もあるのである。長期的視野の持てない政府・行政機関に任せておいても、本物のまちづくりにつながる復興・回復は難しいのである。

　そのような状況だけに、理想や目標を描き、それに向けて斬新な理念や手法をもって大胆に工夫・挑戦すれば、後世に夢や誇りを残せる生活づくり・まちづくりが可能ではないか。危機や不安の真只中にある今こそ、市民生活や社会、政治、経済のあり方を根本から変えたり、夢や希望に満ちた新しいまちをつくったりする、またとないチャンスではないか。それは、国・行政や専門家のみが取り組むのではなく、行政・専門家と市民が共創して取り組むまちづくりになりうるのではないか。そんなことを考えたりもするのである。

　かくも甚大な被害・犠牲を払った以上、過去や現状を乗り越えて、夢・理想のあるまちづくり、世界に、また後世に誇れるまちづくりに挑戦、実現しなくては、犠牲になった人々・まちまちに申し訳ないであろう。こんな気持も消えないのである。

　ところが、現実はそのような夢を追える状況ではない。政府は進んでリーダーシップを発揮する姿勢にないし、中央行政機関も縦割りで、全体像をふまえた復興・新生のまちづくりには遠い対応を続けている。さらに、放射能に犯された地域では、まちづくりどころか、住民がまちや自宅に戻ることさえメドのたっていないまちもある。その他の地域では、復興・回復あるいは新生のまちづくりをめぐって意見・議論の百出がみられ、住民・市民が意見一致を見せ、連帯・共創するということも進んでいない状態である。

1. 被災地の復興・新生のまちづくりはこれから
　　―国・行政の重い責任

　東日本大震災の発生は、より良い生活づくり・より良いまちづくりにも大きな衝撃と激変を与えた。より良い生活を実現するまちづくりも、根本から

見直しの必要に迫られている。

　東日本大震災後のまちづくり、特に被災地の復興・まちづくりにおいて、大きな特徴となっていることは、1つには政府・行政機関の責任と役割が大きくなっていること。にもかかわらず政府・行政機関に役割と責任を遂行する能力・政策が十分に発揮あるいは整備されていないことである。それに、基本的には自分たちのための持家づくりを超える公益の理念と方法、またそれに基づく共創の理念と方法によるまちづくりの必要性が一層高まっていることが、もう1つの特徴である。

　東日本大震災からの復興と新生のまちづくりは、並のまちづくりではない。まず被害・犠牲という大きなマイナス・ハンディキャップを背負わされた被災地・被災民のまちづくりであること、そして市町村を超え、県を超える超広域のまちづくりであることが忘れられてはならない。それだけに、国・行政機関は優先的な予算配分など財政的出動・支援のみか、復興とまちづくりの将来構想・計画・方法でも主導的位置につかなくてはならない。

　ところが、政府・行政機関の復興・まちづくりに対する先導も、また自分を超える市民の公益・共創のまちづくりも、十分に展開されていない。復興・新生のまちづくりには政府・行政機関・被災民が連携して共創のまちづくりを推進することが欠かせないが、それが十分に機能していないのが東日本大震災後の今日までの現実である。たしかに目先の公的資金・補助金は意外に多く投入されている。しかし地域・まちをどう復興・新生をはかるのかというソフトの面では、政府・中央行政機関も、また地方行政機関も、十分には指導力を発揮することができないでいる。

　被災地の回復・まちづくりが大きく遅れているのは、政府・自治体の資金投下が少ないからということだけではない。もちろん、配分等の適正化には不十分な点もあるだろうが、もっと肝心の部分が動いていないのである。まず復興・回復に立ち向かうまちづくりにおいて地域・住民の意見や理念の一致が簡単には得られないこと、つまり共創のまちづくりに至らないことがある。さらに政府・行政機関の指導力の欠如、長期的な生活づくり・まちづくりの理念・目標と具体的な方法・戦略の欠如が、後れのもっと重要な要因に

なっている。

　昨冬から新政権になって、名目的には被災地に公共工事として巨額の予算が配分されるはずであるが、それで被災地の生活づくり・まちづくりが解決するわけではない。むしろ、従来の経験からも、予算・資金が省庁によっては被災地・被災民に十分に届く前に、途中で無駄な道路づくりなどにどんどん回される危険性もあるのである。

　現在、東日本大震災から 2 年近く経過しようとしているのに、日本全体がなお深刻な不安・危機の中にある。地震という瞬時の大激動、それに触発された津波や原発事故といった大災害・大災難が、政治、経済、生活、学術・研究などで予想以上に脆弱な日本の一面を浮き彫りにすることになったのである。

　自民党・公明党による新政権がスタートして、政治的にも経済的にも、経済重視・経済優先・経済本位が鮮明になり、円安や株価の上昇などが顕著にみられる。ただ、まだ中・長期の予測はできないので、甘く楽観的な期待はできない。特に新政権の経済重視・経済優先の方針・政策が被災地・被災民にどのような効果・影響をもたらすのかは即断できない。例えば政権が交代した 2012 年末前後から、建築資材や労働力コストの予想以上の高騰がみられ、まちづくり・住宅づくりが、新たな困難に遭遇しつつある。建設領域における労働力不足だけではなく、建築資材などの高騰も加わって、自治体でも、中小の学校や企業でも、建設計画が入札の不調・不成立で頓挫する例が相次いでいる。

　その意味で、現時点ではまだ経済的にも、社会的にも混迷のなかにある状況が改善されているとはいえない。

　この危機を回避するには、いうまでもなく当面は市民本位に目先の生活・住宅保障や雇用保障、また原発事故・危機の抑制など緊急対応に全力を尽すことが必要である。同時に、子どもや孫など後の世代に再び同じ惨禍・悲劇に直面することのないように、将来設計に関しては遠い先を見通した未来志向・理想追求志向とそれへの大胆な挑戦・変革も必要である。旧態依然のまちづくり対応を繰り返すのであれば、日本社会全体の正常化や再浮上も見か

けだけのものになり、未来は決して明るくない。生活づくり・まちづくりには、目標、理念、方法を抜本的に見直す挑戦と改革の姿勢、構想、政策が必要である。とりわけ被災地では、その認識が必要である。

2. 大震災が教えてくれた復興・新生に立ち向かう基本理念

　政府・行政機関の対応が遅れている現状では、東日本の被災地において復興計画・新生計画を立てる際に留意・共有すべき基本理念だけでも確認しておく必要があろう。

　ここでは4つの理念を提示しておきたい。行政はどのような計画や政策を打ち出すのか、市民も将来に向けてどのようなまち・まちづくりを描くのか、原子力発電をどうするのか、津波の襲来が周期的にやってくる海・海岸にどう立ちむかうのか、どんな産業・企業・工場を基本に据えるのかなど、ともかく復興・新生とまちづくりを考える場合、それに立ち向かう基本理念の共有が必要である。いずれも東日本大震災が教えてくれたものである。

　第一に、科学とその真理の重視・尊重である。今回ほど地震や津波の巨大な力に科学の無力さ・力不足を教えられたことはない。同時に、科学の役割の大きさ、つまり科学の真理や過去の経験に学ぶ必要を今回ほど改めて強く教えられたことはない。津波対応の失敗や原発事故の最悪化は、科学や科学的成果の軽視、経験の活用と蓄積の欠落と軽視も1つの理由になっていた。

　今は批判されて、口にされなくなった「想定外」などという説明は科学とその真理の軽視、経験に学ばない姿勢の象徴で、科学とその真理、あるいは経験から学ぶ科学的認識を軽視したものである。巨大な犠牲・損害を被った1896（明治29）年の三陸大地震・大津波等の厳しい経験も、行政・政策でもまちづくりでもほとんど生かされていなかったことも反省された。

　原発事故にしろ、過去の地震や津波の襲来頻度や規模、また原子力・放射能の危険性や原発に対する批判の声に謙虚に耳を傾けていたら、自然の脅威や科学の基本を厳粛に受け止め、もっとレベル高く、しかも何重もの備え・防備をしたはずである。津波対応の後れ、原発の安全対策の杜撰さは、科学

とその真理を大切にする基本を甘く見、経済・経営を優先した姿勢の結果でもあった。また風評被害など根拠のない不安・混乱の抑制も、科学の尊重と信頼を基本とせざるを得ない。また今後のまちづくりも、政治的・経営的視点を超える科学・科学性の尊重こそ土台に置かなくてはならないのである。

　第二に、既存の理念や方式を超える大胆な変革と挑戦の理念・姿勢を回避あるいは拒否しないことである。どこまでも続く被災地の廃墟を見ていると、ルールや慣行を超える柔軟で大胆な対応や決断、時には超法規的対応の決断なしには、廃墟からの新生、市民生活の正常化や永続的な安全・安心の実現は困難であることを教えられる。

　まず単に被災前の元のまちに戻る式のまちづくりにこだわらないこと、また今回の震災対応でも、政府・行政から「それは法的に無理」といった形式論的説明がくり返されたが、超例外的事態だけに既定の法規・規則を超える姿勢にたつことである。

　復興・復旧という用語は、「元に戻る」とか「元のようにまた立ち上げる」といった元の状態を基本に考える意味・姿勢も内意されて伝わってくる。行政・政治や業者本位で、かつ既成の理念や方法、また既存の利害を守る式のまちづくりが、長期的で夢のあるまちづくりとは遠いものであることは、既存の日本のまちをみれば明らかであろう。この大災害・大被災の後に、元にもどすだけのまちづくりでは余りに残念である。この際、東北復興・復旧、さらにそれらをも超えて、夢があり、誇りももてる東北新生に大胆に挑戦しなくてはならない。

　第三に、長期的視野と短期的視野を合わせ持ちつつ、50年、100年という長期にわたる遠大でスケールの大きな夢のあるまちづくりを構想、実行することである。

　当面緊急になすべき対応は、被災者・被災地域の生活・住宅保障、さらに雇用保障などの徹底である。同時に、それは50年・100年先に向かってじっくり取り組むまちづくりの構想・計画と連携・つながりをもって対応されなくてはならない。とくに後世の人たちに再び同じ災害や困難を経験させないためにも、目先の対応のみでなく、50年、100年先の豊かさや安全・安

心を実現するまちづくりも考えなくてはならないだろう。

　従来の日本には、まともなまちづくりはなかった。土地政策の欠落からくる高額な地価、狭い土地や住宅、街路樹よりも電線・電柱・広告だらけの道路、自然や景観は後回しといった営利本位・持家本位のまちづくりであった。今こそ、そのようなまちづくりと訣別し、遠大な計画でどこにも負けない夢のあるまちをつくるまたとないチャンスである。

　第四に、市民本位・市民優先の理念である。既存の政策や実践では、市民が参加もしないところで、生活やまちづくりなど市民に関わる政策が作成・決定されることが常であった。大震災後の対応や施策をみていると、そこでも市民の実情・生の声が行政・政治に十分に届いていないのが現実であった。原発にしろ、かくも多くの土地が奪われ、住民は土地を追われているのに、未だに経済優位・経済本位の視点・姿勢が意外に力を持っている。安全確保や事故の検証の完了前に、日本経済・企業を考えたら原発は必要といった経済優先の認識・考えが絶えないどころか、経済も、原発も優先される方向に舵取りされ直す流れである。

　実際に、震災勃発直後、一般市民や家庭に、また避難所に、水や食料がきちんと届いているかどうか、生活に必要な仕事口・所得のメドがたつなど日常生活の回復・正常化がどの程度進んでいるかどうか、といった実態や情報が地方や中央の行政機関に適切に届いていなかったのが震災後しばらくの問題であった。NPOや町内会などの組織を通して市民が政治や行政とつながる方法やレールが機能していなかったのである。市民・住民本位に行政やまちづくりが展開されていなかった現実の反映でもあった。

　今こそ、政治、行政、経済（企業）関係者と市民が、自らの利害・立場を越えて協力・連帯し、共に新しいものを創りだしていく共創の理念と方法に立つことが必要である。その際、経済・経営本位や政治・行政本位ではなく、市民参加を得るなど市民・住民本位を基本とすること、あわせて国レベルよりも、地方・地域レベルで主導権を握ることを忘れてはならない。

　しかも市民・住民を代表するのは、財界人、政治家、大学教授など有名人のみではないことにも留意する必要がある。例えば、復興構想会議など政府

の新設する審議会、震災関連機構にしろ、委員は相変わらず大学教授、官僚・政治家（知事など）、財界人、有名人だけで新鮮味がない。彼らは確かに専門分野では代表的な人たちであり、それなりの役割を演ずることは否定しない。ただ、その中のある人たちは、夢も希望もない従来の見飽きてきたまちづくりの担い手、あるいは危険と抱き合わせの原発体制の暗黙の容認者でもあった。

そういった人たちのみの委員会や会議では、崖っ淵に立たされた日本を、50年、100年先を見据えて根底からつくり換える夢のある構想などは、必ずしも期待できない。かつての後藤新平たちのようにはいかないのである。公募・公開の審査などを通してNPOや市民代表を委員の中心に据えるなど大胆な発想・挑戦が必要である。大切なことは、有名人の声と共に、あるいはそれ以上に一般市民の声を十分に聞き、受け止めることである。

以上4点のみに絞ったが、この種の原則の確認なしには、目先的には何とか対応できたとしても、理念や夢の感じられない復興・復旧に終わりかねない。それでは、巨大な犠牲を償うことも、後世に誇ることもできない計画・まちづくりに終わるであろう。

3. まちづくりの理念と基本原則

東日本大震災後も、まちづくりにあっては、依然として私どもの考える共創のまちづくり原則が生きている。というより、東北の被災地の動向をみるにつけ、一層公益の理念を根底に持つ共創まちづくりの基本原則を確認し、共有、実践することが必要になっていることを教えられる。

被災地では、局地的な一部のまちづくりではなく、まち全体にわたるまちづくりに取り組まなくてはならない。しかも地震や津波に堪えうるまちづくりになるので、まち全体の移転や広大な津波対策など国との連携なしには復興・回復は困難である。

しかるに、各まちでは復興に向ける足並みが揃わないところが少なくない。そこでは、市民・住民が自分の持家づくり・自分の地域づくりなど自分

の利害のみにこだわらぬ総合的なまちづくりの視点と協力の姿勢がないと被災地の復興・回復もままならなくなっている。それに対する国・中央行政機関と自治体・市町村の指導力が問われることになる。しかし、今日までそれが十分に発揮されていない。むしろ国・自治体の指導力の欠如、そして市民・住民の利害の対立が目立っているのが現状である。

　こういう時にこそ、まちづくりの一般的な基本原則を確認しておく必要がある。私どもが考えるのは、持家づくりや自社ビルづくりを超える公益の理念に立つ共創のまちづくりである。共に働くだけの協働を超えて、共に創りだし実践・決定にも関わるのが共創のまちづくりである。

　その共創のまちづくり原則は次の7点である（小松隆二・白迎玖・小林丈一編著『共創のまちづくり原論』論創社、2009年）。

① 　市民本位・市民が主役
② 　全員参加
③ 　目的・目標の明確化と共有
④ 　行政・専門家・市民の協働・共創
⑤ 　まちづくりにおける多様な側面と調和、そしてハード・ソフトの統合と調和
⑥ 　自然・環境・景観との共生・調和
⑦ 　まちの文化や伝統の発掘・保存・活用

　まず**①は市民本位・市民が主役**という市民本位・市民優先の視点である。先に共有すべき基本理念のところで、すでにこの点については言及した。近年は政策でも、まちづくりでも、形だけでも市民本位が掲げられるようになった。かつては国・自治体の政策でも、まちづくりでも、経済や軍事が重視され、経済優先・軍事優先で、市民および市民生活は従的に扱われ、犠牲になることも例外では無かった。戦前の足尾鉱毒事件、戦後の水俣病などがその典型で、国まで経済優先・企業優先の姿勢で、市民の生命・生活をないがしろにした。

　まちづくりでも、全国いたるところで、狭い住宅がひしめき、狭い道路には電柱・電線が縦横に走り、しかも歩道も、街路樹や花・緑もなく、景観が

悪い上、安心・安全の保障もされない住宅街・道路があたりまえであった。道路をはじめ、それらは市民抜きで行政と専門家の決定や許認可でつくられたものがほとんどである。市民抜きのまちづくりの結果が理想とも安全・安心とも遠い日本のまち・道路の現実である。

もし日本のまち・道路づくりに市民の声がもっと大きく反映されていたら、今日のようなまちや道路にはならなかったはずである。

②は全員参加である。

全員参加といっても、市民全員が公平に同じ義務と同じ権利を負うというのではない。それぞれの条件・状況を認め合い、可能な範囲で参加・協力することを許し合う意味での全員参加である。障がい者、高齢者、共稼ぎ、母子家庭・父子家庭、遠距離通勤などそれぞれの条件を認め合い、時期によってはまちづくりの理念や計画に理解と協力するだけでも参加と受けとめるような寛大な全員参加である。子どもが多く、しばらくは道路のゴミ・吸殻拾いならできる人、まちづくりに賛成の姿勢を示すことしかできない人も歓迎して、同志・仲間と認め合うまちづくりである。それには以下の③などの基本原則の承認が前提になるであろう。

③は目的・目標の明確化と共有である。

日本のまちづくりでは、多くの場合、自分の市町村がどこに向かっているのか、どういうまちづくりが確認されているのか、市民には知らされていない。というより、市や町や村にそういうまちづくり計画が存在しないのである。総花的なまちづくり10ヵ年計画など基本計画はどの市町村もまとめているが、10年後、50年後にはどういうまちになっているかといった長期的で、かつ段階ごとのプランも、整った具体的なまちづくり計画もない。だから市民のみか、市町村長など首長も役所・役場も、自分のまちがどこへ行こうとしているかは考えてもいないし、まちづくりの意味も分かっていないのである。

市町村長クラスなら、自分のまちのまちづくり計画くらい持つべきである。それを公表し、市民と共有すべきである。それさえできないものが首長になること自体おかしなことである。

④は行政・専門家・市民の協働・共創である。

　従来のまちづくりといえば、行政と専門家によるものであった。道路も公共施設も、行政と専門家（建築家・ゼネコン・不動産会社など）がつくり、住宅街づくりなども大手か中堅の不動産や建設業者などの専門家によるのが常である。一般市民の声が活かされたり、市民の参加を得てまちづくりが行われることは通常は見られなかった。

　しかるにその専門家によるまちづくりは、歩道もない狭い道路、電線・電柱が位置を占めており、街路樹や花のない殺風景な道路・まちが多い。というより、景観が台なしにされた道路やまちであり、専門家の夢、理想が盛り込まれた道路・まちなどはめったにない。住宅街、官庁街、学校街なども、それぞれの良さを誇れる程のものは少ない。

　このように専門家と行政がつくったまちからは、なんのために多額な税金を使い、高い費用を払って道路やまちをつくったのか分からず、プラスの意味など感じとれないのである。

⑤はまちづくりにおける多様な側面・エリアの総合と調和、そしてハード・ソフトの統合と調和である。

　本来のまちづくりは目先を追うよりも、総合性・長期性を特徴とする。商店街だけ、駅前だけ、官庁・役所街、歓楽街だけが切り離されて、整備されたり、きれいであったりすればよいというのではない。住宅街、工場街、文化・学校街など多様なまちまちがバランス良く、景観も整っていなくてはならない。長く誇りを持って住めるまちをつくるのが本物のまちづくりである。

⑥は自然・環境・景観との共生・調和である。

　現代のまちづくりの特徴の１つは、自然や環境や景観にまで目を向け、各まちと調和が取れていることである。昔はまず持ち家づくりで、住宅周辺の景観や環境は二の次というのが日本の住宅であり、まちづくりであった。近年、ようやく住宅のみか周辺の環境、景観、例えば道路には街路樹や花があるか、公園の整備や景観は良いかなども住宅・地域選択の条件に入ってきたのである。しかし現実は自宅の周辺をみても、夢や理想に続く期待・楽しみ

のもてる環境・景観からなるまちは、例外である。大震災にあった被災地のまちも、残念ながらその例外ではなかったのである。

⑦ はまちの文化や伝統の発掘・保存・活用である

どんな市町村にも、伝統や歴史はある。何らかの文化や芸術の足跡や蓄積もある。寺社には意外に古く由緒のある例も見られたりする。それらを発掘・発見し、まちづくりに生かすことである。よく調べれば、どのまちにも他に誇れる足跡・実績がある場合が少なくない。それによってまちの良さを確認し、生かし、特徴も出せるであろう。

近年は、以上のまちづくりの特徴を考慮しないまちづくりや住宅選びは考えられない時代になった。総合的視野、長期的視野のないまちづくりが意味のないものであり、これらの良さを備えることがまちづくりの当然の条件になりつつある。これらの認識の欠落したまちづくりはありえないといってよいであろう。

4. 津波を避けるまちづくりの先導的思想家・黒谷了太郎に学ぶ

被災を受けた東日本、特に東北太平洋岸域に、夢や理想に適い、巨大な津波にも堪えうる新生のまちづくりは可能なのであろうか。

戦前・戦後と多くのまちづくり論が公にされた。それらに貢献したり、先導したりした人たちには、後藤新平、小林一三、松本重太郎など多くの人たちがいる。その中に、今回の犠牲・災厄を克服しうるまちづくりの提唱者として、東北出身の黒谷了太郎に注目したい。彼の「山林都市」論は、東北の被災地の復興・回復にも援用できるので、それを参照したまちづくり・暮らしづくりを山林文化都市計画として検討することにしたい。

黒谷了太郎（1874－1945）は山形県鶴岡市の出身である。東京専門学校（現・早稲田大学）専修英語科に学ぶ。同校卒業後、自営業などを経験した後に役人になり、台湾、北海道、愛知県などに赴任。愛知時代から都市計画・まちづくりに本格的に関わる。その手腕がかわれ、鶴岡市長にも就任す

る。その頃から都市計画などの著書を相次いで刊行する。その１つが今日にも生きている『山林都市（一名林間都市）』（曠台社、1928年）であった。

黒谷は、日本が世界でも有数の山林所有国であることに着目した。その特徴である山林を生かし、山林に拠るまちづくりを提唱したのである。山林なら自然や景観、木々や花々、水や食料にも恵まれている。山林都市として、閑静な住宅街のみでなく、仕事を提供する工業・官庁街、生活を豊かにする文化・芸術や教育・学術街なども同居させている。

その構想は、当時紹介された田園都市論が郊外型の住宅中心のまちづくりであったのに対し、山林における総合的なまちづくり論であった。山間部の河川・渓谷を活用してエネルギーは水力中心と考えた。しかも黒谷は営利本位にではなく、公益の理念でまちづくりすることも提唱していた。住宅・まちづくりを市民本位に考えていたということである。

注意してよいのは、黒谷のまちづくり案があたかも日本の今日があるのを予測するような提言であったことである。予測したというよりも偶然とも取れそうであるが、単なる偶然とばかり言えない面をもっていた。それは、黒谷が東北に象徴される日本の地勢・地域、あるいは地震国・津波国の特徴などをよく観察して構築、提言した構想であったといえるからである。

彼が東京専門学校を卒業して間もない1896（明治29）年、22歳の時であるが、三陸大地震が勃発した。今回の東日本大震災に匹敵する巨大地震で、津波の被害・犠牲も今回に劣らず大きかった。被災地から離れた地にいたとしても、その見聞、特に津波の怖さは、同じ東北人として大きな衝撃となって記憶に残り続けたはずである。それが山林都市構想の際に、津波を避けることが、津波とは無縁の山林にまちをつくるという発想・構想に寄与した可能性をまったく否定することはできないであろう。この点は、今後さらに議論されてしかるべき点である。

そのように、山林、津波対策など日本の環境・条件に相応しいものとして構想されたまちづくり論だからこそ、時代を超えて共通性やつながりを今日に伝え、評価され直すことになったものといえよう。

例えば、黒谷は、海岸部の平野、内陸の広大な山岳・山林のうち、後者の

山林部に拠り所を移し、さらに河川の多い地勢から水力発電にエネルギー源を求めるべきと主張した。津波の危険のある地勢・地殻状況、水力発電に依存できる環境は、その後の日本でも変わっていないのである。

そのような黒谷の発想に基づいてその良さを生かし、私が描く山林文化都市あるいは山林アート都市プランは次の通りである。

5. 山林文化都市に拠る東北新生計画

今回地震・津波で最も大きな被害にあったのは、東日本でも太平洋岸に沿う東北の県・市町村であった。それらの自治体・まちは、海岸沿いの平野部のみでなく、内陸に丘や山間部、そしてそこには広大な山林・森林地帯も持っている。

しかるに、生活の拠点・中心は大方が海岸に沿う平野部であり、それが今回の大地震・大津波の被害をまともに受けるもとにもなっていた。丘や山間部は多くが手付かずに近い状態である。

それに着目し、各自治体・まちを単純化して海岸地域と、津波・地すべりの心配がない緩斜面を利用した山間・山林地域に分けて、山林文化都市あるいは山林アート都市の将来構想を考える。その両地域を連携させつつ、生活の拠点を海岸の平野部から内陸の山間部・山林周辺に移すのである。

なお、黒谷の構想と同様に、私が考える山林文化都市も、坂道が多くなるので、景観などにはプラスに生かせる反面、生活のしにくさを感じる人もいるかもしれない。ただ、比較的緩やかな傾斜地を選ぶのと公的交通機関の整備は必要であろう。そこは、津波対策、良い景観づくり、自然との共存などには格好な地域なので、むしろプラス面の方が多いと考えている。

ともかく、全く新しい山間地域に夢と希望のあるまちをつくり直すので、国家的事業、しかも超長期にわたるまちづくりとなる。また大枠の合意の下で、全体構想・目標を共有し、自治体・まちごとに個性・特色の出せるまちづくりを基本とする。

もちろん、田畑など農業、また工場・産業をどう配置するかなど、検討課

題もなお少なくない。従来まちづくりには参加が限られていた高齢者や障がい者の参加・意見も十分に耳を傾けることも必須である。そこを工夫していくためにも、国・市民の支援を前提に、市民の参加・共創を得て、地方・地域レベルで主導権を握る。そのような合意形成のためにも、また理想・目標を高くするためにも、長い年月をかけることが必要である。緊急対応を要するとはいえ、山林の開拓、土地の配分、生活資金、雇用の保障、住宅ローンの工夫、二重住宅ローン制など残っている課題も少なくない。いずれも政府・行政機関の決断と支援が欠かせない。ここではあえて遠大な計画中心に概略のみ提示することにしたい。

(1) 海岸地域

　海岸地域は、今後も地震・津波の発生・襲来を避け得ないことから、民間の土地を含め、公有地化する。基本的には全域で公園化をすすめる。それは、自治体が中心となり国が補助金を出す「防災集団移転促進事業」の改正・拡充を含め、既存の公的制度と全く新しい政策を併用し、100年、200年先を見通す計画で、自治体・国と市民が連携・共創すれば実現可能である。

　具体的には、被災にあった海岸部全域に広がる民間の土地を国が買い上げるか、または新しいまちをつくる山林地域と交換をする。

　その広範な海岸側の土地は、基本的には公園化・グラウンド化をはかり、エコ化もすすめる。原発は海岸からは原則的には撤去、やがて廃棄する。同時に、いかなる津波からも解放される安全・安心で、環境整備の進んだ世界の範となるエリアとする。

　横浜国立大学の宮脇昭名誉教授は、土にガレキを混ぜてマウンドにし、南北300kmの「森の長城」をつくる提案をしている。ただ、法令により震災ガレキは産業廃棄物とされ、すぐ土に埋めることはできない。しかし、処分に困っているガレキを除染して分別すれば90％以上が公園づくり・森づくりに利用できる地球資源に変わる。実際、山形県酒田市には輸入木材の樹皮（木性廃棄物）などを土と混ぜて形成された森がある。

海岸地域でも、市民の生活エリアとなる山林地域に近いところに、巨大なドーム型の津波対応の避難所を設置する。海岸沿いには津波対応の防壁を設置するが、せいぜい3〜5メートル前後の津波対応にとどめる。その代わり、避難ドームは、20メートル、30メートルの大津波にも耐えうる強固な施設とする。

その内部は、普段は野球、サッカー、陸上競技などに使用できるグラウンド、その周囲に1、2万人規模の観客席を設ける。あるいは多様な行事に使えるメッセ型活動施設とする。ドーム内のグラウンドやメッセ型の広場も、また観客席も、地震・災害時には避難所に換わる。

そのドーム型避難所の周辺に、同じく津波対応型の巨大ドームをいくつか設置する。それらには、情報関係の公的施設、企業などの事務所・工場・特に漁業関係の製造所・販売所などが入居する。各ドームも、万一の場合には津波避難所にも使えるように津波対応は万全にしておく。その公園エリアには、多様なドームの他にスポーツ用グラウンドも広く整備する。屋外でスポーツを楽しんでいる最中に、地震・津波が襲来しても、近くのドームに逃げ込めば安全・安心を保障される。

また、広大な道路では自然保護や景観を優先するために広告類は立てず貼らず、電柱が必要ないように電線は地中化する。その代わり、それぞれの道路・地域に合った街路樹と花々が植樹される。それに、歩道と車道の区別のみか、全域に自転車道も整備する。とくに自転車が移動の主流になるほどに、自転車道は広範に整える。それによって、全域の公園化・エコ化がさらに前進する。そんなゆとりのあるまち・エリアに変わるのである。

(2) 山間・山林地域

山間地域の方は、山林と共にあるまちづくりを基本とする。そこでは、津波の心配がなく、新鮮な空気・水、緑・山菜・果実など自然・環境などは申し分ない。景観も、優れたものにつくり上げることが容易である。特に国有林を活用し、黒谷了太郎が構想したように営利方式ではなく公益方式でまちづくりを進めれば、低廉な土地の確保も容易である。その分、個人住宅さえ

大地震にも耐えうる頑丈・安全な構造とする。

　新しい山林文化都市の単位は、従前の市町村に対応させる。まちには、住宅街のみか、役所街、教育・文化・芸術街、商店街、公園・緑地街、工場街、それらをつなぐ緑あふれる道路、交通網などが同居する。まちづくりの方式・特色も単一である必要はない。アート都市、大学まち、文化村、スポーツのまち、農場・花のまちなど多様でよい。道路には海岸地域と同様に電柱・電線がなく、街路樹と花々がどこまでも続く。自転車道も全域に整備する。工場街さえ、緑や花々が咲き乱れ、公園・庭園工場となる。周辺には田畑など農業地、森林・山林が広く展開する。

　仕事の後は閑静な住宅街、静穏な教育・文化・芸術街、あるいは海岸地域の公園・スポーツエリアで余暇を楽しみ、心身に潤いを得ることができる。

　教育・文化・芸術街には美術館、博物館、歴史・史料館、図書館などが整備される。その運営・維持は、官・役所中心・天下り方式とは無縁で、原則として市民やNPOのボランティア方式で行われる。市民は諸施設・設備を享受するだけではなく、ボランティアとしてそれらの維持・運営にも参加し、責任も分担するようになる。それだけ、市民が参加・共創する方式で、50年、100年先も見、ゆとりあるまちづくり・生活づくりを心がけることになろう。

6. 反省の多い従来の生活づくり・まちづくり
　　──政治・行政は市民本位に大胆な政策転換を

　今回の東日本大震災で特に強く考えさせられたことの1つに、政治・行政と市民の間には困難・混乱時にも堪えうる強固な協力・連携関係が構築されていなかったことがある。例えば連絡網など恒常的な情報回路、あるいは民生委員や町内会役員を介してであれ、行政と市民をつなぐ人的サービス・人的連絡網、最近はやりの市民ネットワークさえ確保できていなかったのである。

　甚大な被災地では役所自体が破壊され、機能が壊滅したので、しばらく行

政と市民、また市民間の連絡・情報が途絶えたのは理解できるが、役所が問題なく生き残ったところでも、しばらく行政と市民の連絡・通信網が途絶したのが現実であった。日頃、政治も行政も、市民の政策や安全・安心を保障するように訴えていながら、また市民の声に耳を傾ける姿勢を示していながら、実は肝心の時には機能しないもの、あるいは形式的なものでしかなかったということが分かったのである。

　実際に、市民にとっては、政治も行政も、地震発生後しばらくは肝心なところではほとんど力にはなってくれなかった。避難所にいてもおにぎりと水は配給されるものの、2食しか配給されない所、あるいは3食配給されるが、1食おにぎり1個の所もあったりした。

　さらに、避難所に入れない市民になると、情報が行政からはほとんど届かない。市町村が飲料水を配っている場所がどこなのか、水道はいつ復旧するのか、開店しているスーパーやコンビニがどこかにあるのか、など生活に不可欠な情報も、行政の広報ルートや町内会の組織を通じて伝わることはほとんどなかった。大方の人が頼ったのは、テレビ・ラジオであり、しばらくはそれが最も頼りになる情報ルート・情報源であった。

　自衛隊や消防隊も懸命に活動した。しかし、あくまでも要請があって対応する公的任務なので、一般的には自主的には動けず、かつ他との連携、全体の中でのバランスのとれたサービスにも限界があった。市民の中に自由に、自らの判断で入っていくというわけにはいかなかったし、飛行機やヘリコプターも市民生活の支援に使うには法的制約が多すぎた。責任の所在を明確にするためであろうが、大震災のような超非常時に対応できるシステム・ルールにはなっていなかったのである。超緊急時には法規を超えた権限の行使も、市民本位・被災民本位を前提に認められるべきであろう。

　今回のような緊急時・混乱時にこそ、政治・行政がフル回転し、大胆に、かつ柔軟に責任を果たすべきなのに、震災直後の初動判断・対応ではそういうよい面がほとんど背後に退いていた。

　それに、依拠し、守るべきまち・住宅があまりにも貧弱であったことも反省させられる。狭い土地、道路には電柱・電線はあれど、街路樹・花、歩

道、自転車道もない。快適さ、素晴らしい景観・環境、さらに災害対策も整備された安全・安心を目ざすまちづくりは無いに等しかったのである。

　美しい住宅街やまちが何故西欧諸国にできて、日本にはできなかったのか。守り誇るべき素晴らしいまち、安全・安心を保障し、市民を守ってくれるまちづくりもなかったのである。政府や行政が、市民の声を吸い上げる努力を怠ってきたこと、市民本位・市民参加を掛け声や形だけで終わらせてきたこと、まちづくりが経済活動の下に位置づけられ、真剣に取り組まれなかったことも、その理由の1つである。市民のためのまちづくりは無視しても、商店街の活性化、工場誘致・企業誘致と工場街づくりは忘れないのが従来のまちづくりであった。

　50年、100年先を視界に入れる夢のある山林文化都市は、市民の支持・共創なしには実現困難である。市民の声にこそ、旧態依然の発想を越える新鮮な意見やアイデア、公益に沿う発想やプランが得られる可能性が高い。夢や誇りをもてるまち・暮らしは、市民本位・市民主導が軌道に乗るときにこそ期待できるのである。被災地の復興・回復には、公益と共創に支えられる発想、計画、設計の理念・理論を共有し、実践することが不可欠である。

　こんなことを考えるたびに、私の脳裏には私が大震災後に初めて訪れた被災地、石巻で焼き付いた瓦礫と廃墟の光景が浮かんでくる。1日も早くそれらが脳裏から消えて、みんなで何時までも誇れる、美しい緑や花々の咲き匂う山林文化都市のゆとりある生活とまちの光景にかわることを願っている。

　幸い石巻でも市街地の瓦礫の撤去はすすめられた。まち・市民の活動も動き始めた。しかし、全面的なまちづくり・暮らしづくりはこれからである。国・行政の支援と市民の共創が鍵になるが、市民の参加、連帯、共創が意外に難しい。その困難を切り抜け、克服してこそ、大震災の悪夢を完全に過去に追いやって、新しい夢のあるまちができ上がり、安全・安心の暮らしが始まるのである。

（小林　丈一）

参考文献

黒谷了太郎『都市計画概要』都市計画愛知地方委員会、1923年。
黒谷了太郎『都市計画と農村計画』曠台社、1925年。
黒谷了太郎『山林都市 Forest City（一名林間都市）』曠台社、1928年。
『都市創作』都市創作会、1925-1930年。
『鶴岡市史　中巻』ゑびすや書店、1962-1975年。
『森林から都市を結ぶ』森林フォーラム実行員会、日本経済評論社、1978年。
高田宏『荒ぶる自然―日本列島天変地異録―』新潮社、1997年。
山下和正「山林都市と黒谷了太郎」地域開発、通巻4-5号、1999年4月、71-72頁。
堀田典裕「黒谷了太郎『山林都市（一名林間都市）』を巡って」森林都市、33号、2001年、10-15頁。
小松隆二『公益とは何か』論創社、2004年。
小松隆二・白迎玖・小林（小野）丈一『共創のまちづくり原論』論創社、2010年。
浅野純一郎「黒谷了太郎の都市計画思想と共同社会について」日本建築学会計画系論文集、第75巻、第653号、2010年、1687-1699頁。
宮脇昭『「森の長城」が日本を救う』河出書房新社、2012年。

column

一服の力

柴田　香葉美

　二年前のある朝、私の夫は数本の煙草を立て続けに吸い、喫煙という悪習を永久に封印した。健康上の必要に迫られていたからだった。その日の午後、東日本大震災が起きた。

　夫は禁煙したが、その半年前の煙草値上げに先立って買い込んでいた50カートン500箱の煙草が手元に残った。喫煙を「悪習」と認めながら、その煙草を人に譲ることは難しい。

　地震後の騒然とした日々が少し落ち着いてきたころ、ふと、被災地にはこの煙草を欲している人がいるのではないかと思いついた。

　そこでインターネットで調べてみると、救援物資品目のリストに煙草は見当たらない。さらに調べて行くうちに、「子供や健康状態がよくない人も居る避難所に、煙草を持ち込まないでほしい。」という記事を見つけた。

　手元の煙草は廃棄するしかないのかと諦めかけたとき、知人を介して、宇都宮の社会福祉法人飛山の里福祉会という障害者支援施設が、救援物資として煙草を引き取ってくれるという報せが入った。同施設では四月半ばまで救援物資を被災地に送り続けていたが、夫の煙草は最後の便に滑りこませることができた。

　担当職員は、「煙草など、どこにどう届けようか？」と話し合ったという。その時実際にトラックで、何回も物資を被災地に運んでいた運転手さんが居合わせ、「現地では大勢の人に『煙草ありませんか？』と聞かれるんだよ。これを持って行ったら喜ばれるだろうな。」と言い、その煙草をすべて助手席に積み込んで出発して行ったということだった。

　その後その煙草がどこで何人の人に配られたか、私は知らない。ただ、肉体的にも精神的にも疲労困憊している人が、通りすがりのトラックから思いがけず煙草を受け取り、ふーっと煙を吐いている姿が目に浮かぶ。嗜好品は必需品ではないし、嫌われ者になることもあろう。しかしそれを愛する人にとっては、時に一膳の白飯にも勝る力があるのかもしれないと思う。

（フリーライター）

第 7 章

東日本大震災と労働組合の社会的役割

はじめに

　東日本大震災の発生により、多くの人たちが東北地方沿岸部を中心とした津波の被害の大きさを目の当たりにし、被災地に駆けつけてボランティア活動に参加したり、また、義援金という形で寄付を行ったりした。

　労働組合においても、東日本大震災の発生後、ナショナルセンターや産業別組織は組合員から集めた義援金や救援物資を被災地に届け、ボランティアを派遣するなど、被災地支援にいち早く取り組んだ。また、ナショナルセンターを中心に、政府や省庁に対して、雇用・労働を中心にさまざまな政策対応を求め、復旧・復興に力を注いできた。

　しかし、日本の労働組合は企業別組合を中心に組織されていることから、その取り組みの多くが雇用労働者の2割に満たない組合員にのみ向けられているように見受けられ、その「閉鎖性」を指摘されることも少なくない。他方で、民間部門の組合を中心に、組合員は自らの意思によってではなく、ユニオン・ショップ協定[1]のもと、入社と同時に自動的に組合員資格を得る、という仕組みを取っている。こうした非自発的なメンバーシップによる構成が、公益的活動をしているNPO等非営利組織とは大きく異なる。

　本章では、労働組合の「公益性」を検討するために、まず、これまでの労働組合の取り組みの中でも「公益性」のある活動、すなわち社会貢献的活動について概観する。そのうえで、マスコミ等ではほとんど報じられてこなかった東日本大震災後の労働組合の取り組みについて、主に日本労働組合総連合会（以下、「連合」と記載）と、そこに加盟する産業別組織の活動を紹

介する。また、後半では、組合員を対象とした調査から東日本大震災後の組合員の行動や意識の変化とともに、組合員からみた労働組合の社会貢献的活動について分析を行う。

1. 労働組合における社会貢献的活動

　日本において、労働組合のある職場では、多くの場合、企業単位で組合が組織され、そこで働く労働者の労働条件は企業別組合と企業との交渉、協議によって決まることが一般的である。つまり、日本の労働組合の中心にあるのは企業別組合であり、それを束ねる産業別組織でも、全国的組織であるナショナルセンターでもない。主に自組合の組合員の労働条件や職場環境の改善に取り組む企業別組合は、利害団体としての性格が強く、その意味では「公益性」は薄いといえる。

　しかし、労働組合の活動のなかには、「公益性」がある活動、すなわち社会全体に貢献する取り組みがないわけではない。代表的な活動の1つはボランティア活動であり、ナショナルセンター、産業別組織、そして、企業別組合それぞれのレベルで様々な活動が行われてきた。大原 (2003) によると、労働組合においてボランティア活動が広がりをみせたのは、企業が社会貢献活動に取り組み始めた1980年代後半からであり、その後、1995年の阪神・淡路大震災を機に活発化されたという[2]。連合のシンクタンクである連合総合生活開発研究所は、阪神・淡路大震災の直後 (1995年11月〜1996年1月) に企業別組合を対象に、労働組合のボランティア活動に関するアンケート調査を実施している。その結果をみると、回答組合の9割近くが阪神・淡路大震災の後にボランティア活動を行い、また、3分の2の組合が震災に際して「ボランティアに対する見方を変えた」と回答している。そして、同調査報告には、この頃から労働組合の運動方針等にボランティア活動の項目が載るようになったことも記されている。さらに、同調査から「ボランティア活動への取り組みにあたって重点的に支援すべき課題」に対する回答 (複数回答) をみると、3分の2の組合が「休暇休職制度の導入・普及促進」を挙

げている[3]。この結果から、阪神・淡路大震災を前後して、労働組合としてボランティア活動に取り組むだけでなく、個々の組合員のボランティア活動への参加を支援するため、いわゆる"ボランティア休暇"の獲得に向けた取り組みも広がりをみせたことが推察される。

また、企業別組合が加盟する産業別組織においても、企業別組合の組合員が参加するボランティア活動を行っている。例えば、鉄鋼、造船、非鉄等を扱う企業の組合が加盟している基幹労連では2008年に「JBU パワーバンク」を設立した。これは、組合員がパワーバンクに登録し、災害発生時にボランティアとして派遣される仕組みである。参加希望者は、まず基幹労連が主催する基礎講座を受講し、その修了証を受け取ってはじめてメンバーとして登録される。平時においては、基礎講座のほか、基本教育・訓練、リーダー教育の講座を定期的に受講し、モチベーションの維持とスキルアップが図られている。パワーバンクの最初の出動は、2009年8月の山口県防府市を中心に発生した水害の復興支援で、延べ32人のメンバーが現地入りし、活動を行った[4]。パワーバンクを通じた組合員同士の人的交流を活発化すること、すなわち組織力の強化もその目的の1つであると見受けられるが、こうした取り組みは労働組合による社会貢献的活動の1つの形といえるだろう。

さらに、ナショナルセンターにおいても、社会貢献的活動が行われている。日本の労働組合員のほぼ7割（669万3,000人）[5]を組織するナショナルセンター連合では、核兵器廃絶の取り組みや被爆者支援などを行う「平和活動」や、人権侵害や就職差別をなくすことを目的とした人権政策や人権教育・啓発、北朝鮮による日本人拉致事件の早期解決に向けた活動など、「人権」にかかわる取り組みを行っている。また、1989年の結成から継続して行われているカンパ活動「連合・愛のカンパ」ではNGO・NPO団体などの事業・プログラムへの助成ならびに自然災害などによる被災者に対する救援・支援を行っている[6]。

さらに、ナショナルセンターである連合にとって重要な取り組みの1つが「政策参加」である。連合では、2年に一度「政策・制度　要求と提言」という独自の政策を取りまとめた政策集を作成している。この「要求と提言」

は次のような経過でまとめられる。
① 構成組織（産業別組織）と連合の地方組織である地方連合会から意見を集約して骨子を作成。
② その骨子をもとに構成組織の代表が委員を務める政策委員会等各種委員会で討論を重ねて政策原案を作成。
③ 各構成組織は政策原案を組織に持ち帰り、企業別組合の代表を含めた組織討議を実施。
④ 構成組織及び地方連合会の代表が参加する連合政策・制度中央討論集会での議論の後、修正。

以上のような手順を踏んでまとめられた「要求と提言」をもって、連合は政府や省庁に対する政策要請を行っている。

連合結成以前も含め、こうしたナショナルセンターによる政策実現の取り組みは、男女雇用機会均等法の制定、育児休業法の制定、労働基準法改正による労働時間の短縮、パートタイム労働法の制定など、労働分野の法整備に結び付いており、組合員以外の労働者を含めた労働者全体の労働条件や職場環境の改善に貢献してきたといえる。

なお、こうしたナショナルセンターの取り組みは、企業別組合の組合員が直接的に参画するものは少ない。また、組合員がどの程度ナショナルセンターを認識し、その取り組みを理解しているかは定かではないが、ナショナルセンターは、企業別組合の組合員一人ひとりが納める組合費の一部によって運営されており、組合員は間接的に連合による社会貢献的活動に関与しているのである。

2. 東日本大震災後の労働組合の取り組み

本節では、東日本大震災後の労働組合の取り組みについて、ナショナルセンターである連合と連合に加盟する産業別組織が東日本大震災後にどのような対応を取ったのかについてみていきたい。

(1) 連合

連合は東日本大震災発生3日後の2011年3月14日、「東北地方太平洋沖地震による災害と対応に対する会長声明」[7] として、「連合は、組合員・家族の生命と財産を守ることのみならず、労働運動の社会的使命として、被災者救援と復旧に組織の全力をあげて取り組んでいく」ことを表明した。また、同日、連合本部に「連合・災害対策救援本部」を設置し、同年10月に行われた第12回定期大会までこの災害対策救援本部を中心とした活動が行われた。

以下では、連合による救援カンパ活動や救援ボランティア活動とともに、連合による政府や省庁への要請など東日本大震災にかかわる政策対応についてみることにする。

① ボランティア活動、救援カンパ

連合では、2011年3月の末から、被災地に向けた救援ボランティアを派遣した。3月25日に福島県の相馬ボランティアセンターに先行派遣を行ったのち、3月31日に岩手、宮城、福島の3県に第1次ボランティアを派遣した[8]。

救援ボランティアは被災地の自治体、社会福祉協議会等を中心としたボランティアセンターと連携し、9月末まで第24次にわたり、6,023人（男性5,565人、女性458人）が派遣され、のべ活動人数（人数×活動日数）は3万4,549人に及んだ[9]。

また、連合の災害対策救援本部では、救援本部設置直後から組織内及び街頭での災害救援カンパを行った。この救援カンパでは、組合員だけでなく一般市民や労働組合の国際組織等からの義援金を含めて、連合本部として総額8億3,586万3,286円（2011年3月14日〜12月26日）を集めた。このカンパ金は、岩手県、宮城県、福島県、茨城県、千葉県の被災県への寄付、また、東日本大震災遺児への一時金・貸与奨学金としてあしなが育英会に寄付された[10]。

② 震災直後の政府、省庁等に対する要請行動

また、連合本部では3月中旬から5月にかけて、政府ならびに与野党各

党、厚生労働省や中小企業庁のほか、日本経団連をはじめとする経営者団体に対して、数度にわたる要請行動を行った。

要請先によって内容は異なるものの、震災発生直後には、被災者・避難者の生活確保やボランティアの受け入れ態勢の確保等についての要請が行われた。また、連合による要請は、雇用・労働にかかわる内容が中心となっているが、雇用確保や労働者保護とともに、中小企業に対する支援のほか、震災が3月に発生したこともあり、新規学卒者への対応なども含まれていた。

震災発生から1ヶ月ぐらいの間に行われた要請は「緊急要請」という形がとられていたが、4月中旬には、厚生労働省に対して「東日本大震災の救済・復旧」を目的とした要請が行われるようになった。さらに震災発生2ヶ月後の5月には、政府、厚生労働省、経済産業省、文部科学省に対して、「原子力発電所の事故対応等における安全衛生対策強化」として原発事故に対する要請が実施されており、要請内容はその時々の状況に応じたものとなっていたことがわかる。

表7-1 連合本部が行った東日本大震災に関連する要請行動 11)

要請日	要請先	要請	要請内容
3月15、16日	政府、与野党各党	緊急対策	被災者・避難者の生活確保及び国民への情報開示 政府予算の速やかな執行 緊急雇用・労働対策 「災害弱者」の安全確保と防犯体制の整備 ボランティア受け入れ態勢の整備 統一地方選挙への対応
3月25日	厚生労働省	緊急対策（雇用・労働関係）	労働者保護・雇用確保に向けた労働行政総動員体制での対応 安全衛生対策の強化 震災により休業・離職等を余儀なくされた労働者の救済 震災により影響を受けた企業等に対する各種支援策の迅速な実施 復興に向けた雇用の創出と各種就職支援対策 雇用対策と連動した職業能力開発対策の強化
3月29日	中小企業庁	災害復興	資金繰り等の金融対策 企業再生支援 中小企業労働者に対する支援

4月5日	日本経団連	雇用・労働問題等	雇用維持への最大限の努力 新規学卒者等への対応
4月6日	政府	3/15 緊急対策要請の再要請	被災者の生活支援体制の整備、福島原発事故への対応、復旧・復興に向けた体制整備、補正予算の早期編成等
4月8日	経済同友会、全国中小企業団体中央会、日本商工会議所	緊急対策	雇用維持への最大限の努力 新規学卒者の対応　等
4月15日	厚生労働省	東日本大震災の救済・復旧	4/6 政府の緊急要請のうち社会保障分野 32 項目の対策の実施
5月20日	首相官邸、文部科学省、厚生労働省	原子力発電所の事故対応等における安全衛生対策強化	福島第一原発の事故対応に従事する労働者への安全衛生対策の強化 警戒区域、計画的避難区域およびその周辺で働くことを余儀なくされた労働者に対する安全衛生対策
5月26日	経済産業省		放射線量や健康への影響などについて、政府として一元化された情報の開示 「放射線審議会」に労働災害の専門家を追加、労働政策審議会労働安全衛生分科会の下に特別の「部会」を設置、定期的に開催

注：連合ホームページに掲載されている文書等を参照して作成した。

③　「災害復興・再生に向けた政策」

その後、2011 年 6 月には「災害復興・再生に向けた政策」（第 60 回中央委員会にて承認）がまとめられた。これは、連合「2012～2013 年度　政策・制度　要求と提言」の別冊として位置づけられている。

「災害復興・再生に向けた政策」から連合の復興・再生の基本的な考え方をみると、「東日本大震災からの復興は、日本の新しい国づくりの契機として、10 年後を見据えたしっかりしたグランドデザインをつくるべきである」とあり、また、「困難を乗り越え、復興・再生を何としても成し遂げなくてはならない。連合は組織の総力を挙げてその実現に取り組む」と記載されている。

主な政策の柱としては、① 復興・再生に向けた体制の確立、② 生命の安全と健康確保、生活インフラの回復・再建、③ 原子力発電所事故の収束及

び避難の長期化・二次被害への対応、④雇用創出・就労支援と地域の産業・企業の再建支援、⑤復興へ向けた都市・まちづくり、⑥地域経済の復旧・復興、⑦国のエネルギー政策の総点検・見直し、⑧被災地以外の地域での防災・減災機能の点検及び事業継続管理（BCM）の普及・促進、と多岐にわたっている。

次に、「災害復興・再生に向けた政策」にまとめられている15の政策課題[12]のなかから、労働組合にとって、最もかかわりのある「雇用・労働政策」についてその内容をみることにする。

要求の1つめは、「直面する雇用・労働に関する不安を取り除くとともに、就職支援・人材育成などを通じて『働くことを軸とする安心社会』を実現する」とされ、震災によって休業・離職などを余儀なくされた労働者の救済とともに、地域における雇用創出を軸とした復旧・復興事業の必要性が記されている。震災に関連した就労支援については、雇用の確保や職業訓練、生活支援だけでなく、中高齢者、障がい者、母子・父子家庭など就職困難者に対する支援強化や、家族の死亡等により経済的に困難な状況に陥った女性に対する相談体制の確立と就職あっせんなど、震災後、より厳しい状況に置かれているであろう層を対象とした具体的な要求も含まれている。そのほか、雇用・労働政策では、電力抑制への対応において労働基準が遵守されるよう、指導・監督を強化することや、雇用保険制度の充実等、雇用のセーフティネットの再構築についても触れられている。

2つめの要求では、「復旧・復興および原子力発電所事故対応等における労働安全衛生対策を強化し、労働者の安全と健康を守るために万全を期す」とされ、直接復旧・復興事業に携わる労働者の労働安全衛生ならびに災害防止の徹底とともに、とりわけ原発事故に関連して、「放射線」に関する情報開示ならびに労働政策審議会安全衛生分科会の下に特別の「部会」を設置して、部会の定期的開催による状況報告と対策を議論することを求めている。

以上のように、連合は、震災発生直後に発表された会長声明のなかにある「労働運動の社会的使命」として、被災者支援と政策対応に取り組んだことがわかる。「災害復興・再生に向けた政策」が今後どの程度実現されるかは

わからないが、その内容は、労働者の仕事と生活の維持に注視しており、被災地における復興を下支えする内容になっているといえるだろう。

(2) 産業別組織

次に、連合に加盟する産業別組織の東日本大震災後の取り組みについて取り上げる。各組織の震災直後の対応をみると、規模の大きい産業別組織を中心に、独自に対策本部を設置して対応を講じた組織も少なくない。各組織の対策本部では、まずは組合員とその家族の安否の確認や組合員が働く職場の被災状況の確認作業が行なわれ、徐々に被災状況が明らかになるなかで、連合と連携しながらも、並行して産業別組織独自の取り組みを行ってきた。

以下では、産業別組織の東日本大震災後の取り組みをその内容ごとにみていきたい。

① 人的支援

各産業別組織では、連合救援ボランティアへの参加を加盟組合に対して呼びかけるとともに、基幹労連では、これと並行して、前述のJBUバンクを通じた独自ルートによるボランティアを派遣した。また、機械・金属産業の労働者を組織するJAMでも独自の取り組みとして、生活用水4トンを運ぶ散水車と高圧洗浄機や消防ポンプを搭載したトラックを現地に持ち込み、津波被害で泥だらけになった被災地を洗い流す「水をきれいにし隊」という取り組みを行った[13]。

また、自治体職員を組織する自治労や教員・学校職員を組織する日教組では、組合員が被災地に出向き自らの仕事をすることが、直接被災地支援につながっている。自治労では、被災県本部とともに被災県内の市町村からの支援要請を受けて、被災自治体や被災自治体住民への支援を行う目的で、4月から6月までの2ヶ月間に、被災県を除く43県本部から岩手、宮城、福島の3県に対する支援活動が行われた。派遣チームでは、主に避難所運営にあたる被災自治体職員の代替業務、り災証明の発行・倒壊家屋調査・義援金交付などの自治体行政事務の補助業務、被災者の治療や心のケアなどの医療支援業務などを行った。そのほか、自治労は上下水道・ガス、病院関係、介

護・障害者支援、清掃、学校給食などの職場も組織しており、これらの職場で働く組合員は、応急給水、下水道処理施設の復旧作業や医療支援、介護福祉支援、廃棄物処理業務の支援なども行った[14]。また、日教組では、夏休みの7、8月に学校や避難施設、仮設住宅に教育復興ボランティアを派遣した[15]。

② カンパ活動、救援物資の提供

産別独自のカンパ活動も複数の組合で行われている。生活関連産業を組織するUIゼンセン同盟（現UAゼンセン）では、震災発生5日後の3月16日から被災者救援を目的としたカンパ活動を開始した。これは、任意カンパではあるが、一人1,000円以上を要請し、約5ヵ月後の8月1日現在で、2億8,691万6,439円が集まり、被災した加盟組合の企業の全従業員及びシニア友の会（元UIゼンセン同盟の加盟単組の組合員によって構成された組織）の会員に対して、被災状況に応じた見舞金の支給が行われた[16]。また、フード連合においても、3月15日から緊急のカンパ活動を開始し、総額で2,000万円を超えるカンパ金を集約した。カンパ金のうち、その7割は被害状況に応じて、加盟組合員に対し見舞金として支給され、残りは連合の救援カンパに拠出された[17]。これらの事例からもわかるように、産業別組織のカンパで集められた見舞金は直接、被災した加盟組合の組合員等に対して支給されており、連合のカンパ活動との違いがみられる。また、UIゼンセンの場合は、見舞金の支給対象を加盟組合員に限らず、加盟組合の企業の「全従業員」としており、組合員以外にも対象が広げられている点が特徴といえるだろう。また、情報労連では、組合員にカンパを募るとともに、組合員（家族・退職者を含む）が、運営に積極的に参加・参画しているNGO・NPO等団体の活動を助成する「情報労連・愛の基金」から、青森、岩手、宮城、福島、茨城、千葉の県の協議会に対して計2,300万円が支出された。この支出金は、それぞれの県協における対策本部の体制確立支援、物資輸送やボランティア活動などに使用された[18]。

産業別組織の多くが連合の救援物資活動に参加したが、独自の支援を行った組織もある。UIゼンセン同盟では、本部と被災県の都道府県支部ととも

第7章　東日本大震災と労働組合の社会的役割　199

に、組織内議員である地方議員が宮城県ならびに岩手県の自治体と調整を行い、必要とされる支援物資の要望を受け、業種別部会と都道府県支部を通じて加盟組合に要請を行い、加盟組合からは毛布、紙おむつ、生理用品等が提供された。なお、集められた救援物資は、交通労連の協力を得て、大型トラックで宮城県、岩手県に輸送され被災者に届けられた[19]。JAMでも、加盟組合や組合員に呼びかけ、独自に食料品や生活用品の救援物資を集めた。救援物資は、加盟組合とともに各自治体の災害対策本部や被災地で活動する民間団体に提供された。また、4月初旬には、新学期を前に被災地の子どもたちのランドセルが足りない、という組合員からの声を受けて、ホームページを通じて呼びかけを行ったところ、組織外からの協力も含めて、必要数200に対して約2,000のランドセルが集まり、より多くの地域の子どもたちにランドセルが届けられた[20]。

③　政策要請

各産業別組織は、連合による政府、省庁に対する要請行動に参画するとともに、主に産業政策にかかわる部分において、独自の要請行動を行った。

自動車産業で働く労働者を組織する自動車総連では、組織内議員との連携により、車両登録手続きの簡素化、被災車両の車検期間の延長、被災車両の早期撤去や一時保管場所の確保とともに、代替車両購入時の税金を免税又は非課税にすることなどの要請を行った[21]。

また、UIゼンセン同盟では、訪問介護の仕事をしている組合員から被災地でのガソリン不足で移動が困難になり、要介護者の生命に影響を及ぼすおそれがあるとの声を受けて、組織内議員を通じて政府に対して意見を述べ、被災地で活動をする応援者に対して優先的に燃料を供給することを可能とした[22]。

さらに、水道・下水道・ガス事業等に関わる地方公営企業、民間企業に働く労働者を組織する全水道では、震災3日後の3月14日から働きかけを行い、3月20日に厚生労働省、日本水道協会、水道関係業界各団体、労働組合等8団体が参加した「東日本大震災水道復旧対策特別本部」を厚生労働副大臣のもとに発足させた。これは水道界初の統一テーブルであり、水道の復

旧体制整備の一翼をになった[23]。

④ 経営者、業界団体との調整

ナショナルセンターレベルでも日本経団連等、経営者団体に対する要請行動が行われていたが、産業別組織でも当該産業の経営者団体ならびに業界団体との間で政策的な調整が図られ、産業別労使による様々な対応がとられた。

自動車総連では、日本自動車工業会、日本自動車部品工業会、日本自動車販売協会連合会、日本陸送協会と懇談会を行い、夏期の電力需給問題への対応について検討を行った。そのなかで、自動車総連は「『計画停電を原則実施させない』ために最大限の協力を行うべき」という考えのもと、「産業別の輪番が望ましい」、「自動車産業全体で足並みをそろえて努力すべき」などの要請を行い、経営者団体との調整の結果、産業全体で休日配置を変更するという形で電力需給問題に対応した[24]。

また、電機産業を組織する電機連合でも、電機・電子・情報通信産業経営者連盟に対して、震災に伴う雇用・労働対策として、厚生労働省の通達や連合の政府要請の内容を周知徹底させるとともに、震災による一時帰休、一時休業の取り扱いや非正規労働者の契約の中途解除への対応などについて要請を行った。また、業界団体である電子情報技術産業協会、日本電機工業会、情報通信ネットワーク産業協会、情報サービス産業協会に対しては、原子力発電所の事故を踏まえた対応や、震災復興、電力不足とエネルギー対策などについて意見交換を行い、そのなかから政党や省庁に対する申し入れを行った[25]。

⑤ 継続的な取り組み

組織によって違いがあるものの、労働組合の東日本大震災発生に伴う緊急的な対応は、震災発生後1年ぐらいを目途に、いったん終了をしているが、その後も、様々な形で被災地支援の取り組みは継続して行われている。

例えば、郵政関連企業で働く労働者を組織するJP労組では、長期化が想定される被災地復旧・復興を視野に、地方本部や支部による集会、会議、レクリエーションへの参加者を対象としたカンパ活動を継続している[26]。また、UAゼンセン[27]では、被災地の復興に向けた取り組みのひとつとして、

津波によって塩害を受けた農耕地で、除塩を目的に綿花の栽培を行う「東北コットンプロジェクト」に2011年11月から参加しており、種まき、草取り、綿花の収穫等の時期に組合員のボランティアを派遣している[28]。

表7-2　各産別の東日本大震災発生後の対応

産別名	東日本大震災発生後の主な対応
UIゼンセン同盟	災害対策本部の設置 カンパ活動、ボランティアの派遣、加盟組合の協力による救援物資の提供、被災した組合員（家族を含む）に対する見舞金の給付 東日本大震災復興基金の設置 東北コットンプロジェクトへの参加
自治労	災害対策本部の設置 岩手、宮城、福島、茨城の県本部に対して被害状況を調査 被災自治体職員、被災自治体住民への支援を行うための支援活動
自動車総連	中央対策本部の設置 政策要請活動（連合による要請への参画と産別独自の政府・与党への要請） 産業復興に向け自工会、部工会、自販連、陸送協会と緊急会談を開催
電機連合	震災に対する大手組合の労働条件の取扱い、震災時におけるワークルールの紹介 電経連への震災に伴う雇用・労働対策についての申し入れ 業界団体4団体との復旧・復興に関する意見交換の実施
JAM	東日本大震災、災害対策本部の設置 独自の救援物資の活動、被災各県にカンパ金を贈呈 宮城県石巻市でボランティア活動「水できれいにし隊」を展開
日教組	7、8月に35日間、学校、避難施設、仮設住宅に教育復興ボランティアを派遣、9月には大槌町の仮説校舎引越しの支援 復旧・復興に向けての提言の策定
基幹労連	中央対策災害本部の設置 被災地県本部に対する物資の支援対応、政策要請 「東日本大震災　産業の復旧・復興に向けた政策」の策定 JBUパワーバンクによるボランティアの派遣
JP労組	震災対策本部の設置、関係地方本部と連携した組合員とその家族等の安否確認 「心ひとつに運動」の展開 （「3.11」を忘れない取り組み、被災支部サポート運動、「被災地支援」企画プロジェクトの取り組み等）
情報労連	災害対策本部の設置（組合員・家族等の安否確認、被災状況把握、連絡手段の確保） 「情報労連・愛の基金」からの緊急支出、「支え合おう！ニッポン・カンパ」を実施 連合を通じた政策要請

フード連合	東日本大震災対策本部設置 緊急カンパ活動の実施、カンパ金の7割を被災した組合員に（被害実態に応じて）見舞金、残りは連合のカンパに拠出 業種別部会ごとに復興のための政策要望等をとりまとめ、組織内議員に要請 震災後の労働問題への対応として、情報提供の呼びかけ、共有、対策の検討
全水道	災害対策本部の設置 厚生労働省、日本水道協会、業界各団体、労働組合等8団体による「東日本大震災水道復旧対策特別本部」設置の働きかけと参画

資料出所：労働調査協議会（2011a、2011b）及び、各組織が発行する機関紙等を参照して作成した。

以上のように、産業別組織においても、東日本大震災発生後、それぞれの産業特性や組織構成を活かした支援活動を行ったことがわかる。また、連合の取り組みに比べると、組合員が直接参加する活動も多く、組合員の声に反応する形でより組合員に近いところで支援活動が行われてきたといえるだろう。

3. 東日本大震災の経験—組合員の意識

本節では、組合員を対象に実施した調査の結果から東日本大震災をきっかけとした行動や意識の変化についてみることにする。そして、これまで労働組合が行ってきた助け合いや社会貢献的活動に対する取り組み評価から組合員と労働組合との関係について検討したい。

使用する調査は労働調査協議会が2012年2月から7月に実施した「人と人のつながりに関するアンケート」である。この調査は、労働調査協議会が会員組織（産業別組織、単組）を中心に参加を呼びかけ実施したものであり、電機連合、基幹労連、サービス・流通連合、私鉄総連、自治労、日教組の6産別とJP労組、NTT労働組合、全印刷、全農林の4単組が参加し、1万2,653件の有効回収を得た。以下では、上記有効回収のうち、組織の規模、回収状況等を考慮しサンプリングした6,744件のデータを使用する。なお、組合員と労働組合との距離感をみるために、組合役員経験別の分析を試みる。

分析の前に、本調査の回答者の属性について触れておく。男性は76.3％、女性は22.6％で平均年齢は男性42.1歳、女性41.4歳である。民間組合（52.6％）と公務組合（47.6％）の割合[29]はほぼ半数ずつを占めるが、女性や年齢の高い層で公務組合の割合が多いという特徴がみられる。なお、回答者の居住している都道府県をみると、岩手、宮城、福島、茨城を合計した比率は8.3％と1割弱にとどまり、大半は被災地県以外となっている。

また、組合役員の経験をみると、全体では「現在組合の役員をしている」が36.2％、「現在職場委員をしている」が11.4％と調査時点で組合役員・委員の比率が半数弱を占める。男女別にみると、組合役員・委員の割合は男性が52.1％と半数以上を占め、「組合役員の経験はない」（30.8％）が3割であるのに対し、女性は組合役員・委員の割合は35.0％にとどまり「組合役員の経験はない」が47.5％とほぼ半数を占める。

(1) 東日本大震災後の意識の変化

アンケートでは、東日本大震災後の"つながり"について、9つの項目についてそれぞれ「震災以後意識が強まった」、「震災以前と変わらず意識している」、「震災以前も以後も意識しない」のいずれかを選択する形でたずねている。

「震災以後意識が強まった」比率をみると、上位にあげられている項目は共通するものの、いずれも女性が男性を上回っている。比率の高い順にみると、「自分や家族の安全を自力で守れるよう備えること」が最も多く、男性51.6％、女性68.0％を占める。また、「避難場所など地域の情報を入手しておくこと」（男性48.4％、女性64.0％）、「節電など省エネルギーを心がけること」（男性47.1％、女性64.0％）でも女性で6割強、男性で半数近くを占めている。一方、「地域の避難訓練や防災訓練への参加」や「ネットで有用な情報が得られる」については、「震災以前も以後も意識しない」が3割弱を占め、相対的に「震災以後、意識が強まった」は男女ともに少ない。以上のような結果は組合役員経験別にみても、比率に明確な差はみられず、組合員全体の意識を示す結果といえる。

図 7-1 東日本大震災後の人とのつながり（「震災以後、意識が強まった」の比率、%）

	家族との絆の大切さ	隣近所とのつきあいの大切さ	避難場所など地域の情報入手	自分や家族の安全を守る備え	地域の避難訓練や防災訓練に参加	節電などエネルギーへの心がけ	ネットで有用な情報が得られる	様々なことや人の感謝の気持ち	ボランティア活動などの大切さ
男性	33.2	29.5	48.4	51.6	27.5	47.1	24.3	28.7	37.4
女性	39.3	40.0	64.0	68.0	37.5	64.0	34.8	40.9	50.1

（出所）　労働調査協議会「人と人のつながりに関するアンケート」。

　また、アンケートでは、東日本大震災以後に行ったこととして「あてはまるものはない」も含めた9つの選択肢を設け、複数選択の形でたずねている。最も多かったのは、「義援金や支援物資等を寄付した」で男性の69.7%、女性の75.1%がこれをあげており、他の項目に比べて、際立って比率が高い。そのほか、「被災地の産品を積極的に購入した」（男性25.2%、女性32.9%）や「災害時の連絡方法等の確認をした」（男性24.2%、女性30.8%）は2〜3割を占めるが、「被災地等でボランティアをした」は男性7.2%、女性3.5%と少数にとどまる。組合役員経験別にみると男性は現在組合役員や職場委員をしている層は、組合役員の経験のない層に比べて、「義援金や支援物資等を寄付した」と「被災地の産品を積極的に購入した」が多い傾向がみられ、また、数は少ないものの、現在役員層では「被災地等でボランティアをした」も1割を占める。一方、女性は組合役員や職場委員か否かで、震災後の行動に違いはみられない。

　上記のように、実際に被災地に出向きボランティアに参加した割合は一部に過ぎなかったが、ボランティア団体やNPOの活動への今後の参加意向に関する設問では、男女ともに、組合役員の経験がない層に比べて、組合役

員・職場委員（経験者を含む）で参加意向を持つ割合が多い。こうした結果から、役員として組合活動に関与することによって、ボランティア等への参画意欲が高まる可能性も示唆される。

(2) 労働組合の社会貢献的活動への評価

次に、労働組合の活動に対する取り組み評価をみることにする。組合員にとって、労働組合とは、自らが直接加入する企業別組合をイメージする場合がほとんどである。そのため、以下に取り上げる設問は労働組合の社会貢献的活動を含めた取り組み評価であるが、多くの場合、前節で取り上げたナショナルセンターや産業別組織ではなく、回答者は企業別組合の取り組みを念頭に回答していると考えられる。

調査では、労働組合の取り組みとして、① 生活についての相談活動、② 組合員同士の交流のためのイベント、③ 共済活動など組合員同士の助け合い、④ ボランティア活動・社会貢献活動、⑤ お祭りへの参加や労働相談など地域住民に貢献する活動の5つをあげ、それぞれについて取り組み状況の評価をたずねている。

総計から＜取り組んでいる＞（「充分に取り組んでいる」と「まあまあ取り組んでいる」の合計）比率をみると、② 組合員同士の交流のためのイベント（65.5％）と③ 共済活動など組合員同士の助け合い（62.9％）で6割以上を占めており、また、④ ボランティア活動・社会貢献活動（49.5％）や① 生活についての相談活動（45.3％）についても半数程度が＜取り組んでいる＞と評価している。他方、⑤ お祭り参加等地域住民への貢献活動については、＜取り組んでいる＞は37.0％と他の取り組みに比べるとやや少ない。

年齢構成や組合役員経験者の比率等を反映して、女性はいずれも「わからない」が男性に比べて多いために＜取り組んでいる＞が少ないが、男女ともに、5つの取り組みすべてについて、現在組合役員をしている層で＜取り組んでいる＞が多く、組合役員の経験のない層で少ない。ただし、組合役員の経験がない層でも、② 組合員同士の交流のためのイベントや③ 共済活動など組合員同士の助け合いは＜取り組んでいる＞が半数程度かそれ以上を占

図7-2 労働組合の取り組み状況（＜取り組んでいる＞の比率、%）

	①生活についての相談活動	②組合員同志の交流のためのイベント	③共済活動など組合員同志の助け合い	④ボランティア活動・社会貢献活動	⑤お祭り参加等地域住民への貢献活動
□ 男性 現在組合役員	58.7	78.7	78.2	58.0	42.9
■ 男性 組合役員の経験なし	35.8	55.6	50.3	42.2	32.9
□ 女性 現在組合役員	49.7	75.1	67.8	52.8	36.8
■ 女性 組合役員の経験なし	31.1	58.0	49.4	39.0	29.8

（出所）図7-1と同じ。

め、これらの所属組合内部の組合員を対象にした活動については、ある程度組合員に認知されていることがわかる。しかし、① 生活についての相談活動、④ ボランティア活動・社会貢献活動、⑤ お祭り参加等地域住民への貢献活動については＜取り組んでいる＞は3～4割と相対的に少なく、その分「わからない」が多くなっている。つまりこれらの取り組みは組合役員を経験していない層にとっては、活動そのものが浸透しにくい状況もうかがえる。なかでも、④や⑤は組合以外の組織や人とのつながりを通じた活動であり、これらの取り組みについては、現在組合役員である層においても、組合同士のイベントや共済活動に比べて相対的に＜取り組んでいる＞は少ない。

4. 労働組合と「公益性」—東日本大震災の経験から

本章では、労働組合と「公益性」という視点から、東日本大震災発生後の労働組合の取り組みについてみてきた。

連合では、震災発生直後から救援ボランティアの派遣やカンパ活動を行うとともに、雇用・労働分野を中心に、政府や省庁に対する政策要請を行った。そして、連合に加盟する産業別組織においても、被災者支援とともに、産業政策への対応として独自の政策要請を行った。こうした東日本大震災発生直後のナショナルセンターや産業別組織の対応をみる限り、東日本大震災という大災害に対して、労働組合は一定程度の社会的貢献を果たしたといえるのではないだろうか。

また、産業別組織の取り組みは、企業別組合と同様に当該産業で働く労働者の利益に目が向けられるが、産業別組織による政策要請、ならびに、経営者団体、業界団体と連携した対応は被災地における復旧・復興のみならず、深刻な電力不足等が予測されたなかで、日本全体のライフラインの維持にも貢献したといえるだろう。また、産業別組織の取り組みはまずは加盟組合の被災組合員とその家族の救済に向けられたが、被災地域の組合員の声を拾い上げ、政策対応や物資を届けるなどの活動が行われており、労働組合の枠を超えた支援が行われたことも事実である。

加えて、ナショナルセンターである連合は、救援ボランティアの派遣に際し、今後の災害に備えて、地方連合会や連合本部のスタッフを運営スタッフとして派遣した。これは、緊急時の一時的な対応ではなく、今回の経験を組織として蓄積することを意識したものといえる。連合のような全国的に展開する組織に一定の経験が蓄積されること自体が「公益」に値するものといえるのではないだろうか。

他方で、労働組合は、それぞれのレベルにおいて、東日本大震災以前からボランティアなど社会貢献的活動に取り組んできた。そして、東日本大震災後の組合員の意識や行動をみても、多くの組合員が震災後、人とのつながりを意識し、実際に義援金や支援物資等の寄付を行ったり、また、一部ではあるが、仕事を調整して、被災地でのボランティア活動に参加した者もいた。しかしながら、これまで労働組合が行なってきた助け合いや社会貢献的活動に対する組合員の取り組み評価をみると、所属する企業別組合の枠を超えた社会や地域とのつながりをもった取り組みは、その活動自体が組合員に認知

されにくい実態もうかがえる。つまり、このことは「公益性」の強い労働組合の活動は、企業別組合を中心とした日本の労働組合においては、個々の組合員までに浸透させることが難しいことを示しているといえるだろう。

組合員が雇用労働者の2割に満たない現状であってもなお、労働組合は日本社会において、最大の組織力を持つ存在である。労働組合組織率が低迷を続けるなかで、社会貢献的活動に取り組むことは、労働組合の存在を広く社会にアピールする契機となりうる。東日本大震災を経験した今、自らの「公益性」を問い直し、その意義を組合員に波及させる努力が、労働組合に求められているのではないだろうか。

(後藤　嘉代)

注
1) ユニオン・ショップ協定がある場合、採用後一定期間内に一定の労働組合に加入しなければならず、当該組合からの脱退または除名により組合員資格を失った場合には解雇される。特に大企業でこの協定を有しているケースが多い。
2) 大原利夫「福祉ボランティアの諸相　労働組合によるボランティア活動」浜村・長峰編、2003年、152頁。
3) 連合総合生活開発研究所、1996年。
4) 伊藤彰英「JBUパワーバンクの活動を通じて」労働調査協議会、2011a、4-7頁。
5) 厚生労働省「平成24年労使関係総合調査（労働組合基礎調査）」。
6) 連合ホームページ（http://www.jtuc-rengo.or.jp/rentai_katsudo/index.html「連帯活動」2013年2月3日ダウンロード）を参照。
7) 連合ホームページ（http://www.jtuc-rengo.or.jp/news/kenkai/2011/20110314_1300110405.html　2013年2月3日ダウンロード）を参照。
8) 連合「東北地方太平洋沖地震　連合救援ニュース」No.9、2011年3月29日、及びNo.11、3月31日。
9) 連合「連合救援ボランティアレポート」第65号、2011年9月27日。
10) 連合ホームページ　連合の東日本大震災への取り組み「連合東北地方太平洋沖地震災害救援カンパ」について（http://www.jtuc-rengo.or.jp/saigai/campa_report.html　2011年2月3日ダウンロード）を参照。なお、救援カンパの一部は連合救援ボランティアの派遣に関わる費用として使用されている。
11) 連合ホームページ　連合の東日本大震災への取り組み　連合の取り組み。（http://www.jtuc-rengo.or.jp/saigai/torikumi.html　2011年2月3日ダウンロード）を参照。
12) 政策課題は、経済政策、税制政策、産業政策、資源・エネルギー政策、雇用・労働政策、福祉・社会保障政策、国土・住宅政策、交通・運輸政策、ICT（情報通信）政

策、環境政策、食料・農林水産政策、消費者政策、行政・司法改革、教育政策、国際政策の15の領域について記載されている。
13) 椎木盛夫「東日本大震災 JAMの被災地支援を通じた社会貢献〜救援物資の集約・輸送とボランティア活動を展開〜」労働調査協議会、2011a、8-12頁。
14) 植山諭「自治労の災害復興支援活動と地方自治の今後」労働調査協議会、2011b、10-11頁。
15) 清水秀行「『東日本大震災と教育』―復旧・復興と今後のとりくみ」労働調査協議会、2011b、16-17頁。
16) UIゼンセン同盟『UIゼンセン同盟新聞』260号、2011年3月17日、及び269号、8月4日を参照。
17) 山田毅「東日本大震災からの復興へのフード連合の取り組み」労働調査協議会、2011b、28-29頁。
18) 情報労連『情報労連』号外、2011年3月23日を参照。
19) UIゼンセン同盟『UIゼンセン同盟新聞』261号、2011年4月7日を参照。
20) 注13と同じ。
21) 磯村貴代静「東日本大震災の自動車産業への影響と今後の課題」労働調査協議会、2011b、12-13頁。
22) 注19と同じ。
23) 西川正夫「東日本大震災における全水道の取り組みと課題」労働調査協議会、2011b、30-31頁。
24) 注21と同じ.
25) 住川健「東日本大震災の産業への影響と電機連合の対応」労働調査協議会、2011b、14-15頁。
26) 増田喜三郎「東日本大震災がもたらした郵政事業への影響と今後の復興に向けて」労働調査協議会、2011b、20-21頁。
27) 2012年11月にUIゼンセン同盟とサービス・流通連合と統合し、UAゼンセンが結成された。
28) UAゼンセンホームページ（http://www.uazensen.jp/activity/higashinihon/index.html 2013年2月3日ダウンロード）を参照。
29) 民間組合は電機連合、基幹労連、サービス・流通連合、私鉄総連、JP労組、NTT労働組合、公務組合は自治労、日教組、全印刷、全農林である。

参考文献
小松隆二『公益学のすすめ』慶応義塾大学出版会、2000年。
中村圭介・連合総研編『衰退か再生か：労働組合活性化への道』勁草書房、2005年。
浜村彰・長峰登記夫編『組合機能の多様化と可能性』法政大学出版局、2003年。
久本憲夫編著『労使コミュニケーション』ミネルヴァ書房、2009年。
連合総合生活開発研究所編『労働組合とボランティア活動［調査報告］阪神・淡路大震災とボランティア』第一書林、1996年。

参考資料

日本労働組合総連合会「2012〜2013 年度　政策・制度　要求と提言　〜災害復興・再生に向けた政策〜」2012 年。

労働調査協議会「2011〜2012 年　労調協共同調査　今"つながり"に求められていること〜関係性の現状と課題〜『人と人のつながりに関するアンケート』調査結果の概要」『労働調査』2012 年 9 月号。

――(2011a)「特集　労働組合による地域貢献活動のあり方」『労働調査』2011 年 8 月号。

――(2011b)「特集　東日本大震災　復興への道―産別からの報告―」『労働調査』2011 年 10 月号。

---- column ----

子育て支援とNPO

森田　美佐

　政府の子育て支援は、確かにこの数十年で進化を遂げたと思う。その例として、保育園の増設、育児休業制度の充実、地域子育て支援センターの設立などが挙げられる（最近では「イクメン講座」等も）。また市場も子育て支援に参入し始めた。例えば託児所付きのショッピングセンターができた。ベビーシッターの業者が、資格をもつシッターさんを自宅に派遣してくれる。現代の親たちは、一昔前よりも保育サービスを購入しやすくなった。

　しかし、実際に未就学児を育てる筆者は、これだけで子育てが楽になったとは思えない。例えば公立保育園の一時預かりは、よく満員で断られた。安心できるベビーシッターは、首都圏で夜間だと交通費込みで1時間2,000円近くなり、筆者の家計は火の車になった。

　そんな時、筆者を含む子育て仲間がお世話になるのが、NPOやボランティアの子育てサポートである。某友人は、病院内のボランティアグループによる託児室のおかげで、一人で安心して診察を受けられた。また筆者は、ある施設内のNPOによる託児サービスのおかげで、勉強会に通えている。支援者の方々と、モノ（金銭）やコト（制度）のみならず、ココロ（精神：あなたの子育てを応援しているよ）を介したつながりは、筆者を何度、「また明日から（大変だけど）子育てを頑張ろう」と思わせたか分からない。

　子育て支援には、政府も市場も着手しておらず、かつ、親や家族の自助努力、そして知人・友人の“つて”だけではどうしようもないことが、まだたくさんある。しかしそれらを見つけ、解決することは、決して難しくない。まずは「どんな時、子育て中の親は困るか？」「それは政府・市場がやっているか？」を考えたい。子育て家庭の生活課題に想像力を働かせることは、小さなことかもしれない。しかしそれは、子育ての脱自己責任化のために、我々が一市民として子育てしやすい社会に向けて取り組む、立派な「"世のため・人のため"プロジェクト」だと思う。

（高知大学　准教授）

━━━━━━━━━━━━━━━━━━━━━━━━━━━━━━━━━ column ━━━

労働組合と公益
　―自然災害に取り組む基幹労連の想い―

兼子　昌一郎

　日本基幹産業労働組合連合会は、旧鉄鋼労連、造船重機労連、非鉄連合の三組織が統合して誕生した、組合員数255,000人の産業別労働組合である。

　労働組合も繰り返し試練を経験し、それぞれの産業や職場を拠点にしつつも、社会や地域での活動や貢献も大変重要な取り組み領域となっている。

　同労連は、2007年9月に社会貢献活動の一つとして、災害ボランティア活動の「JBUパワーバンク」を設立した。毎年一泊二日の日程で、導入教育の「基礎講座」並びにリーダー養成の「上級講座」を全国で開催している。基礎講座を既に修了したメンバー登録者数は1,350名、今年1月と6月の受講予定者を含めると約1,700名になる。

　研修内容の主なものは、「災害対策の基本」「わが身、わが命は自分で守る」「災害時の判断力」「活動時の安全衛生」「ボランティア活動の図上訓練」などである。特に「災害時のリーダーシップや各々の役割」や「チームワークやコミュニケーション」を重視し、理解を徹底させている。

　これは会社の生活においても求められることで、中でも「安全第一」「あわてず一呼吸」「無理は禁物」といった心構えと「体調管理」の重要性については、職場でも安全管理の要諦と位置づけられている。現場では想定外のことが起きることもしばしばで、素早い判断と臨機応変の対応が必要とされる。それだけに、組織として連携しつつ行動することの大切さもしっかり教育している。

　3.11の東日本大震災から2年が経とうとしている。今後新たに発生するかもしれない災害に対しても、従来の経験や教訓を生かした取り組みが求められる。2009年には山口県、兵庫県・岡山県、2012年には大分県の豪雨災害の救援にもボランティアを派遣した。今回の大震災では、連合のボランティア活動として岩手県に延べ約500名の派遣、「JBUパワーバンク」単独で茨城県・宮城県に延べ約140名の派遣を行った。

　「被災者の気持ちを大切にした活動を！」を合言葉に皆さん非常によく

頑張り、現地からも高い評価を頂いた。参加者に対する職場の支えがあっての活動だと考えている。

　労働運動は「助け合い・相互扶助」の精神が原点であり、また人間集団そのものである。一人一人の献身的な努力の総和が「組合の組織力」になる。「団結・連帯」を具現化する活動として、さらには「我々自身の組織や仲間の絆」を深める活動として、これからも地域貢献・社会貢献には積極的に取り組んでいきたいと考えている。

　　　　　　　　　　　　（日本基幹産業労働組合連合会　中央副執行委員長）

第8章

渋沢栄一と公利公益の哲学
―近代日本のプロデューサーとその周辺―

はじめに

　日本の近代資本主義の父と呼ばれている渋沢栄一は、第一銀行をはじめ、500を超える株式会社を設立した。渋沢は現代でいえば、日本社会の近代化における創造者、プロデューサーといえる。

　本章では、渋沢の人と業績を概観するとともに、主著である『青淵百話』と『論語と算盤』における信念・言行が込められた「言葉」を通して、渋沢が今日に与えている影響、意義を考察したい。また渋沢の周辺に位置する実務家や研究者として、A. スミス、福沢諭吉、松下幸之助、P. ドラッカーも含めて、近代日本の創造者、プロデューサーたる彼を支えた「公利公益の哲学」について検証を試み、現代、特に東日本大震災後の時代に求められる構想力、実行力の原点を探ることとしたい。

1. 渋沢栄一の人と業績

(1) 生涯

　渋沢栄一（1840-1931）は、幕末から大正初期に活躍した富農・武士（幕臣）、官僚、そして実業家であった。

　渋沢は1840（天保11）年、現在の埼玉県深谷市に富農の子として生まれ、幼名は市三郎といった。渋沢家は藍玉の製造販売と養蚕を兼営し米、麦、野菜の生産も手がけた。原料の買い入れと販売を担うため、一般的な農家と異

なり、常に算盤をはじく商業的な才覚が求められた。渋沢も父と共に信州や上州まで藍を売り歩き、藍葉を仕入れる作業も行った。14歳の時からは単身で藍葉の仕入れに出かけるようになり、この時の経験がヨーロッパ時代の経済システムを吸収しやすい素地を作り出し、後の現実的な合理主義思想につながったといわれる。

① 徳川慶喜の家臣・幕臣時代

渋沢は、幼少より好奇心旺盛で、父親の薫陶のもとで学問に専心した。7歳でいとこ、尾高新吾郎（惇忠）から、『論語』をはじめとする四書五経や、『左伝』『史記』『日本外史』を学んだ。

渋沢栄一

加えて渋沢は、剣術にも熱心であり、大川平兵衛より神道無念流を学んだ。19歳の時（1858年）には惇忠の妹・尾高千代と結婚し、名を栄一郎と改めるが、1861（文久元）年に江戸に出て海保漁村の門下生となる。また北辰一刀流の千葉栄次郎の道場（お玉が池の千葉道場）に入門し、剣術修行の傍ら勤皇志士と交友を結ぶ。その影響から1863（文久3）年に尊皇攘夷の思想に目覚め、高崎城を乗っ取って武器を奪い、横浜を焼き討ちにしたのち長州と連携して幕府を倒すという計画をたてた。しかし、惇忠の弟・長七郎の懸命な説得により中止した。

江戸遊学の折より交際のあった一橋家家臣・平岡円四郎の推挙により一橋慶喜に仕えることになった。主君の慶喜が将軍となったのに伴い幕臣となり、パリで行われる万国博覧会に将軍の名代として出席する慶喜の弟・徳川昭武の随員として御勘定格陸軍付調役の肩書を得て、フランスへと渡航した。パリ万博を視察したほか、ヨーロッパ各国を訪問する昭武に随行する。各地で先進的な産業・軍備を実見すると共に、将校と商人が対等に交わる社

会を見て感銘を受けた。約 1 年間にわたるヨーロッパ視察の体験が渋沢の視界を広げる原体験となり、その後の人生にとって重要な意味を持った。この時、渋沢は『航西日記』『巴里御在館日記』『御巡国日記』という 3 つの日記を残しており、驚嘆すべき観察眼と吸収力で各国での見聞を記録している。鉄道、電信、諸工場、上下水、博物館、銀行、造幣局、取引所、化学研究所などを冷静に観察しており、後の渋沢の視座を構築したことがわかる。また、外国における銀行や株式会社の存在に注目し、今後、近代日本に資本主義が展開する上でそれらが必要不可欠な要素と認識することとなった。

　パリ万博とヨーロッパ各国訪問を終えた後、昭武はパリに留学するものの、大政奉還に伴い、1868（慶応 4 ）年 5 月には新政府から帰国を命じられ、9 月（1868 年 10 月）マルセイユから帰国の途つき、同年 11 月（12 月）に横浜港に到着し帰国した。

②　大蔵省出仕～実業家時代

　渋沢は帰国後、静岡に謹慎していた慶喜と面会したが、諭され自己の道を進む決意をした。フランスで学んだ株式会社制度ならびに銀行制度を実践し、新政府からの拝借金返済のため、1869（明治 2 ）年 1 月、静岡にて商法会所を設立するが、大隈重信に説得され、10 月に大蔵省に入省する。大蔵官僚として改革案の企画立案を行い、度量衡の制定や国立銀行条例制定にも携わった。しかし、予算編成を巡って、大久保利通や大隈重信と対立し、1873（明治 6 ）年に井上馨と共に退官した。

　退官後間もなく、官僚時代に設立を指導していた第一国立銀行（第一銀行、第一勧業銀行を経て、現：みずほ銀行）の頭取に就任し、以後は実業界に身を置いた。

　第一国立銀行のほか、東京瓦斯、東京海上火災保険、王子製紙（現：王子製紙・日本製紙）、田園都市（現：東急電鉄）、秩父セメント（現：太平洋セメント）、帝国ホテル、秩父鉄道、京阪電気鉄道、東京証券取引所、キリンビール、サッポロビール、東洋紡績など、多種多様の企業の設立に関わった。

　若い頃は頑迷なナショナリストであったが、「外人土地所有禁止法」（1912

年)に見られる日本移民排斥運動などで日米関係が悪化した際には、対日理解促進のためにアメリカの報道機関へ日本のニュースを送る通信社を立案した。これが現在の時事通信社と共同通信社の起源となった。

渋沢が三井高福・岩崎弥太郎・安田善次郎・住友友純・古河市兵衛・大倉喜八郎などの財閥創始者と大きく異なる点は、「渋沢財閥」を作らなかったことにある。「私利を追わず公益を図る」との考えを、生涯にわたって貫き通し、後継者の敬三にもこれを固く戒めた。また、他の財閥当主が男爵までの地位であったのに対し、渋沢一人は子爵を授かっているのも、そうした公共への奉仕が早くから評価されていたためである。

③ **社会活動**

渋沢は実業界の中でも最も社会活動に熱心であった。33歳の時に上野に養育院を設立して以来、東京市養育院や中央慈善協会、盲人福祉協会などの社会福祉施設、日本赤十字社、聖路加国際病院、済生会、慈恵会、癩予防協会の設立などの保健・医療・福祉施設に関わった。財団法人聖路加国際病院初代理事長、財団法人滝乃川学園初代理事長、YMCA環太平洋連絡会議の日本側議長なども務めた。

関東大震災後の復興のためには、大震災善後会副会長となり寄付金集めなどに奔走した。

当時は商人に高等教育はいらないという考え方が支配的だったが、渋沢は商業教育にも力を入れ商法講習所(現：一橋大学)・大倉商業学校(現：東京経済大学)の設立に関与・協力した。

このほか、渋沢は、1893(明治16)年に亡くなった夫人の「碑文」を依頼したことが縁となり、漢学者であり二松学舎の創立者でもある三島中洲(1831-1919)と出会い尊敬するようになった。三島は、儒家・陽明学者である山田方谷(1805-1877)が展開した備中松山藩における改革で中心的存在であり、君子は利益を賤しむのでなく、義に則った利益の得方・使い方をしなければならないとする「義利合一論」を唱えた。渋沢は、三島の死後に二松學舎(現：二松學舍大学)の第3代舎長に就任した。その他、学校法人国士舘(創立者・柴田徳次郎)の設立・経営に携わり、井上馨に乞われ同志社

大学（創立者・新島襄）への寄付金の取り纏めに関わった。さらに、商人同様に教育は不要だといわれていた女子の教育の必要性を考え、伊藤博文、勝海舟らと女子教育奨励会を設立、日本女子大学校・東京女学館の設立に携わった。

また日本国際児童親善会を設立し、日本人形とアメリカの人形（青い目の人形）を交換するなどして、交流を深めることに尽力している。1931年（渋沢死去の年）には中国で起こった水害のために、中華民国水災同情会会長を務め義援金を募るなどし、民間外交の先駆者としての側面もあった。なお渋沢は1926年と1927年のノーベル平和賞の候補にもなっている。

④ 政治活動

1889（明治22）年から1904（明治37）年の15年間にわたり、深川区会議員を務め、区会議長にも選出され、深川の発展の為に尽くした。この政治活動への参加は、それほど注目されないが、彼が公共・公益の重要性の認識を深める契機の1つとなった。

(2) 道徳経済合一説

欧州の資本主義の精神の基底にプロテスタンティズムの規範性があることを指摘したのはM. ウェーバー（Max Weber、1864-1920）であった。これに対して、日本資本主義の基底に儒教的価値が存在していることを体現したのが渋沢であった。渋沢は、欧米には宗教を基盤とした倫理があるのに対し、日本では明治維新で倫理の基盤が壊れ、それに代わるものの倫理基準の必要性を念じていたと考えられる。

渋沢は、企業を発展させ、国全体を豊かにするために、幼い頃に親しんだ『論語』を拠り所に、道徳と経済の一致をいつも心がけていた。道徳と経済（論語と算盤）は、一見釣り合わないように見えるが、実は両立するものであり、利益を求める経済の中にも道徳が必要であると考えた。また、商工業者がその考えに基づき、自分たちの利益のために経済活動を行うことが、国や公の利益にも繋がるとした。渋沢は、この「道徳経済合一説」（「論語と算盤の一致」）を貫き、実践したのである。

経済活動においても、倫理や「人の道」は切り離せない。渋沢は、経済・社会の進歩にともなって人びとの道徳仁義が後退していることを強く懸念していた。それゆえに人の行動の規範となる『論語』をより必要とした。

2. 渋沢栄一と公利公益の哲学

(1) 主要著書における思想

渋沢栄一は、1912（明治45）年に『青淵百話』、1916（大正5）年に『論語と算盤』を著し、「道徳経済合一説」という思想を打ち出した。幼少期に学んだ『論語』を拠り所に倫理と利益の両立を掲げ、経済を発展させ、利益を独占するのではなく、国全体を豊かにする為に、富は全体で共有するものとして社会に還元することを説くと同時に自身も心がけた。ここでは2つの著書に見られる公利公益の思想、哲学をおおまかに整理したい。

(2) 『論語と算盤』における思想

『論語と算盤』には公利公益の哲学が端的に次のように述べられている。

「富をなす根源は何かといえば、仁義道徳。正しい道理の富でなければ、その富は完全に永続することはできぬ。ここにおいて論語と算盤という懸け離れたものを一致せしめることが、今日の緊要の務めと自分は考えている。」（22頁、ソフィア文庫版）

そして、道徳と離れた欺瞞、不道徳、権謀術数的な商才は、真の商才ではないと言っている。また、同書の次の言葉には、渋沢の経営哲学の核心が込められている。

「事柄に対し如何にせば道理にかなうかをまず考え、しかしてその道理にかなったやり方をすれば国家社会の利益となるかを考え、さらにかくすれば自己のためにもなるかと考える。そう考えてみたとき、もしそれが自己のためにはならぬが、道理にもかない、国家社会をも利益するということなら、余は断然自己を捨てて、道理のあるところに従うつもりである。」（49頁）

幕末維新の変革を支えた経済人が渋沢に限らず、経済合理性の探求を是と

しながらも、経済活動に規範性や倫理性を求める傾向を内在させていたことは、それに先立つ江戸時代の石田梅岩（1685-1744）、三浦梅園（1723-1789）、二宮尊徳（1787-1856）などの経済思想にみられる「倹約・布施」「経国済民」「報徳」といった価値を継承し共有していたからに他ならない。

　渋沢思想の核心は、倫理、道徳、良識、職業倫理、行動規範、人間らしさ、人間的、経済人の品格にあるというべきであろう。渋沢の基本思想の底には、論語と武士道があり、武士道に強さと美しさを、そして論語には倫理と正義感を見出している。『論語と算盤』に渋沢の精神が凝集されているといえよう。

　『論語と算盤』の目次は次の通りである。
　1　処世と信条　　2　立志と学問　　3　常識と習慣　　4　仁義と富貴
　5　理想と迷信　　6　人格と修養　　7　算盤と権利　　8　実業と士道
　9　教育と情誼　　10　成敗と運命

　ここでは、『論語と算盤』（角川ソフィア文庫版）をもとに、紙幅の許す範囲で渋沢の「言葉」を紹介したい。

①　処世と信条

　渋沢は、商いの道が論語によるべきことを唱える。はじめの「処世と信条」には渋沢の基本思想が表現されている。その核心は、「論語と算盤の一致」と「士魂商才」である。道理を踏まえた事業こそ、持続可能な企業を実現できると説かれている。

　明治時代、旧武士階級による商いの多くが失敗し「武士の商法」と揶揄された。これを回避するために渋沢は、武士道と商才の融合を唱えた。その両者の根底にあるのが、論語であることに注目すべきである。なお、その際、渋沢の唱えた忠恕（ちゅうじょ）とは、まごころとおもいやりがある、忠実で同情心が厚いこと、である（広辞苑による）。

　以下に少し長くなるが、渋沢の「言葉」を引用してみよう。

　「算盤は論語によってできている。論語はまた算盤によって本当の富が活動されるものである。ゆえに論語と算盤は、甚だ遠くして甚だ近いものであ

る。」（21 頁）

「昔、菅原道真は和魂漢才ということを言った。これは面白いと思う。これに対して私は常に士魂商才ということを唱道するのである。和魂漢才とは、日本人に日本の特有なる日本魂（やまとだましい）というものを根底としなければならぬ（中略）、漢土の文物学問をも修得して才芸を養わねばならぬ。」（22 頁）

「人間の世の中に立つには、武士的精神の必要であることは無論であるが、しかし、武士的精神のみに偏して商才というものがなければ、経済の上から自滅を招くようになる。ゆえに士魂にして商才がなければならぬ。その士魂を養うには、書物という上からはたくさんあるけれども、やはり論語は最も士魂養成の根底となると思う。それならば商才はどうかというに、商才も論語において充分養えるというのである。道徳上の書物と商才とは何の関係が無いようであるけれども、その商才というものも、もともと道徳をもって根底としたものであって、（中略）ゆえに商才は道徳と離るべからざるものとすれば、道徳の書たる論語によって養える訳である。」（23 頁）

「論語にはおのれを修め人に交わる日常の教えが説いてある。論語は最も欠点の少ない教訓であるが、この論語で商売はできまいかと考えた。そして私は論語の教訓に従って商売し、利殖を図ることができると考えたのである。」（31～32 頁）

「論語を最も瑕瑾（きず）のないものと思ったから、論語の教訓を標準として、一生商売をやってみようと決心した。」（33 頁）

「私の処世の方針としては、今日まで忠恕一貫の思想でやり通した。」（45 頁）

「小事かえって大事となり、大事案外小事となる場合もあるから、大小にかかわらず、その性質をよく考慮して、しかる後に、相当の処置に出るように心掛くるのがよい。」（48 頁）

「事柄に対し如何にせば道理に契（かな）うかをまず考え、しかしてその道理に契ったやり方をすれば国家社会の利益となるかを考え、さらにかくすれば自己の為にもなるかと考える。そう考えてみた時、もしそれが自己のためにはならぬが、道理にも契い、国家社会をも利益するということなら、余

は断然自己を捨てて、道理のある所に従うつもりである。」(49頁)

② 立志と学問

社会性を意識した経営という考え方が存在する。現代ではフィランソロピー (philanthropy、企業による社会貢献)、または、企業の社会的責任 (CSR) に相当する。自己利益より道理を優先させるという見解に対し異論もあろうが、渋沢の見識に注目したい。

経営においては、小事と大事の問題が重要なテーマとなる。とかく経営の局面では、大事には注力しても、小事を軽視あるいは無視しがちである。

明治維新は、まさに時代のイノベーションであった。渋沢は、維新ということをイノベーションと同じ意味で使っているようである。維新とは常に新らしい、ということであるが、これは容易に実現できることではない。

「小事を粗末にするような粗大な人では、所詮（しょせん）大事を成功させることはできない。水戸の光圀公が壁書の中に「小なることは分別せよ、大なることは驚くべからず」と認めておかれたが、独り商業といわず軍略といわず、何事にもこの考えでなくてはならぬ。」(72頁)

「維新ということは、湯（とう）の盤の銘にいう「苟（まこと）に日に新たなり、日に日に新たにして、また日に新たなり」という意味である。」(65～66頁)

③ 常識と習慣

先にもふれた忠恕とは何かについて、渋沢は以下のように記す。

「忠とは衷心よりの誠意懇情を尽くし、事に臨んで親切を第一とすることを言う。恕とは、平たく言えば「思いやり」と同じ意味で、事に当たって先方の立場になり、先方の心理状態になって考察してやることである。ただし忠と恕とは個々別々のものではない。忠と恕とを一つにした「忠恕」というものが、孔子の一貫した精神であると同時に『論語』を貫く精神である。」(117～118頁)

④ 仁義と富貴

江戸時代、士農工商と最下位であった実業者、ということを考えると、利益をどのようにとらえるかは、伊藤仁斎（1627-1705）が言論闘争を繰り広

げたように、経営上の大テーマとなる。

　道徳と経済は調和しなければならない、真正の利殖は仁義道徳に基づかなければならない、金を貴んで善用しなければならない、など道理にもとづく利益であれば、再活用を前提に評価する姿勢が鮮明である。この点でも現代企業のあり方を問う教示となった。

　「真正の利殖は仁義道徳に基づかなければ、決して永続するものでない。」（124 頁）

　「おのれをのみという考えが、おのれ自身の利をも進めることが出来ぬ。」（126 頁）

　「孔子の言わんと欲する所は、道理を有（もつ）た富貴でなければ、むしろ貧賤の方がよいが、もし正しい道理を踏んで得たる富貴ならば、あえて指し支えないとの意である。」（131 頁）

　「経済と道徳とを調和せねばならぬ。」（137 頁）

　「富豪といえど自分独りで儲かった訳ではない。言わば、社会から儲けさせて貰ったようなものである。（中略）だから自分のかく分限者になれたのも、一つは社会の恩だということを自覚し、社会の救済だとか、公共事業だとかいうものに対し、常に率先して尽くすようにすれば、社会は倍々健全になる（中略）。だから富を造るという一面には、常に社会的恩誼あるを思い、徳義上の義務として社会に尽くすことを忘れてはならぬ。」（147 頁）

　⑤　理想と迷信

　商いの道において肝要なのは信頼感であり、その大切さを渋沢は説明する。渋沢は、明治維新を題材に、話を官僚的な体質に転ずる。渋沢は、組織の官僚体質を厳しく批判する。原点では存在したはずの創業精神が、官僚文化に変質していくことへの懸念である。

　私たちは目先の損得だけではなく、本質を見抜く眼力を養わねばならない。この点は、本書でも最大価値のある教示のひとつといえる。

　「ぜひ一つ守らなければならぬことは、商業道徳である。約すれば信の一字である。」（156 頁）

　「政治界における今日の遅滞は、繁縟（はんじょく）に流れるからのこと

である。官吏が形式的に、事柄の真相に立ち入らずして、例えば、自分にあてがわれた仕事を機械的に処分するをもって満足している。イヤ官吏ばかりでない。民間の会社や銀行にも、この風が吹き荒んで来つつあるように思う。一体形式的に流れるのは、新興国の元気鬱勃（うつぼつ）たる所には少ないもので、長い間、風習がつづいた古国に多いものである。幕府の倒れたのは、その理由からであった。「六国を滅す者六国なり、秦にあらざるなり」といっている。幕府を滅ぼしたるは幕府の外なかった。大風が吹いても強い木は倒れぬ。（中略）。社会は日に月に進歩するには相違ないが、世間のことは久しくすると、その間に幣を生じ、長は短となり、利は害となるを免れぬ。特に因襲が久しければ、溌溂の気がなくなる（中略）。日々に新たにして、また日に新たなりは面白い。すべて形式に流れると精神が乏しくなる、何でも日に新たの、心掛けが肝要である。」（169頁）

⑥　人格と修養

経営についての記述は本書全体に及ぶ。実際と学理に関する記述は興味深い。理論と実際の調和が肝要と言う。ここでは「国家」を「企業」と読み替えてもよいであろう。渋沢は、商いの道が論語によるべきことを唱える。

「理論と実際、学問と事業とが互いに並行して発達せないと、国家が真に興隆せぬのである。この両者がよく調和し密着する時が、すなわち国にすれば文明富強となり、人にすれば完全なる人格ある者となるのである。」（201頁）

⑦　算盤と権利

合理的な経営は、算盤のみでなく責任を伴うものである。この点は現代に特に必要な議論であり、合理的の経営は、現代に特に必要な論議であり、ビジネスの未来を見据えた考察になっている。

「多く社会を益することでなくては、正径な事業とは言われない。仮に一個人のみ大富豪になっても、社会の多数がために貧困に陥るような事業であったならば、どんなものであろうか。如何にその人が富を積んでも、その幸福は継続されないではないか。ゆえに、国家多数の富を致す方法でなければいかぬというのである。」（240頁）

⑧ 実業と士道

実業と士道では、ビジネスと武士道の議論がさらに展開されていく。日本の商工業者が旧来の慣習を脱することが出来ず、道徳観念を無視して一時の利益を追求しがちであることを指弾する。相愛忠恕という表現も、本書の随所に散りばめられている。

事業の目的とは何か。企業の利益か、自己の利得か、あるいは社会への貢献か。渋沢は、その真の目的は「実業と士道」にあるという。「自他相利」という表現によって、目的が偏らないようにと説いている。目的を考える際欠かせないのは、大局に立つことであろう。たてるべき目的は、全体を俯瞰した視点から明確につかめるのである。なお、テーラー (Frederick W. Taylor, 1856-1915) は、「マネジメントの父」と称され、『科学的管理法』で著名な経営者である。

「武士道は、啻（ただ）に儒者とか武士とかいう側の人々においてのみ行なわるるものではなく、文明国における商工業者の、拠りてもって立つべき道も、ここに存在することと考える。かの泰西の商工業者が、互いに個人間の約束を尊重し、仮令、その間に損益はあるとしても、一度約束した以上は、必ずこれを履行して前約に背反せぬということは、徳義心の鞏固（きょうこ）なる正義廉直の観念の発動に外ならぬのである。（中略）しかるに、わが日本に於ける商工業者は、なおいまだ旧来の慣習を全く脱することが出来ず、ややもすれば道徳的観念を無視して、一時の利に趨（はし）らんとする傾向があって困る。欧米人も常に日本人がこの欠点あることを非難し、商取引において日本人に絶対の信用を置かぬのは、我邦の商工業者にとって非常な損失である。」(246〜247頁)

「今や武士道は移してもって、実業道とするがよい。日本人は飽くまで、大和魂の権化たる武士道をもって立たねばならぬ。」(247頁)

「人情を理解し、おのれの欲せざる所はこれを人に施さず。いわゆる相愛忠恕の道をもって相交わるにあり、すなわちその方策は論語の一章にありというべきである。（中略）。商業の真個の目的が有無相通じ、自他相利するにあるごとく、利殖生産の事業も道徳と随伴して、初めて真正の目的を達する

ものなり。」(251頁)

「この時間にこれだけの事をするということを、遅滞なく完全に遂げて行くことができると、いわば人を多分に使わぬでも、仕事はたくさんにできて来る。すなわち能率が宜くなる。事務においても、なおしかりと思う。(中略)すでにテーラーという人が、こういう手数を省くことについて大いに説をなして、ある雑誌に池田藤四郎という人がこれを書いている。」(258～259頁)

「信の威力を闡揚(せんよう)し、わが商業家のすべてをして、信は万事の本(もと)にして、一信よく万事に敵するの力あることを理解せしめ、もって経済界の根幹を堅固にするは、緊要中の緊要事である。」(267頁)

⑨ 教育と情誼

渋沢は、この時代に女性の力の活用も訴えており、今後の人材として、女性、高年者、外国人の重要性を考えていることは、彼の先見性と言えよう。一方、未来を担う青年への期待も小さくない。

「女子も社会の一員、国家の一分子である。果たして、しからば女子に対する旧来の侮蔑的観念を除却し、女子も男子同様、国民としての才能智徳を与え、倶(とも)にともに相助けて事をなさしめたならば、従来五千万の国民中、二千五百万人しか用をなさなかった者が、さらに二千五百万人を活用せしめることとなるではないか。」(282頁)

⑩ 成敗と運命

「道理は天における日月のごとく、終始昭々乎(しょうしょうこ)として毫(ごう)も昧(くら)まさざるものであるから、道理に伴って事をなす者は必ず栄え、道理に悖(もと)って事を計る者は必ず亡ぶることと思う。一時の成敗は長い人生、価値の多い生涯における泡沫のごときものである。」(313頁)

(3) 『青淵百話』と公利公益の哲学

『青淵百話』は渋沢が、自己の考えのすべてを語り、経済の飛躍的発展を次世代に伝えた著書である。論語の精神に貫かれた国家観・人生観・経営観を背景に、渋沢が生涯を通して会得したビジネス術を具体的に指南した。会

社組織の運営や人材の採択にまで関わる内容は、経営哲学の『論語と算盤』と共に社会全体の経済的幸福を志向する。青淵（せいえん）は渋沢の雅号である。『青淵百話』は、叙、主義、覚悟、修養、処世から構成される。このうち、「覚悟」の章には、さらに以下に例示される小テーマが含まれる。

　米櫃演説　商業の真意義　日本の商業道徳　武士道と実業　新時代の実業家に望む　事業経営に対する理想　企業家の心得成功論　成敗を意とする勿れ　事業家と国家的観念　富貴栄達と道徳　危険思想の発生と実業家の覚悟　当来の労働問題　社会に対する富豪の義務　立志　就職難善後策　地方繁栄策

　渋沢は人の生涯を公生涯と私生涯に区別した。公人と私人としての立場や、責任の重さの違い、影響力、覚悟などを区別しようとした。私生涯の渋沢は、論語の教義を行動の規範として自らを律した。たとえば、決して高ぶらず、驕らず、謙譲と信義を持って人に接した。公生涯の場においても同様であり、事業経営の信用の基本であった。

　個人が私利を意図して事業を行ない、それが道理・商道徳に適い、そこから利益を得れば、それらを集めて成立する国家は、おのずと豊かになるのである。つまり私欲が効果的に働いて公益を生じるのであり、公益と私利は一体なのである。公益となるような私欲でなければ本当の私利とは言えず、公益となるような私欲を満たす事業を営んで自分と一家の繁栄をもたらすだけでなく、同時に国家を裕福にし、平和な社会にすることになる。

　個人の利益とともに、国家社会にも利益がもたらさせる事業であるかどうかが重要であり、自分の利益ばかりを打算的に考え、社会への公益を省みないものを嫌った。道理を外れた事業は一時的に繁栄しても、結局は社会の共感を得られない虚業であるとした。

　逆に、社会の公益のため利益を犠牲にし、最後まで収支が合わない事業は、いかに立派に見えても決して成立せず、社会の公益にとって最善の事業とは言えない。それは国家が大局的に取り組むべき事業として成立させるべきなのである。

ここでは『渋沢百訓　論語・人生・経営』（角川ソフィア文庫版）をもとに、上記「覚悟」から、商業の真意義、企業家の心得、地方繁栄策の3項目について要点を整理したい。

①　商業の真意義

(a)　働きと職分とを区別せよ（103〜104頁）

「ある人が余に「商業の真意義とは、なんであるか」との質問を発し、かつそれに添えていう「社会共通の利を図るに孔々（しし）として、私利を顧みざるものが真の商業か。それとも自己の利益ばかりを主として、社会の公益はむしろ第二の問題としておくも差し支えないか。もしくは道徳に反せざる範囲において、有無相通じ、この間に私利を図るがよいか。これらの点についてお説を聞きたい」とのことであった。

なるほど、これは商人として抱くべき疑問で、何人もその真意義を心得ておらねばならぬことであろう。それゆえ、余は自ら信ずるところを述べてその人に答えたが、その趣旨は左のごときものであった。

余はかつて、人生観に論じたるごとく、人は主観的に社会に立つべきものでなく、客観的に考えてゆかねばならぬ。ゆえに多芸多能多智多才の人でも、ただ一人のみにて世の中に存在してゆく訳にはゆかぬもので、一郷、一郡、一国のために考えなくては、真に人生の目的を達したとはいわれない。孔子が「仁者は己立たんと欲して人を立て、己達せんと欲して人と達す」といわれたのも、この主意と同一なので、孔子もやはり、社会的観念をもって世に立たれたものと思われる。」

(b)　公益と私利（104頁）

「ことに商業において、もっとも厳重に差別をしてかからねばならないことは、公益と私利ということである。とかく世人は、商業は利欲のために、すなわち私利に拘泥するものであるというように解釈するが、これは世人の解釈が間違っておるのであろうと思う。

その私利利欲に拘泥するということが、得手勝手な真に自己一身の利欲のために図るのなら、左様いうそしりを免れることはできないけれども、商人が道理正しく生産有無相通ずるの働きをすることと、ここにいわゆる私利私

欲ということとを同一に認むるのは、まったく不当の解釈である。
　余の見解をもってすれば、真の商業を営むは私利私欲でなく、すなわち公利公益であると思う。ある事業を行なって得た私の利益というものは、すなわち公の利益にももなり、また公に利益になることを行えば、それが一家の私利にもなるということが、真の商業の本体である。これゆえに、商業に対して私利公益なぞと、区別を立てて議論するはまったくの間違いで、利益に公私の別を立てて行う商売は、真の商業でないと余は判断せねばならぬ。（中略）
　個人個人がいずれも道理正し業体をもって進んで行ったならば、それらの分子を集めて成立しておる国家は、自然と富実になる訳である。してみれば、やはり公益を図る訳ではなく、これを広義に解釈すれば、やはり公益を図るものであると、いえるはずである。
　ここで注意すべきことは、その業体の正と不正とに依って、自ら公益と私利とが分かれるのであるから、業務の選択も根本を誤らぬようにせねばならぬ。」

(c)　私利私欲の終局（105～106頁）
「もし一人、仮にわが私欲ばかりを図る者があるとして、そのものが業体の如何をも顧みず、一途に利益ということのみ、目を眩ましてかかったとしたならば、その結果は如何なるであろうか。余はこの人が必ずしも利益を得らぬとは言わない。もっとより広い社会のことであるから、左様いう仕方をしても、一身一家の繁栄を得らるるかもしれぬ。しかしながら、これは道理に背いた仕方である。社会を犠牲とし、国家を眼中に置かぬやり方である。もし、左様の人物のみ多く出て、互いに利欲に汲々としたならば、遂に奪わずんば飽かざるの世となってしまうであろう。かくのごとくにして国家は維持されようか、社会は団結を保たれようか。論ずるまでもなく、左様というものは国家の破壊者、社会の攪乱者である。個人の集合団体たる国家社会にして破壊せられんか、如何で一家一人を満足に保ちゆくことができよう。ゆえに、かかる人は私利私欲を図らんとして、かえって一身の破壊を招くに等しいのではないか。左様いう意味において得たる繁栄は、長く保つということ

は得られまいと思う。」

　(d)　結論（106頁）

　「余は再言す、商業は決して別々に立つものではない。その職分は、まったく公共的のものである。ゆえに、この考えをもってそれに従事しなければならぬ。公益と私利とは一つである。公益はすなわち私利、私利よく公益を生ず、公益となるべきほどの私利でなければ、真の私利とは言えぬ。

　しかかして商業の真意義は、実にここに存するものであるから、商業に従事する人は、よろしくこの意義を誤解せず、公益となるべき私利を営んでもらいたい。これすべて一身一家の繁栄を来すのみならず、同時に国家を富裕にし、社会を平和ならしめるに至る所以であろう。」

　②　**企業家の心得**（141～142頁）

　「事業界のことは、実にかくまでに複雑にして、かつ面倒なものである。ゆえに苟も、一事業を企てんとするには細心精慮をもってし、遺漏なきが上にも欠点無からんことを期さねばならぬ。よって今企業に関するもっとも注意すべき要項につき、気づいたままを左に指摘して、これに説明を与えてみよう。

　　1）その事業は果たして、成立すべきものなるや否やを探究すること。
　　2）個人を利するとともに国家社会をも利する事業なるや否やを知ること。
　　3）その企業が時機に適合するや否やを判断すること。
　　4）事業成立の暁において、その経営者に適当なる人物ありや否やを考うること。

等、およそ四箇条であるが、思うにこれらの諸点を充分に具有しておるものなら、その事業はまず見込みあるものと見て差し支えないから、ここに初めて仕事に着手してもよいのである。」

　③　**地方繁栄策**

　渋沢が早くから都会と地方の関係を課題として議論していたことは注目に値する。

　(a)　都会の発達と地方の衰微（206～207頁）

　「都会について大体より観察すれば、現時における日本の各都市のごとく、漸々人口の増加しつつある事実は、明らかに都市の繁栄を証明するものであ

るから、都会自身にとっては大いに慶すべき現象たるを失わぬ。しかしそれと同時に、裏面たる地方の衰微に意を用いて見るの必要がある。

　年毎に都会に増加しつつある人口は、年毎にまた地方に減却しつつある人口ではあるまいか。事実、地方の人口が減じて、都会にそれだけ増すというようなことであるとすれば、各地方において減却しただけの人口と比例して、その地方における生産力をも、減じておるものであろうと想像される。（中略）

　けれども、都会は都会として繁栄したる上に、地方も地方として相応な繁栄をするのは文明国の理想である。ゆえに余はある意味において、都会繁栄楽観論者に全然反対はしないけれども、また大いに地方衰微に悲観する者であるから、都会の発達するにつれて地方をも同様、如何にか繁栄策を講じたいと心掛けるのである。」

　(b)　地方救済策～地方は国家の富源なり（208～211頁）

　「しからば地方繁栄策として、この際如何なる手段を取るべきか。およそ社会の進歩するにつれて地方の人々が都会に集中し、都会中心主義となることは、世界各国幾らも例のあることで、いわば自然の成り行きであるかも知れないが、真誠の意味における国家の富実は、地方事業の発達と都会の繁栄とが、両々相伴うにあるので、単に都会ばかりが繁栄して生産力が増大すればよいという議論は、正鵠を得たものとは受け取れない。

　ゆえに、これが救済策としては、かの都会における集中的大規模の事業の発達を図ることはもちろんであるけれども、それ同時に地方に適当なる小規模の事業の発達を図り、都会と地方と相呼応して富の増進に力を致すことが、もっとも急務であろうと思う。もとより、地方において大規模の事業ができるならば、それを必ずしも小規模にする必要はないが、地方は地方として別に特色があるから、都会の及ばぬ特色の発揮に務めた方が得策であろう。（中略）

　国家にとっての地方は、真に元気の根源、富裕の源泉である。ゆえに資本の供給を潤沢にし、地方富源の開拓を企つるならば、都会の事業に比して必ず遜色なきものであろうと信ずる。とにかく、憂国の士は深くこの事実を探

求し、必然その方法を講じなくてはならぬ。」

3. プロデューサーの特徴と資質

(1) プロデューサーの特徴

　今日、行政や企業活動においては勿論、一国の大統領、首相、企業経営の責任者、行政の首長、いずれも優れたプロデューサー（producer）としての資質が問われている。渋沢栄一は、現代でいえば、近代日本の創造者、まさにプロデューサーといえる。プロデューサーの領域は大きく2つ、アート・プロデューサーとビジネス・プロデューサーにわけられる。このうち、ビジネス・プロデューサーは基本的にビジネス・プロジェクトを扱う。ビジネス・プロジェクトの例としては、新規事業、新製品・商品開発、企業買収・提携、起業、地域開発、商店街活性化、商業施設、文化施設、見本市・展示会、経営システム改革（各経営資源別の改革）、新規市場開拓・導入などがあげられる。起業家、ベンチャー・中小企業経営者はもちろん、企業での新規事業担当者、商品開発担当者も、皆、ビジネス・プロデューサーである。彼らは新しい価値創造を担う演出家である。勿論、渋沢は、このビジネス・プロデューサーに相当する。

(2) プロデューサーの資質

　プロデューサーは、性格の上で相反する立場、思想、体質を併せ持つ。それは小島史彦（『プロデューサーの仕事』）も指摘するように、創造者と経営者、いいかえると、クリエーターとマネジャーである。起業家に求められる資質は熱い情熱やカリスマ性、独創性、ある種の楽天主義である。一方、経営者には冷静な判断力、管理能力、合理性、緻密な戦術が要求される。それぞれに求められる資質は異なるのである。一方、イベント制作に関わるプロデューサーには、事を起こし、実際にそれを運営することであるため、起業と経営の両面を併せ持つことが要求される。

　次に、プロデューサーは、取り扱うプロジェクトに対して高い専門知識、

能力をもつ必要があることは勿論であるが、それだけでなく、プロデューサー自身の専門知識、能力をもつ必要がある。プロデューサーに求められる能力には、分析力、企画力、概念創造力、表現力、シナリオ（筋書き）構成力、統率力、演出力などがあげられる。まず、直観力（兆しを察する力）や洞察力（時を見極める力）が求められることはいうまでもないが、最終的には、プロデューサーとして中核となる資質は、シナリオ構成力（特に予測力）と演出力（特に調整力）であろう。道がないところに道をつけ、リーダーシップを発揮する人がプロデューサーである。

渋沢は、上記のプロデューサーに求められる能力である、分析力、企画力、概念創造力、表現力、シナリオ（筋書き）構成力、統率力、演出力などに恵まれていたと推定される（表8-1）。

表8-1　プロデューサーの資質

能力	内容
分析力	予測、分類する能力。因果関係を解析する能力。 数値を解釈する能力。数値に意味を与える能力。 時代や社会のニーズをくみとる能力。
企画力	問題点を発見する能力。独自の視点で図表を制作する能力。 アイデアを開発・発想する能力。企画書・計画書を作る能力。
概念創造力	具象と抽象を相互に変換できる能力。 独創性のあるアイデアを持続的に創出する能力。 概念を平易な言葉で表現する能力。
表現力	コミュニケーションを支える機器を運用できる能力。 自分の言葉で聞き手を説得できる能力。 感動を与える言動を表せる能力。
シナリオ構成力	変化を予測・推理する能力。 構成要素から物語・話の筋を組み立てられる能力。 チャンスの拡大、リスクの抑制を可能にするアイデアを創造する能力。
統率力	総合的に経営・管理する能力。リーダーシップ能力。 PDCA（計画・実行・評価・改善行動）を管理・実行できる能力。 法律・規則を遵守させる能力。
演出力	スタッフィング、キャスティングを想定できる能力。 全体の調和・バランスを調整できる能力。 人や話題をファシリテート（仲介・媒介）出来る能力。

（注）　小島・前掲書を参考に、独自に作成したものである。

4. 渋沢栄一の周辺に位置づけられる人々

渋沢栄一の周囲に位置し、彼との共通点、類似点をもつ日本内外の実務家、研究者をあげてみたい。ここでは A. スミス、福沢諭吉、松下幸之助、P. ドラッカーをとりあげたい。

(1) A. スミス

A. スミス (Adam Smith, 1723-1790) は 18 世紀にスコットランドに生まれ、経済学の始祖として、その主著『国富論』(*An Inquiry into the Nature and Causes of the Wealth of Nations*, 1776) が有名である。

ただ、スミスには、『道徳感情論』(*The Theory of MoralSentiments*, 1759) という、もうひとつの著作がある。この著作の成功により、彼は学者としての地位を国内外に確立し、後の『国富論』生誕に繋がる。そもそも彼は一貫して道徳哲学者であり、経済学は、彼の体系の一部分に過ぎないのである。彼は、単に経済学ばかりでなく、広く社会・人文科学においても通じていた。そして今日でも、あらゆる分野の人々に、大きな影響を与え続けている。

道徳や公利公益の哲学を最も重視した点で、渋沢栄一は A. スミスと共通点をもつといえよう。

(2) 福沢諭吉

我が国で初めて文明論を説き、文明という観点から国是・国策を論じたのが、福沢諭吉 (1835-1901) である。福沢は、幕末から明治の時代に、西洋に渡航して実情を見て、日本人に西洋の新知識を伝え、これからの日本人はどうあるべきかを訴えた。

福沢は 1855 (安政 2) 年より、緒方洪庵の適塾でオランダ語を学び、西洋の医学や科学・技術を学んだ。これが彼の知識の基礎となる。その後、いち早く英語の重要性を見抜き、独力で英語を習得して、欧米の政治や経済、

社会思想なども貪欲に吸収していく。

　福沢は、1860（万延元）年、咸臨丸に乗ってアメリカに行き、その後、ヨーロッパにも訪れ、西洋近代文明をつぶさに見聞した。その経験をもとに書いたのが、『西洋事情』（1866-1869）であり、幕末の知識人には広く読まれた。

　明治維新後、福沢が、広範な知識と深い洞察をもって、これから日本人は何をすべきかを説いたのが、『学問のすゝめ』である。その第1篇は、1872（明治5）年に発表された。

　その冒頭で福沢は「天は人の上に人を造らず人の下に人を造らずと言えり」といい、人間は生まれながらに平等だと言う。しかし、その本来平等たるべき人に違いが生じるのは、ひとえに学問をするか否かによると、結論している。機会は平等でも結果は努力によって異なる。それが、彼が『学問のすゝめ』を書いた理由である。ここで福沢が勧めた学問は、旧来の儒学ではなく、新しい「実学」であった。「実学」とはサイエンスを指すが、自然科学のことだけではない。政治学や経済学や倫理学など人文科学も含めた、近代西洋生まれの実際的な学問のことである。そして、福沢は日本が文明化すること、言い換えれば西洋にならって近代化することを唱導した。

　ただし、福沢は、西洋文明の摂取、西洋科学の習得を力説した理由は、わが国の独立を維持するためだったといえる。福沢は、「国の独立は目的なり、国民の文明は此目的に達するの術なり」と明言している。

　1875（明治8）年に刊行された『文明論之概略』においても同じ主旨のことを説いている。ただ、福沢は単なる文明開化論者ではなく、日本の独立維持を訴え、愛国心と尊皇心を持っていた。その言説には、維新の志士たちに連なる日本人の精神が流れているのである。

　ところで、福沢は、自らが発行する新聞である『時事新報』の1893（明治26）年6月11日付記事に「一覚宿昔青雲夢」という記事を載せている。その記事とは、渋沢の生き方に感動した福沢の社説である。「政府の役人になることだけが出世の道だと思い込んでいる人（青雲の夢）が多いが、夢からはやく目覚めてほしい。実業の道にすすんで、今はこの社会において最高

の地位にある、渋沢栄一の生き方こそが模範とすべきものである」と述べている。

同時代を生きた2人は、特に親しい間柄ではなかったものの、共通点がみられる。まず、迷信などをにくむ合理的な考え方を持っていたことである。この考え方が封建的差別制度を極度に嫌う態度につながっている。渋沢は、一度は仕官した明治政府を1873（明治6）年に退官した。福沢も、明治政府の世になると、侍をやめ平民となり政府の役人にもならなかった。また、論語を引用し、岩崎弥太郎ではなく渋沢を例にあげている。

(3) 松下幸之助

松下幸之助（1894-1989）は、日本の実業家、発明家である。松下電器産業（現パナソニック）を一代で築き上げた経営者である。1894（明治27）年、和歌山県に生まれる。9歳で単身大阪に出て、火鉢店、自転車店に奉公ののち、大阪電燈（株）に勤務し、1918（大正7）年、23歳で松下電気器具製作所（1935年に松下電器産業に改称）を創業した。自分と同じく丁稚から身を起こした思想家の石田梅岩に倣い、1946（昭和21）年に、"Peace and Happiness through Prosperity"、繁栄 によって平和と幸福を掲げてPHP研究所を創設した。倫理教育に乗り出す一方、晩年は政治家の育成にも意を注ぎ、1979（昭和54）年には、財団法人松下政経塾を設立している。1989（平成元）年に94歳で没した。

松下には多数の著書があるが、ここでは『実践経営哲学』における彼の言葉に注目したい。以下の内容である。

(a) 共存共栄に徹すること（42頁）

「企業は社会の公器である。したがって、企業は社会とともに発表していくのでなければならない。企業自体として、絶えずその業容を伸展させていくことが大切なのはいうまでもないが、それは、ひとりその企業だけが栄えるというのでなく、その活動によって、社会もまた栄えていくということでなくてはならない。また実際に、自分の会社だけが栄えるということは、一時的にはあり得ても、そういうものは長続きはしない。やはり、ともどもに

栄えるというか、いわゆる共存共栄ということでなくては、真の発展、繁栄はあり得ない。それが自然の理であり、社会の理法なのである。自然も、人間社会も共存共栄が本来の姿なのである。」

(b) 経営は創造であること（94〜100頁）

「私は"経営"というものはきわめて価値の高いものだと考えている。それは一つの芸術といってもいいほどのものである。

経営を芸術などというと、あるいは奇異な感じを持たれるかもしれない。ふつう一般に芸術といえば、絵画、彫刻、音楽、文学、演劇などといったものをさし、いわば精神的で高尚なものと考えられる。それに対して、事業経営は物的ないわば俗事という見方がなされている。

しかし、芸術というものを一つの創造活動であると考えるならば、経営はまさしく創造活動である。たとえば、すぐれた画家が一つの構図を考え、何も書いていない真白なキャンバスの上に絵具をぬって、絵を仕上げていく。できあがったものは、単なる布と絵具ではなく、そこに描いた画家の魂が躍動している芸術作品である。それはあたかも、無から有を生じるような立派な創造である。

その点経営はどうだろうか。一つの事業の構想を考え、計画をたてる。それに基づいて、資金を集め、工場その他の施設をつくり、人を得、製品を開発し、それを生産し、人びとの用に立てる。その過程というものは、画家が絵を描くごとく、これすべて創造の連続だといえよう。なるほど、形だけみれば単に物をつくっていると見えるかもしれないが、その過程にはいたるところに、経営者の精神が生き生きと躍動しているのである。その意味において、経営者の仕事は、画家などの芸術家の創造活動と軌を一にしており、したがって経営はまさしく芸術の名にふさわしいものだといえる。（中略）

経営は生きた総合芸術である。そういう経営の高い価値をしっかり認識し、その価値ある仕事にたずさわっている誇りを持ち、それに値するよう最大の努力をしていくことが経営者にとって求められているのである。」

渋沢が唱えた、実業の使命が社会に貢献すること、利潤と道徳は両立ができることを松下は継承しているといえよう。出自の異なる渋沢と松下の二人

が唱えた思想、哲学には共通点があり、時代の変遷に耐えうる普遍的強さを有している。また、背景にある「社会生活における理性と本能の調和」が、いつの時代でも人間に課された大きなテーマであるからこそ、困難に直面する多くの経営者に示唆を与え続けるのであろう。

なお、松下を手本として受け継ぎ、『論語』を根底に経営判断の指針として、人間としての正しさ、人としての生き方を見つめたのが、京都セラミック（現、京セラ）・第二電電（現、KDDI）の創業者、かつ、日本航空の取締役名誉会長でもある稲盛和夫（1932-）である。

稲盛の独特な経営管理手法は「アメーバ経営」と呼ばれている。それは、確固たる経営哲学と精緻な部門別採算管理を基本とした経営手法である。会社が急速に発展し、規模が拡大するなかで、会社の組織を「アメーバ」と呼ばれる小集団に分け、社内からリーダーを選び、その経営を任せた。これにより、経営者意識を持つリーダー、共同経営者を多数育成することが可能となったのである。

稲盛は、渋沢死去の翌年、その入れ替わりのように鹿児島県に生まれた。企業人は利己的な考え方で行動するのではなく、会社全体のことを優先する利他の心、「亡己利他」の精神をもたねばならないとした。

(4) P. ドラッカー

P. ドラッカー（Peter F. Drucker, 1909-2005）は、20世紀から21世紀にかけて経済界に最も影響力のあった経営思想家である。東西冷戦の終結や知識社会の到来をいち早く知らせるとともに、「分権化」「目標管理」「民営化」「ベンチマーキング」「コア・コンピタンス」など、マネジメントの主な概念と手法を生み発展させた。著書に、『「経済人」の終わり』『現代の経営』『マネジメント』『非営利組織の経営』『ポスト資本主義社会』『ネクスト・ソサエティ』ほか多数ある。

現代のビジネス倫理の分析とより深い理解のために、儒教は独自の、かつ哲学的、理知的な考え、見方を提供しうるものである。特に、儒教はドラッカーの多くの著作の基礎となっている。

金融危機以後、経営倫理を復興しようという風潮のなかで、アリストテレスの再評価とともに増えてきた。こちらの立場における『論語』や儒教という存在は、経営倫理や商売道徳の基盤として高い評価を与えられている。

ドラッカーは、組織の社会的な存在意義を追及し、公共善（common good, commonweal）を基盤とする経営観を世に広めることによって、善の世界の実現を目指していた。共通善とは、世のため人のためになることであり、企業が「利他の精神」をもつことでもある。ドラッカーが頻繁に使用した「貢献」という言葉は、自分以外の何か・誰かが成功し成果を上げるよう、自分の仕事を行うことであり、この「利他の精神」に通じるのである。

ちなみに、政治学者 M. サンデル（Michael J. Sandel）もこの「公共善」への責任について言及している。

また、ドラッカーは、渋沢について「率直にいって私は、経営の「社会的責任」について論じた歴史的人物の中で、かの偉大な明治を築いた偉大な人物の一人である渋沢栄一の右に出るものを知らない。彼は世界のだれよりも早く、経営の本質は「責任」にほかならないということを見抜いていたのである」（『マネジメント』）と述べている。

『論語』は儒教であるが、儒教は宗教ではなくむしろ倫理学であり、『論語』を拠り所にして道徳と経済の一致を唱えた渋沢は「倫理家」でもあった。ドラッカーが「渋沢は倫理家」としたのも、このことから窺える。

何故、渋沢が構想力と実行力を持ちえたのか。ドラッカーは「次代の人々の成長を助けることほど、現代の経営者自身の成長進歩、したがって盲点の克服を容易にするものはない」（『現代の経営』）と言う。

おわりに―渋沢栄一と公利公益の哲学、その意義

渋沢栄一は、「合本主義」という表現で、株式会社制度の重要性を訴え、東京株式取引所のような仕組みを創設した。渋沢は資本主義社会の可能性・正当性を信じ、資本主義社会の道理を追求した結果、資本主義をいかに制御するかの真摯な模索を行った。

渋沢は日本社会の近代化における創造者、プロデューサーといえるのであり、近代日本の全体像（grand design）を描く構想力と実行力、まさにプロデューサーの資質を持ちえた。その理由は、次代の人々の成長を助けることによって、現代の経営者自身の成長進歩を促し、資本主義の矛盾や課題の克服を容易にしたものと考えられよう。渋沢は後進の者が持ち込む構想や提案を誠実に支援することにより自らが進化し続け、周辺から盛り上げられることによって常に時代の中心に立ったのである。そして渋沢は誠意を大切にした。晩年の渋沢は「婦人関係以外は、一生を顧みて俯仰天地に恥じない」と語っている通り、周りの人間を惹きつける魅力をもち、人徳があったと言えよう。

渋沢は70歳台になって『青淵百話』『論語と算盤』などを刊行し、自らの経済思想の収斂を試みている。それは「道徳経済合一主義」の思想であり、営利の追求も資本の蓄積も道義に合致するものでなければならないという確信があった。商業は決して個別に成り立つものではなく公共的なものである。渋沢は、資本は利潤の追求を目的とするものの、私的な利益は公益の追求の結果でなければならないと考えた。

公益と私利とは一体のものであり、公益となるような私欲でなければ本当の私利とは言えない、とする渋沢の主張は、日本の近代から現代に至るまで、不変の真理として高く評価されよう。渋沢は同時代ならびに前後の時代に生きた周辺の実務家、学者から多くを学び、かつ、彼らに多大な影響も与えた。

以上の渋沢の思想は現在にも生きている。とりわけ、東日本大震災後の時代にこそ相応しいものといえよう。私たちは、渋沢栄一の「言葉」を改めて真摯に受け止め、自らの「言動」に反映させなければならないであろう。

（境　新一）

参考文献
小島史彦『プロデューサーの仕事』日本能率協会マネジメントセンター、1999年。
小松隆二『公益学のすすめ』慶應義塾大学出版会、2000年。
境　新一『法と経営学序説―企業のリスクマネジメント研究―』文眞堂、2005年。

境　新一『現代企業論―経営と法律の視点―　第 4 版』文眞堂、2010 年。
境　新一編『アート・プロデュースの現場』論創社、2010 年。
境　新一編『アート・プロデュースの仕事』論創社、2012 年。
渋沢栄一、井上潤解説『渋沢百訓　論語・人生・経営』角川ソフィア文庫、2010 年。
渋沢栄一『国富論　実業と公益』国書刊行会、2010 年。
渋沢栄一、守屋淳訳『現代語訳　論語と算盤』ちくま新書、2010 年。
渋沢栄一、加地伸行解説『論語と算盤』角川ソフィア文庫、2008 年。
渋沢栄一、守屋淳編訳『現代語訳　渋沢栄一自伝』平凡社新書、2012 年。
渋沢栄一、竹内均編・解説『孔子　人間、どこまで大きくなれるか』三笠書房、1996 年。
渋沢栄一、守屋淳編訳『渋沢栄一の「論語講義」』平凡社新書、2010 年。
渋沢研究会編『公益の追求者・渋沢栄一　―新時代の創造―』山川出版社、1999 年。
渋沢史料館編『常設展示図録』2000 年。
福沢諭吉『学問のすゝめ』岩波文庫、1978 年。
福沢諭吉、松沢弘陽編『文明論之概略』岩波文庫、1962 年。
松下幸之助『実践経営哲学』PHP 研究所、1978 年。
M. ウェーバー、大塚久雄訳『プロテスタンティズムの倫理と資本主義の精神』岩波文庫、1989 年。
A. スミス、水田洋訳『道徳感情論　上・下』岩波文庫、2003 年。
A. スミス、水田洋監訳、杉山忠平訳『国富論　1〜4』岩波文庫、2000 年〜2001 年。
P. ドラッカー、上田惇生訳『現代の経営』ダイヤモンド社、2007 年。
P. ドラッカー、上田惇生訳『マネジメント　課題、責任、実践　上・中・下』ダイヤモンド社、2008 年。
Edward J. Romar, "Managerial Harmony: The Confucian Ethics of Peter F. Drucker," *Journal of Business Ethics*, 2004.

論文・記事
野中郁次郎「故ドラッカー氏と経営学」『日本経済新聞』2005.11.18 付。

インターネット・情報
渋沢栄一の項目ほか　Wikipedia（最新参照 2013 年 3 月）。
深谷市役所／渋沢栄一ミュージアム、吉橋孝治・稿、2004 年 3 月号。
http://www.city.fukaya.saitama.jp/syougaigakusyu/shibusawa_monogatari16_3.html（同 2013 年 3 月）。

掲載画像
「近世名士写真 其 2　近代日本人の肖像」国立国会図書館所蔵。
http://www.ndl.go.jp/portrait/datas/104_1.html（最新参照 2013 年 3 月、転載許諾「国図電 1301044-1-1292 号」2013 年 3 月 25 日付。）

出版業と公益

福岡　正人

　弊社は大学の英語や中国語の教科書を中心に出版活動を行っている。出版を生業としている者として出版業は営利を超えて文化的使命や公益につながる部分を多くもっていると考えている。

　人は書物によって知識を深め感動を得ることができる。本の無い世界がいかに無味乾燥なものかは文革時代に育った中国人作家の著作でも語られている。当時、外国の書物は全て禁書となり、毛沢東、魯迅などの革命小説以外は表面的には全て廃棄されてしまった。人々は秘かに写本として存在した外国の恋愛小説などを自分たちで紙に書き写して読んだという。書物が溢れきった現代社会では想像もできない世界である。

　公益に通じる理念で出版をした私が尊敬する二人の出版人を紹介したい。一人は旺文社の創始者赤尾好夫さんである。聖書に次ぐベストセラー「赤尾の豆単」等で知られ、数々の名参考書を出版し、多くの受験生に恩恵を与えた。氏の言葉は同社の社訓として残されている。「夢高くして足地にあり、良書を刊して英才を育て文化を興して以て栄える」。修業時代にお世話になったこともあり、私自身の出版理念の鑑とさせていただいている。

　もう一人は私の祖父福岡益雄である。祖父は大正7年弱冠25才で金星堂を創設した。菊池寛周辺の若手文士をスポンサーとして、彼らの創作活動を支えた。大正11年には新感覚派同人誌『文芸時代』を川端康成、今東光、横光利一らと創刊。同年菊池寛のエッセイ集『文芸春秋』を刊行した。一年後にこの書名を由来に命名されたとされる雑誌『文芸春秋』が世に送り出される。著名な『伊豆の踊り子』も昭和2年に当社より刊行されている。他に、数々の若手文士や思想家を当社よりデビューさせた。時代を先導する文芸関係の数々の叢書類も刊行されたが、古書店・古書展では結構高値をよんでいる。

　祖父の出版事業はまさに当時の若手作家や思想家たちの為の活動であり、文芸や思想界の高揚に貢献した。思想書の中には警察ににらまれるものも含まれていた。私も先達を見習い大学英語教育の一助となる出版活動を今後とも続けていき、少しでも世の中に役立っていけたらと願っている。

(㈱金星堂　社長)

あとがき：新たな段階に入った公益学研究

　21世紀への転換期に出発した公益学は、約10年の年月を経て、新たな段階に入った。この段階を画するのは、ひとつは、いうまでもなく2011年3月11日に勃発した東日本大震災である。甚大な津波被害と福島原子力発電所の壊滅的な事故が、日本社会のありようを根底から揺さぶったからである。もうひとつは、大震災をめぐる諸問題とも関わって、公益学研究が、公益の「担い手」「主体」に焦点を絞り、垂直的に、かつ、その周辺にも広く目配りをしつつ、議論を深める意図を明確に持つに至ったことである。それまでの第一段階は、公益学としては水平的な広がりを目指さざるをえず、それだけに曖昧さやわかりにくさは否めなかった。

　「東日本大震災後の公益法人・NPO・公益学」をテーマとする公益叢書第一輯の刊行は、まさにこのふたつの結節点であり、公益（公益法人・NPO・公益学）研究センターの創設は、そこでの問題意識を発展させようとの趣旨に基づくものである。研究センターの名称として、ここでわざわざ説明的な（　）を付して提示するのも、公益学全般としての広がりを視野に入れながらも、公益の担い手・主体としての公益法人やNPOの重要性を強調するためである。付言すれば、（　）内にボランティアという言葉も入れたかったのだが、あまりにも長くなりすぎるので断念したという経緯もある。

　もとより公益は個々人の心情や認識に根差すが、それらを実現し、安定的に維持するには、個人と個人をつなぐ社会的なネットワークや組織を必要とする。さらには、政府や地方自治体の政策的な対応、時には国際機関・団体による取り組みによっても、大きく左右されるがゆえに、公益の実現のためには担い手・主体をめぐる多面的な検討が求められよう。事実、公益研究センターの発足に際しても、そもそも公益法人とは何か、NPOとNPO法人

との違いをどう考えるかなど、すぐさま議論が始まったほどであった。

　今後、公益研究センターが開催する研究会の積み重ねに基づいて内容の充実を図りつつ、公益叢書としての刊行を継続していくことが、公益学の発展、ひいては「公益の日常化」「公益法人の市民化」の実現に資すると考えている。

　酷暑が続いた昨年の夏の終わりに、最初の打ち合わせをしてから、1年を経ずして、公益叢書の刊行と公益研究センターの創設になんとか漕ぎつけた。しかし、継続こそ力、読者の皆様方の息の長い支援を心よりお願い申し上げる次第である。

　　　　　　　　　　　　　　　　大森　真紀（早稲田大学教授）

公益研究センターの発足

　「公益叢書」の刊行に当たり、本年3月に、第一輯の執筆者を中心に公益研究センターを発足させました。

　本書冒頭の「発刊の辞」にも記したように、当研究センターは、なによりも東日本大震災後の状況を踏まえて、公益研究を本格的に進めることを趣旨とします。いずれは学会への転換も予定していますが、学会としての形式よりも、公益についての実質的な議論ができる場をつくることこそが肝要です。そのためには、公益叢書の刊行と並行して、研究会の開催を積み重ねるなど、地道な活動を息長く継続していく必要があります。

　また、研究を核にしながらも、公益法人やNPO、あるいはボランティア活動に携わる方々はもとより、公益に関心を寄せる方々の幅広い参加によって、はじめて当研究センターの趣旨が活かされます。

　この「公益叢書」第一輯を手にとられた読者の方々には、是非とも、当研究センターにご参加いただきたく、ご案内申し上げます。

　2013年3月27日

　　　　　　　　　　　　　　　　　　　　　　代表：佐竹　正幸

　　　　　　　　　　　　　　　　　　　　　　　　　大森　真紀

執筆者紹介

(執筆順)

小松　隆二（こまつ　りゅうじ）　序章
　現在：白梅学園理事長・慶應義塾大学名誉教授。慶應義塾大学経済学部卒、経済学博士。主著『企業別組合の生成』お茶の水書房、『理想郷の子供たち―ニュージーランドの児童福祉』論創社、『大正自由人物語』岩波書店、『ニュージーランド社会誌』論創社、『公益学のすすめ』慶大出版会、その他。

佐竹　正幸（さたけ　まさゆき）　第1章
　現在：公認会計士、千葉商科大学会計大学院会計ファイナンス研究科MBA課程客員教授、辰巳監査法人顧問、ピー・シー・エー株式会社監査役。1971年、慶應義塾大学商学部卒。監査法人中央会計事務所、日本公認会計士協会常務理事、内閣府公益認定等委員会（常勤）委員・委員長代理、東北大学会計大学院教授等を歴任。主著『目からウロコ　こんなにやさしかった公益認定』税務経理協会など。

中村　元彦（なかむら　もとひこ）　第2章
　現在：公認会計士・税理士、中村公認会計士事務所所長。慶應義塾大学経済学部卒。太田昭和監査法人（現：新日本有限責任監査法人）に勤務後、独立開業。日本公認会計士協会非営利法人委員会非営利業務支援専門部会専門委員。著書『目からウロコの公益法人　制度・会計・税務99問99答』（共著、税務経理協会）、『基礎からマスター　NPO法人の会計・税務ガイド』（共著、清文社）、『非営利法人の決算と開示ハンドブック』（共著、税務研究会）など。

世良　耕一（せら　こういち）　第3章
　現在：東京電機大学工学部人間科学系列教授。慶應義塾大学経済学部卒、ニューヨーク大学経営大学院修了。大和銀行勤務、函館大学商学部助教授、北海学園大学経営学部助教授を経て現職。主著『マーケティング・コミュニケーション』（共著、五絃舎、2009年）、『市場対応の経営』（共著、千倉書房、2004年）、『現代マーケティングの構図』（共著、嵯峨野書院、2000年）。

北沢　栄（きたざわ　さかえ）　第4章
　現在：フリージャーナリスト。慶應義塾大学経済学部卒。共同通信経済部記者・ニューヨーク特派員、東北公益文科大学大学院特任教授等を歴任。公益法人問題などで参議院厚生労働委員会、同決算委員会、同予算委員会、衆議院内閣委員会で意見陳述。2010年12月「厚生労働省独立行政法人・公益法人等整理合理化委員会」座長として報告書を取りまとめた。主な著訳書に中小企業小説『町工場からの宣戦布告』（産学社）、『公益法人　隠された官の聖域』（岩波新書）、『官僚社会主義　日本を食い物にする自己増殖システム』（朝日選書）、『亡国予算　闇に消えた「特別会計」』（実業之日本社）、『リンカーンの三分間―ゲティズバーグ演説の謎』（ゲリー・ウィルズ著・訳、共同通信社）など。

山路　憲夫（やまじ　のりお）　第5章
　　現在：白梅学園大学子ども学部教授。1970年慶大経済学部卒、毎日新聞社社会部記者、論説委員（社会保障・労働担当）を経て、2003年より現職。東京都福祉サービス運営適正化委員会委員、東村山市介護保険運営協議会会長、NPO福祉フォーラムジャパン副会長など兼務。著書に『国民は在宅医療に何を求めているか』（「明日の在宅医療第一巻」所収、2008年、中央法規）、『医療保険がつぶれる』（2000年、法研）など。

小林（小野）丈一（こばやし　じょういち）　第6章
　　現在：ヨコミネ式学習教室教室長。東北公益文科大学大学院博士後期課程修了。山形県を中心に山歩き、街路樹などを介してまちづくりに参加。現在は、女子プロゴルファー横峯さくらの伯父、横峯吉文氏が築きあげたヨコミネ式教育法にて幼児・児童の育成に従事。主要著作に共著『大学地域論のフロンティア』論創社、共著『共創のまちづくり原論』論創社など。

後藤　嘉代（ごとう　かよ）　第7章
　　現在：労働調査協議会調査研究員。早稲田大学大学院社会科学研究科博士後期課程満期取得退学。2001年ゼンセン同盟政策局入局、連合総合生活開発研究所研究員を経て、2008年より現職。専門は労使関係論・ジェンダー論。主な論文に「非正規労働者の声を生かす―組織化の事例から」『日本労働研究雑誌』No.607、2011年。

境　新一（さかい　しんいち）　第8章
　　現在：成城大学経済学部ならびに大学院教授。慶應義塾大学経済学部卒、筑波大学大学院ならびに横浜国立大学大学院修了、博士（学術）。専門は経営学（経営管理論、芸術経営論）、法学（会社法）。(株)日本長期信用銀行・調査役等、東京家政学院大学ならびに大学院助教授を歴任。厚木農商工連携委員長ほか。主著『現代企業論』『企業紐帯と業績の研究』『法と経営学序説』（以上、文眞堂）、『アート・プロデュースの現場』（論創社）ほか。

コラム　執筆者

「幼稚園と公益」（黒川信一郎：黒川幼稚園　理事長）
「公認会計士の倫理観と公益」（髙橋正：公認会計士）
「公益と租税」（多田雄司：税理士・日本税務会計学会　副学会長）
「地域おこしと公益」（田上政輝：㈱アグリリンクテクノロジー　取締役総合企画部長）
「音楽と公益」（中村政行：フルトヴェングラー・センター　会長）
「福島からの公益・共創力」（半田節彦：ふくしまNPOネットワークセンター）
「一服の力」（柴田香葉美：フリーライター）
「子育て支援とNPO」（森田美佐：高知大学　准教授）
「労働組合と公益」（兼子昌一郎：日本基幹産業労働組合連合会　中央副執行委員長）
「出版業と公益」（福岡正人：㈱金星堂　社長）

公益叢書
第一輯
東日本大震災後の公益法人・NPO・公益学

2013年7月25日　第1版第1刷発行　　　　　　　　検印省略

編　者　　公益研究センター

発行者　　前　野　　　弘

東京都新宿区早稲田鶴巻町533
発行所　　株式会社　文眞堂
電話 03（3202）8480
FAX 03（3203）2638
http://www.bunshin-do.co.jp
郵便番号（162-0041）振替00120-2-96437

印刷・モリモト印刷　製作・イマキ製本所
Ⓒ 2013
定価はカバー裏に表示してあります
ISBN978-4-8309-4799-5　C3036